社会情報学への招待

三上俊治 [著]

学文社

まえがき

　本書は，ちょうど1年前に刊行した『メディアコミュニケーション学への招待』の続編である．前著が「情報・記号・メディア」をキーワードとして，現代社会の主要なメディアである「新聞」「放送」「インターネット」「携帯電話」の歴史的生成と現状，将来動向を俯瞰した「メディアコミュニケーション」論であったのに対し，本書は「社会情報システム」を分析の単位として，現代情報社会の光と影を論述した「社会情報システム」論となっている．本書で取り上げたテーマは，「情報セキュリティ」「災害と情報」「地域情報とメディア」「メディア・グローバリゼーション」「インターネット・コミュニティ」の5つであり，これを社会情報システムという概念枠でとらえるとともに，「メディア・エコロジー」の視点から，21世紀情報社会の光と影のダイナミクスを先行研究のレビュー，実証データの分析をもとに探求しようと試みた．

　本書の基本的な考え方は，社会を「開放的なオートポイエーシス・システム」と考え，「社会情報システム」を人間でいえば脳神経系に相当する，基幹的なサブシステムとしてとらえる点にある．前著『メディアコミュニケーション学への招待』では，情報を物質，エネルギーと並ぶ資源と考え，その情報が記号とそれを媒介するメディアを通じて表象され，生成されると論じた．本書ではさらにこれを進めて，さまざまな状況に応じて複合的にメディアが配置される「メディア環境」と，その構造と機能を規定する環境要因としての「社会情報環境」（情報技術，情報制度，情報経済，情報文化）を大きな枠組みとして措定している．そして，これらの環境の中で個人，団体，組織，国家などのアクターが，それぞれのニーズ，目的，価値観などにもとづいて情報行動（情報活動）を展開することによって，「社会情報システム」が成立するという認識に立ち，21世紀社会において重要性を増している主要な社会情報システムを取り上げ，概説している．これをもって「社会情報学」の全体像を網羅してい

るとは到底いえないと思うが，取り上げたテーマに関しては，一貫した枠組みの中で体系的に論じることができたのではないかと自負している．また，本書では前著と同様に筆者オリジナルの着想，論考，理論モデル，図式，タイポロジーなどを随所で提示しているが，これは既存の学説を少しでも発展させ，「社会情報学」の学問的発展にいささかでも貢献できればという思いからの試みである．若干なりとも読者諸氏に知的刺激を提供できれば，これにまさる喜びはない．内容に関して，忌憚のないご批判，ご教示をいただければ幸いである．

紙幅と時間の制約から本書で取り上げることのできなかったテーマとしては，「デジタルデバイド（情報格差）」「情報文化（情報リテラシー，情報倫理・マナー・価値観など）」「ネットデモクラシーと世論」「環境問題とメディア」などがあるが，これらについては，別の機会に改めてその研究成果を世に問いたいと考えている．

本書を執筆するにあたっては，前著と同様に，同僚・先輩の先生方や所属研究会の皆様をはじめ，多くの方々にお世話になった．また，本書執筆の下敷きとなったのは，筆者の所属する東洋大学社会学部メディアコミュニケーション学科で担当するいくつかの授業科目（メディアコミュニケーション学概論，政治コミュニケーション論，地域情報論，災害情報論など）の講義ノートであるが，聴講する学生諸君からのフィードバックは本書を執筆する上で，この上ない大きな動機づけともなり，また知的な刺激ともなった．これらの方々に心から感謝したい．また，前著と同様に終始暖かい激励と丁寧な校正，編集で助けていただいた学文社の田中千津子氏にも心からお礼申し上げたい．

私事で恐縮だが，本書を執筆中に長男の太誠が誕生した．妻と二人三脚で子育てをしながら執筆を進めるのは大変だったが，完成に向けて大きな励みにもなった．この間，私たちを日に影に応援し続けてくれた母と姉に感謝すると共に，最愛の息子・太誠に健やかな成長を願って本書を捧げたいと思う．

　　　平成17年6月1日

　　　　　　　　　　　　　　　　　　　　　　　三上　俊治

目　次

1章　21世紀社会情報システムの生成と展開
　　　　―メディア・エコロジーの視点から― ………………… 3

　1．社会システムの進化 …………………………………………… 3
　2．社会情報システム ……………………………………………… 8
　3．新しいメディア環境の生成と展開 ………………………… 13
　4．社会情報システムの多層的な生成 ………………………… 19
　5．社会情報環境の動向 ………………………………………… 26
　6．情報産業のメディア・エコロジー ………………………… 30
　7．21世紀情報社会の光と影 …………………………………… 40

2章　ネットワーク社会の不安とセキュリティ …………… 56

　1．はじめに ……………………………………………………… 56
　2．ネットワーク上の個人情報流通によって生じる不安 …… 57
　3．ネットワーク上の著作権をめぐって生じる不安 ………… 66
　4．ネットワーク上の商取引によって生じる不安 …………… 70
　5．ネットワーク上の有害情報によって生じる不安 ………… 74
　6．まとめ ………………………………………………………… 92

3章　ハイリスク社会の災害と情報 ……………………… 103

　1．緊急社会情報システムの構造 ……………………………… 103
　2．災害時における情報メディアの役割 ……………………… 108
　3．高度ネットワーク社会の脆弱性 …………………………… 124

4章　地域社会とニューメディア　148

1．地域社会情報システムの構造と機能　148
2．地域情報へのニーズと地域メディアの利用状況　154
3．地域メディアの歴史的展開と現状　160

5章　メディア・グローバリゼーションと文化変容　191

1．メディア・グローバリゼーションの現状と問題　191
2．グローバル社会情報システムにおける情報フローの実態　198
3．メディア・グローバリゼーションと文化変容　204
4．グローバル社会情報システムのメディア・エコロジー　219

6章　インターネット・コミュニティの光と影　233

1．サイバー社会情報システムとインターネット・コミュニティ　233
2．インターネット・コミュニティの利用実態　237
3．インターネット・コミュニティの光と影　244
4．メディア・エコロジー的視点からの提言　261

索引　273

社会情報学への招待

1章 21世紀社会情報システムの生成と展開
―― メディア・エコロジーの視点から ――

　本章では，社会情報システムを「行為主体」「メディア環境」「情報空間」「情報行動」「情報文化」「情報制度」という5つの下位システムから構成されるエコシステムとして把握し，その基本的な構造を解明する．

1．社会システムの進化

「システム」の概念

　私たちの生きている世界は，目にみえない超ミクロの素粒子や原子の世界から，生物の世界，人間社会，太陽系，銀河系，そして宇宙全体に至るまで，無限に広がる多様な世界が複雑に絡み合って存在している．そして，それぞれの世界が独自の法則や規則性に従って運動を続け，歴史を刻んでいるのである．

　私たちの暮らしている人間社会は，こうした多様な世界の一つであるが，それは人々が日常的に行うさまざまな活動や機能が複雑に絡み合って成立している．注意深く観察すると，それらの活動や機能は，ある一定の目標，価値，規範などを軸としてひとまとまりの「システム」(system)ともいうべき組織体を形づくっていることがわかる．さらに，いくつかのシステムは，互いに密接に関連し合っていることもわかる．また，複数のシステムの間には，支配と服従，交換，競争，補完，地位・役割の分化，葛藤など，さまざまな相互依存関係があることも容易に観察できる．

　私たちの社会には，いったいどれくらいのシステムがあるのだろうか．それは，ほとんど無数といってもよいであろう．一人ひとりの人間それ自体が「小宇宙」と呼ばれるように，独自のシステムを形づくっているのである．

　システムの中でも，複数の人間の相互行為の連結によってつくられ，維持されるシステムのことを，とくに「社会システム」と呼ぶことがある．いわゆる

社会集団や社会組織は，典型的な社会システムである．また，経済市場，法律，政治制度，情報ネットワークなども，社会システムの一つとして考えることができるだろう．これらは，機能あるいは制度の相互依存的複合体という性格を帯びている．いいかえれば，こうした機能を単位とする社会システムは，われわれの社会生活を維持し，発展させる上で機能的になんらかの役割を果たしている限りにおいて，われわれ自身にとって意味をもった存在である．あるいは，われわれに対して影響を及ぼしうる存在だといってもよい．

このように定義された社会システムには，さまざまな種類のものがある．たとえば，医療・保健施設，医師，看護師，患者，医薬品などからなる「健康医療システム」，教育施設，生徒，教職員，テキストなどからなる「教育システム」，輸送機関，ターミナル，乗務員，利用者などを含む「交通システム」などがある．本書の中心的な対象となる「社会情報システム」は，情報の送り手や受け手，情報メディア，ネットワーク，情報（メッセージ）などからなる社会システムである．

システムと環境

どのような社会システムにも，要素として複数の行為主体が含まれ，行為主体の間で財貨，サービス，情報など各種資源の交換が行われている．それぞれの要素にとって，他の要素や他の社会システムは「外部環境」である．一方，システムの視点からみると，個々の構成要素は，システムの「内部環境」であり，他のシステムが「外部環境」となる．どのような社会システムも，環境との間に一定の境界をもち，この境界を維持するような働きをもっている．

閉鎖システムと開放システム

システムには，環境との間で物質，エネルギー，情報などの交換がまったくない「閉鎖システム」と，環境との間で物質，エネルギー，情報などのやりとりを行う「開放システム」がある．フォン・ベルタランフィによれば，伝統的

な物理学の扱うシステムは，環境から孤立した閉鎖システムである．閉鎖容器内での物質の化学反応は閉鎖システムの例である．閉鎖システムではエントロピーが常に増大するという傾向がみられ，最後には時間に依存しない（化学的，熱力学的）平衡状態に必ず到達する．これに対して，開放システムでは，システムと環境との間で物質の交換が行われており，初期条件や時間に依存せずに，自らの調節作用，再生産作用などを通じて，定常状態（動的平衡）を達成し，維持することができる．その結果，エントロピーが常に増大するという熱力学第2法則は，開放システムでは必ずしも当てはまらない（von Bertalanffy, 1968=1973）．生物は，開放システムの代表的な例である[1]．

開放システムの進化

河本英夫によれば，開放システムには，動的平衡状態を維持する「第1世代」システム，絶えず自己組織化を行い，動的非平衡状態にありながらシステムを維持するような，「第2世代」システム，自らの構成素を絶えず産出するという循環的なプロセスを繰り返しながら，環境から自律し，境界を維持するような，「第3世代」システムという3つの世代が区別されるという（河本, 1995）[2]．ここでは，これら3世代のシステムをそれぞれ，「定常的開放システム」「自己組織的開放システム」「オートポイエーシス・システム」と呼ぶことにしよう．

第1世代の開放システムにおける定常状態（動的平衡）の達成と維持は，「フィードバック」あるいは「ホメオスタシス」と呼ばれる自己制御メカニズムによって説明されている．フィードバックとは，システムからの出力の一部が，反応の予備的結果についての情報として受容器から入力され，目標とのズレを検知し，システムの実行器を通じて，目標値に向かってシステムの状態を変えてゆくという仕組みである．図1.1は，ベルタランフィが示したフィードバック・システムの例である（von Bertalanffy, 1968=1973）．

システム内の定常状態の維持が第1世代開放システムの特徴であるのに対し，

1章　21世紀社会情報システムの生成と展開　5

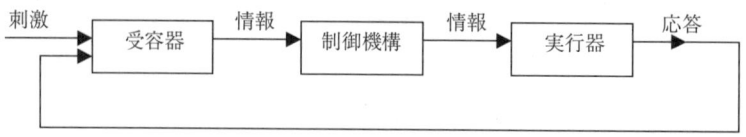

図1.1 フィードバック・システム（von Bertalanffy, 1968=1973をもとに作成）

第2世代の開放システムでは，「成長」「発展」「変容」といった秩序形成や変容のダイナミックなプロセスや，そこにおける自己組織化のメカニズムに焦点が当てられている．そもそも有機的な生命体が無機物からどのように生成されるのか，生物が誕生から成長を経て，死に至るまでの絶えざる変容過程と，そこにおけるアイデンティティの維持がどのようにして行われているのか，といった「動的非平衡」のメカニズムをもっているのが，第2世代の開放システムである．プリゴジン，ハーケンらの「自己組織化」理論，カオスからの秩序形成のメカニズムを研究する「複雑系」理論は，第2世代開放システムのダイナミクス解明に取り組んできた（Prigogine and Stengers, 1983=1987; Haken, 1977=1980; Jantsch, 1980=1986他）．第2世代開放システムの特性は，環境との間で物質代謝，エネルギー代謝，情報代謝を行いながら自己形成し，なおかつアイデンティティを維持するという点にある．自己組織システムの事例としては，有機体における器官の形成，結晶の生成，河川の蛇行，動物の変態などがある．河本英夫によれば，自己組織システムには次のような特徴があるという．

(i) 生成プロセスが，偶然開始されること（初源の偶然性）．
(ii) 自己組織化プロセスの分岐点で，ある特定の事態が生じると，システム全体はなだれを打つようにそちらに向かう（カスケードの非可逆性）．
(iii) 分岐点において生成プロセスが進行すると，システム全体の状態が一挙に変化する（相転移）．相転移のさいに，しばしば構成素（分子など）の間で「シナジー」（協同現象）と呼ばれる協調的なふるまいがみられる．これが新秩序の形成を促進するのである（Haken, 1977=1980）．
(iv) ひとたび生成プロセスが開始されれば，この生成プロセスは反復的に進

行し，それがシステム全体に広がってゆく（生成プロセスの反復的進行）．
(v) 自己組織システムは，環境との相互作用をつうじて，自己の境界を変化させてゆく（自己の境界の変動）．
(vi) 自己組織システムは環境との間で，物質代謝，エネルギー代謝，情報代謝を行う（システムの開放性）．

開放システムの第3世代は，「オートポイエーシス・システム」と呼ばれる．これは，生物にみられるように，自らの構成素の働きによって構成素を自ら継続的に産出することによって，システムを構成し，維持するようなシステムのことであり，チリの生物学者であるマトゥラーナとヴァレラが初めて定式化した（Maturana and Varela, 1980=1991）．マトゥラーナらによれば，

> オートポイエーシス・システムとは，構成素が構成素を産出するという産出（変形及び破壊）過程のネットワークとして，有機的に構成（単位体として規定）されたシステムである．このとき構成素は，次のような特徴をもつ．
> i 変換と相互作用をつうじて，自己を産出するプロセス（関係）のネットワークを，絶えず再生産し実現する．ii ネットワーク（システム）を空間に具体的な単位体として構成し，また空間内において構成素は，ネットワークが実現する位相的領域を特定することによってみずからが存在する．

わかりやすく言い換えると，オートポイエーシス・システムとは，「もろもろの構成要素が，一つの循環過程のなかで相互作用し合って，みずからのはたらきによって，システム維持のために必要な構成要素を不断に産出し，そのことによってみずから自分を他のものと区別されうる統一体として維持している」ようなシステムである（Kneer and Nassehi, 1987=1995）．オートポイエーシス・システムは，すべての細胞や器官にみられるように，環境との間でエネルギー，物質，情報を交換しているという点では「開放システム」である．しかし，みずからを維持するために必要なすべての構成素を自らのはたらきだけによって産出するという意味では，「閉鎖システム」でもある．つまり，みずからの再生産過程において，必要な産出活動のすべてを，システム内部の構成素

のはたらきだけによって，自己回帰的，反復的に生成しているのである．

「第4世代」システムとしての人間と社会

このように，生物はみずからの構成素をシステム内部の働きだけによって産出するという点で，「閉鎖的」なオートポイエーシス・システムである．しかし，人間や社会は，みずからの構成素をシステム外部から資源調達することによって維持したり，「拡張」したりするという，まったく新しい仕組みを備えている．人工臓器を体内に埋め込んで生命を維持したり，各種のメディア，機械の力によって，みずからを再生産したり，自己の能力を大幅に拡張するというのが，他の生物にはみられない人間の最大の特徴である．社会システムもまた，その構成素（人的，物的，情報的資源）をシステム内部だけでなく，システム外部からも調達することによって，システムを維持，発展させている．その意味では，人間や社会は，「自己の構成素をみずから産出する」という意味では，オートポイエーシス・システムといえるが，構成素の産出方法がシステム内部で完結しているわけではなく，外部からの調達や外部への流出も絶えず行われているという意味で，「開放的」な性格をもっている．また，システムの境界を維持，変容させる仕方も，他の生物とは異なり，「所有」や「契約」といった制度的な仕組みを導入することによって，システムの境界を大幅に拡張したり，自由に変更することが可能である．

したがって，人間や社会は，オートポイエーシスをさらに進化させた「第4世代」システムとして把握するのがふさわしい[3]．つまり，人間や社会は，生物一般とは違って，みずからの定常状態の維持だけではなく，産出プロセスにおいても環境に対して開放的な高度のオートポイエーシス・システムだと定義することができるだろう．

2．社会情報システム

次に，第4世代開放システムとしての人間や社会を，情報やメディアという

視点から捉え直してみよう．つまり，人間や社会を「情報システム」として定義し直すことによって，本書のテーマである社会情報システムの構造の本質に迫りたいと思う．

「利己的遺伝子」のつくる情報システム

　生物学者のリチャード・ドーキンスは，生物（生命）を自己複製子である遺伝子の「乗り物」（生存機械）として捉えた（Dawkins, 1976=1991）[4]．遺伝子の本体はDNA分子（デオキシリボ核酸）であるが，これは一種の情報プログラムであり，すべての細胞にあって，RNAを介してタンパク質に遺伝子情報が伝達されることによって，生体の形成と制御などを司っている．生物が遺伝子の乗り物であるならば，生物は遺伝子情報の乗り物，つまり「メディア」だと考えることができる[5]．実際には，DNAに蓄えられた遺伝子情報は，細胞から感覚器，神経系，脳などさまざまに機能分化した身体メディアを介して伝達されるから，生物は全体として，多様なメディアやネットワークが複合的に絡み合った「情報システム」を構成していると考えることができる．生物はこうした情報システムを自ら産出し，再生産することができるので，生物の情報システムは全体として，閉鎖的なオートポイエーシス・システムになっている．

　ところが，人間の場合には，遺伝子のつくる身体レベルの情報システムだけではなく，テレビ，ラジオ，新聞，電話，インターネット，コンピュータなどといった「外部」のメディアを利用して，各種の情報行動をしているから，この点では，開放的なオートポイエーシス・システムとして把握することができる．また，人間の行動を規定する情報プログラムには，DNAに蓄えられた遺伝子情報だけではなく，生得的に学習され，模倣される情報プログラム，すなわち「ミーム」（文化的遺伝子）もある．ミームは言語や音楽などのシンボルの形で脳や外部メディアに蓄えられ，人から人へと広がってゆく自己複製子である．一般に「文化」「流行」「思想」「うわさ」「宗教」などはミームの例である（Dawkins, 1976=1991; Blackmore, 1999=2000）．つまり，人間は，生まれつき

備わっている遺伝子情報に加えて，生得的に学習される文化的遺伝子（ミーム）をもとに，身体の内部および外部の各種メディアとネットワークからなる情報システムを絶えず産出することによって，環境との間で必要な情報をやりとりし，生命活動を維持しているのである[(6)]（小林，2001）．

社会情報システムの構造

個々の人間を情報システムとして考えるならば，集団，組織，コミュニティ，国家などの社会は，「社会情報システム」として捉えることが可能である．集団や組織もまた，人間と同じように，システムの内部に各種のメディアやネットワークをもち，成員がこれを利用するとともに，外部のメディアやネットワークを通じて，環境との間で情報のやりとりをしながら，目標達成のために必要な資源を獲得し，システムの維持，発展をはかっている．

個人や集団・組織などの行動主体（アクター）は，一定のメディア環境（内部および外部のメディアやネットワークの構造）によって生成される社会情報システム内の特定の「場」（時間的，空間的，テーマ領域）を占め，そこでさまざまな情報行動をしている[(7)]．それは，実際の物理的空間，実時間であること

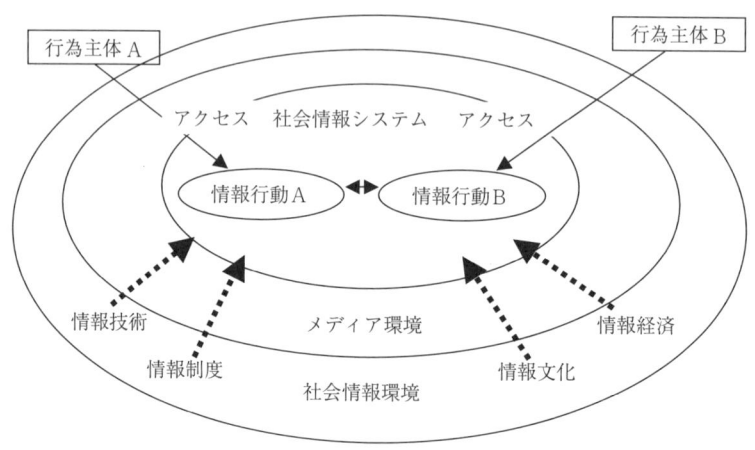

図1.2　社会情報システムの構造

もあれば，バーチャルな空間や時間であることもある．新聞の紙面，テレビの番組やチャンネルなどといったメディア上の場も社会情報システムに含めて考えることができる．この社会情報システムにおける行為主体によるメディアを媒介とした情報行動のダイナミクスを，「メディア・エコロジー」という[8]．

新たなメディア環境の生成と展開

近年の情報化の進展とともに，次のような新しいメディア環境が生成しており，それが今日の社会情報システムを大きく特徴づけている．

(1) 衛星放送，CATV，デジタル映像技術による多チャンネル化の進展
(2) インターネットの進展によるマルチメディア化の進展
(3) モバイル技術の進展によるユビキタス・ネットワークの進展
(4) インタラクション，トランザクション，コントロールなど多機能化の進展

の4つである．これら新しく生成しつつあるメディア環境のもとで，多様な社会情報システムが生成，そこで多くの行為主体の情報行動が展開し，新たなメディア・エコロジーが生み出されているのである．

多様な社会情報システムの生成と展開

こうした新しいメディア環境のもとで，さまざまな行為主体が情報行動を展開する「場」としての社会情報システムそれ自体も，多様化が進み，またその性格も急激な変容を経験しつつある．ここでは，社会情報システムのタイポロジーを基礎として，多様な社会情報システムの生成とその変容のトレンドとその特徴を簡単にまとめておきたい．

(1) コモンズからマーケットへ
(2) パブリックからプライベートへ
(3) ナショナルからローカル，グローバルへ
(4) リアルからバーチャルへ
(5) 平常時から緊急時へ

(6) 大衆主導から個衆主導へ

社会情報環境の変容

　社会情報システムのあり方を規定する環境要因として，「社会情報環境」を考えることができる．この態様によって，情報空間における情報行動はいかようにも変化しうるのである．したがって，メディア環境の変化や情報空間の変質に伴って，それにふさわしい社会情報環境をいかに整備するか，ということが21世紀社会情報システムの健全な発展にとって重大な鍵を握っているのである．ここで「社会情報環境」というのは，メディア環境，情報空間，情報行動のあり方を規定する技術的，制度的，文化的，経済的な環境要因であり，それぞれを「情報技術」「情報制度」「情報文化」「情報資本」と呼ぶことができる．近年の新しい動向としては，次のようなことがあげられる．

(1) 情報技術の動向

　　デジタル情報通信技術の発展，ブロードバンド・インターネット技術の発展，次世代ユビキタス・モバイル通信技術の発展など

(2) 情報制度の動向

　　個人情報保護法，インターネットやマルチメディアの普及に対応した著作権制度の改定など

(3) 情報文化の動向

　　ネットワーク時代にふさわしい情報倫理，シンボル表現様式，情報ライフスタイル，情報教育，情報価値観の展開

(4) 情報経済の動向

　　情報財に対する需要と供給の構造，情報産業における産業情報資本と社会情報資本の投入，グローバルに展開するメガメディアの動向，社会関係資本の投入によるデジタル・コモンズの形成など．

3. 新しいメディア環境の生成と展開

ここでは，5つの面から，メディア環境の生成と展開の実態を概観する．

テレビ放送における多チャンネル化の進展

テレビ放送の多チャンネル化は，衛星放送，都市型CATVが登場した1980年代以降，急速に進み，さらに1990年代に入って，デジタル放送が始まると，一気に100チャンネル以上のテレビ番組が見られる「超多チャンネル時代」に突入した．

2004年8月末日現在，もっとも多くのチャンネルを提供しているテレビ放送サービスは，CSデジタル放送の「スカイパーフェクTV」であるが，表1．1に示すように，計192チャンネルものテレビ番組を提供している[9]．

また，ケーブルテレビ局でも，地上アナログ放送，地上デジタル放送，BSデジタル放送，CSデジタル放送，コミュニティチャンネル，BSデータ放送を含めて，計100チャンネル以上のサービスを提供しているところもある．たとえば，東京ケーブルネットワーク（TCN）では，表1．2に示すように，最大79チャンネルのテレビ番組サービスを提供している他，BSデータ放送を31チャンネル提供している．

マルチメディア化の進展

マルチメディアとは，最新のコンピュータ・ネットワーク技術を用いて，テキスト，音声，画像などあらゆるモードの情報をデジタル化して伝送，処理し，同じ画面上でインタラクティブに表示できるような融合的メディアを総称したものである．CD-ROMやDVDなどのパッケージメディアの他，最近ではインターネットや携帯端末がマルチメディアの主要なプラットフォームとなっている．

マルチメディアの特徴は，扱える情報モードの多様性，インタラクティブ性

表1.1　スカイパーフェクTVの多チャンネルサービス内容（2004年8月末現在）

ジャンル	チャンネル内容	チャンネル数
PPV	ペイパービューチャンネル	34
映画	スターチャンネル，衛星劇場，チャンネルNECO他	11
スポーツ	スカイA，スポーツ・アイ，ザ・ゴルフ・チャンネル	12
音楽	スペースシャワー，MTV，カラオケチャンネル他	13
ドラマ（海外・国内）	スーパーチャンネル，AXN，時代劇専門チャンネル他	7
アニメ	カートゥーンネットワーク，アニマックス他	5
エンターテインメント	MONDO21，歌舞伎チャンネル，SheTV他	16
レジャー（趣味）	旅チャンネル，釣りビジョン，囲碁・将棋チャンネル他	15
ドキュメンタリー	ディスカバリーチャンネル，ヒストリーチャンネル他	3
ニュース・天気	BBCワールド，CNN，ウェザーニュースなど	11
ビジネス・経済	ビジネス・ブレークスルー，ダイワ・証券情報TV	2
ショッピング	楽天ショッピングチャンネル，QVC，MALL OF TV 他	8
外国語放送	TVEスペインチャンネル，チャンネル上海他	10
教育・資格	放送大学，代ゼミTVネット，英会話チャンネル他	10
番組・各種情報サービス	倶楽部スカパー，スカパー！プラスガイド他	3
公営競技	レジャーチャンネル，SPEEDチャンネル他	16
アダルト	プレイボーイチャンネル，QUEEN BEE 他	16
合　計		192

表1.2 東京ケーブルネットワーク（TCN）で提供するテレビ放送サービス

(2004年8月現在)

	チャンネル名		チャンネル名		チャンネル名		チャンネル名
地上アナログ放送	NHK総合	ニュース	日経CNBC	スポーツ	GAORA	CSデジタル放送	FIGHTING TVサムライ
	NHK教育		BBCワールド		G+SPORTS&NEWS		グリーンチャンネル
	日本テレビ		CNNj		ゴルフネットワーク		グリーンチャンネル2
	TBS		NNN24		ザ・ゴルフ・チャンネル		SPEEDチャンネル
	フジテレビ		JNNニューススバー	カルチャー	グルメ旅FoodiesTV	有料チャンネル	フジテレビ721
	東京MXテレビ		朝日ニュースター		旅チャンネルMONDO21		フジテレビ73
	テレビ朝日	映画・ドラマ	チャンネルNECO		Act On TV		TBSチャンネル
	放送大学		ファミリー劇場		囲碁・将棋チャンネル		プレイボーイチャンネル
	テレビ東京		時代劇専門チャンネル		LaLa TV		レインボーチャンネル
地上デジタル放送	NHK総合		FOX	ドキュメンタリー	ディスカバリー		ミッドナイトブルー
	NHK教育		スーパー		アニマルプラネット		
	日本テレビ		ムービープラス		ヒストリーチャンネル		
	テレビ朝日		AXN		ナショナルジオグラフィックCH		
	TBS		ミステリチャンネル		カートゥーンネットワーク		
	テレビ東京	音楽	スペースシャワー	アニメ	キッズステーション		
	フジテレビ		MTV		アニマックス		
	東京MXテレビ		MUSIC ON TV	有料チャンネル	スターチャンネル		
BSデジタル	NHKハイビジョン		カラオケチャンネル		スターチャンネルプラス		
	BS日テレ	スポーツ	スポーツアイESPN		スターチャンネルクラシック		
	BS日テレ朝日		J SPORTS 1		スターチャンネルBS		
	BS-i		J SPORTS 2		衛星劇場		
	BSジャパン		J SPORTS 3		東映チャンネル		
	BSフジ		スカイ・A		デジタルWOWOW		

（双方向性），放送・通信・コンピュータの融合化などにある．新聞，雑誌などの在来メディアとは違って，マルチメディアでは，テキスト，グラフィックス，サウンド，映像，データなど多様な情報をデジタル形式で統合的かつインタラクティブに処理，表示することができる．最近では，音声や画像の圧縮技術，DVDなど大容量の記録媒体，高性能パソコンによる高速処理が開発され，ストレスなくマルチメディアを楽しめるようになっている．

従来のマスメディアがもっぱら送り手から受け手への一方向的な情報伝達手段であったのに対し，マルチメディアでは，ユーザーが自分の求める情報を検

索したり，対話的に情報を処理したり，自ら情報発信や意思決定の主体になったりするなど，より能動的な情報行動が可能になっている．インターネットのウェブサイト（ホームページ）は，光ファイバーやADSLなどの高速ネットワークのおかげで，いまやマルチメディアの最適なプラットフォームとして発展しつつある．

　マルチメディアの発展に伴って，従来は別個の情報メディアであった放送，通信，コンピュータという3つの領域がいまや融合化しつつある．(地上，衛星，ケーブルTV)デジタル放送，超高速インターネット，スムーズな動画の伝送可能な第3世代（第4世代）携帯電話などは，いずれも放送，通信，コンピュータの融合化という動向に沿った21世紀の代表的メディアといえる．

ユビキタス・ネットワークの進展

　ユビキタス（Ubiquitous）とは，ラテン語で「偏在する」「どこにでもある」という意味のことばである．ユビキタス・ネットワークとは，「いつでも，どこにいても，だれでも，どんな情報にもリアルタイムでアクセスできるようなネットワーク」のことを意味している．このことばは，アメリカのゼロックス・パロアルト研究センター（Xerox PARC）のマーク・ワイザー（Mark Weiser）が1988年に初めて提唱した「ユビキタス・コンピューティング」（Ubiquitous Computing）という概念を拡張したものである（Weiser, 1988）．ワイザーによれば，コンピュータの発展は3つの波を経てきたという．第1の波は，大勢のユーザーが1台の大型汎用コンピュータを共用していた時代である．第2の波は個人がパソコンを使って情報を処理する時代である．第3の波である「ユビキタス・コンピューティング」の時代には，コンピュータが目に見えない形であらゆるところにあり，ユーザーがのぞむときに，必要な情報処理をしてくれるようになるという．「ユビキタス・ネットワーク」は，こうした環境が，ブロードバンド・インターネット，モバイル通信ネットワーク，ICタグなどによって実現した情報環境といえよう．

平成16年度『情報通信白書』によれば，ユビキタス・ネットワーク社会とは，

「いつでも，どこでも，何でも，誰でも」ネットワークにつながることにより，様々なサービスが提供され，人々の生活をより豊かにする社会」である．「いつでも」とは，パソコンで作業を行う時だけでなく，日常の生活活動の待ち時間や移動時間等あらゆる瞬間においてネットワークに接続できるということであり，「どこでも」とは，パソコンのある机の前だけでなく，屋外や電車・自動車等での移動中等あらゆる場所においてネットワークに接続できるということであり，「何でも，誰でも」とは，パソコン同士だけでなく，人と身近な端末や家電等の事物（モノ）やモノとモノ，あらゆる人とあらゆるモノが自在に接続できるということである（総務省，2004より）．

ユビキタスネットワーク社会が実現すると，自分専用の携帯電話や携帯情報端末を自宅の監視カメラ，冷蔵庫，エアコンなどとネットワークに接続することにより，外出先からでも自宅の機器に自由にアクセスし，異常の有無を監視

表1.3　ユビキタスネットワーク社会の実現による便益

ユビキタスネットワーク社会を実現する独自の要素	例	便益の例			
		元気	安心	便利	感動
これまで情報端末ではなかったものの情報端末化	・情報家電，家具，住居	・日常の家電操作等を通じて容易に健康データが計測，転送，蓄積される	・外出時に自宅を常時監視したり，携帯電話で鍵を閉めたりすることができる	・外出先から携帯で冷蔵庫の中身が確認できるなど家電の遠隔操作ができる	・テレビのボタン一つで遠隔地の孫と話ができるなどテレビで映像配信ができる
意識せずに持ち運べる端末の実現	・ウェアラブル情報端末	・運動中の呼吸数，心拍数等のデータを容易に把握，蓄積できる	・社会的弱者に，歩行中，周囲の情報を伝達し安全を確保	・移動中，周辺の地図やその他情報を受信できる	・いつでも音楽，映像を受信して楽しめる
接続していることを意識せず活用できるネットワーク	・個人認証用電子タグ，個人の固有情報，存在情報を発信	・医療の場において患者の識別，データの把握を誤りなく行い，事故を防止できる	・住居，ビルへの入り口での個人認証によるセキュリティ確保	・手で入力しなくても，音声で簡単に機器を操作し，ネットワークを利用できる	・個人認証に基づく，コンサート等での電子チケット
FTTH，3G携帯電話等のブロードバンドがより普及	・固定網・無線ブロードバンドネットワーク	・医療用画像データ等が一元管理され，どこからでも参照できる	・高画質の映像を介して，病院の医師から救急車に患者の処置法を指示できる	・タクシーの中等，オフィスの外にいてもテレビ会議等に参加できる	・外出先の移動中でも携帯電話等でテレビ放送が見られる
データとして形式化されていなかった情報がデジタル情報化される	・物の固有情報，存在情報を発信	・薬を認識し，受取，摂取，飲み合わせ等に関する事故を防ぐ	・食品の履歴把握による，食の安全の確保	・安価な電子タグを物に貼り付け，紛失時等にありかが分かる	・博物館等で展示品を認識させ，その解説等を可能にする

出典：「ユビキタスネットワーク社会の国民生活に関する調査」

したり，外出先からネットワークを通じてエアコンなどを操作したり，冷蔵庫の中身をチェックしたりすることが可能になる．また，電子タグなど超小型の携帯情報端末が実現すると，身につけていることを意識せずに個人認証したり，歩行中の安全を自動的に確保してくれるなどのサービスが可能になる．

「ユビキタスネットワーク社会の国民生活に関する調査」（総務省情報通信政策局総合政策課情報通信経済室，2004）によれば，ユビキタスネットワーク社会が実現すると，表1．3のようなさまざまな便益が実現するとしている．

ただし，ユビキタス社会は，同時に，あらゆるときに，あらゆるところで個人情報が監視されるということをも意味していることを忘れてはならないだろう．

多機能化の進展

いまや普及率が7割にも達している携帯電話は，単に音声で会話をするための対人間コミュニケーション機能だけではなく，携帯ウェブで情報を収集する機能，テレビを見たりラジオを聞いたりするAV端末機能，チケット予約や銀行の振り込みをしたり，ショッピングをするなどのトランザクション機能を持つようになっている．また，外出先から遠隔で自宅の機器を操作したり自動監視するなどのリモートコントロール機能，財布代わりに使えるなどのクレジットカード機能，時計やデジカメとしての機能など，実に多様な機能を内蔵するようになっている．したがって，もはや「情報メディア」というよりも，「多機能端末（マルチファンクション・ターミナル）」という表現がふさわしい汎用メディアになっている．

在来の情報機能に加えて，トランザクション，コントロール，ショッピングなどの「非情報機能」を複合的に備えるようになっているのは，携帯電話に限らず，テレビやインターネットなど他のメディアにおいてもみられる共通の傾向である．たとえば，双方向機能を備えたケーブルテレビでは，すでに1980年代から，セキュリティ，ホームショッピングなどのサービスを展開している．

2003年12月から開始された地上デジタル放送では，双方向機能を利用したテレビショッピングが可能になっている．また，大阪府豊中市では，CSデジタル放送を使って，約50世帯のモニター家庭に端末を設置し，行政情報提供や公共施設予約に関する申請手続サービスの実証実験を約1年間にわたり実施している（平成15年3月から平成16年2月まで）．

　情報メディアのデジタル化，モバイル通信ネットワークの普及，ユビキタス・ネットワーク技術が進展するにつれて，メディアにおける非情報機能がますます多様化，高度化し，生活のさまざまな場面で活用されるようになるものと予想される．それに伴って，利便性が向上する反面，ユビキタス・ネットワークと同様に，セキュリティ，プライバシーなどの面でさまざまな問題も発生することが懸念され，その対策が大きな課題となるだろう．また，メディアが多機能化するにつれて，それを使いこなすための技術や知識も複雑になり，情報リテラシーをいかに育成するかという問題も深刻になろう．

4．社会情報システムの多層的な生成

　現代社会には多様な社会情報システムが生成しているが，それらは別個に分離して存在しているわけではなく，多層的，同時的に併存しているのが実態である．たとえば，電車の車内という物理的空間は，それ自体が一つの社会情報システムを形成しているが，そこには，いくつもの異なる社会情報システムが多層的な構造をつくって混在している．車内での情報行動も多種多様である．電車に乗り合わせた家族や友達同士で会話がはずむこともある．車内の中吊り広告は，SP広告という社会情報システムを構成する重要なメディアの一つである．乗客の読む新聞や雑誌や書籍は，現代の代表的な活字メディアである．車内では一般に携帯電話の利用はきびしく規制されているが，携帯メールのやりとりをしたり，携帯ウェブを見る乗客も少なくない．携帯電話や携帯メールは，車内の乗客と遠く離れたところにいる人を，基地局を介してモバイル通信ネットワークで結びつけてくれる．ラジオ局からの電波を受けて，携帯受信機

でFM放送を聞く人もいるだろう．これらの異なるメディアは，それぞれ独自の社会情報システムを構成しており，それらが，車内という同一の「場」で共存し合って機能しているのである．

どのような社会情報システムにも，そのシステムに固有の「情報需要」「情報供給」構造があり，また「情報文化（情報行動規範，表現様式，利用スタイルなど）」がある．また，社会情報システム内でどのような位置や役割を占めているかということが，送り手や受け手の行動にも大きな影響を及ぼす．たとえば，テレビという社会情報システムでは，情報需要は視聴者の番組選好，意向，視聴習慣などによって規定されており，供給構造はテレビ局やプロダクションの企画制作，スポンサーの意向，番組編成方針，視聴率の動向などによって規定される．テレビにおける情報文化とは，番組制作者の表現様式，番組制作倫理・基準，視聴者の視聴スタイルなどを意味している．また，テレビ番組という情報空間をめぐっては，番組の送り手と受け手という別個の役割があり，また人々の日常生活の中で，いつどこにいるかということによって，テレビ番組の視聴行動は大きく変わってくる．

次に，こうした多層的な社会情報システムにみられる最近の動向を5つの側面から検討しておこう．

コモンズからマーケットへ

1990年代にWWWをきっかけとしてブレイクしたインターネットは，サイバースペースという広大な情報空間と，そこで情報を受発信したり，各種のサービスを提供したり，ネットワークを構築し，維持する送り手，プロバイダなどの通信事業者，利用者などを生み出した．インターネットは当初，研究者などが情報を共有する場（コモンズ）としての性格が強かったが，1993年に商用サービスが開始するとともに，有料プロバイダが相次いでサービスを開始し，またネット上で各種の情報やサービス，財貨などが有料で売買されるようになり，次第にマーケットプレイスとしての性格を強めていった．ボランティア

ベースで情報やサービスが無料で提供され，共有される場を「コモンズ」と呼ぶならば，インターネットという社会情報システムでは，コモンズの領域が次第にマーケットによって浸食されつつあるというのが現在の動向といえる．

　現実の情報空間の代表である街頭や公共交通機関の中でも，情報マーケット化の現象は至るところで見ることができる．大都会の広場やJR車内でも，SP広告や電光掲示板，液晶テレビなどを通じて広告宣伝情報があふれている．また，車内や街頭で携帯情報端末を通じて有料の情報コンテンツを利用する人も多い．いわゆるユビキタス・ネットワーク社会の実現とともに，あらゆる生活場面の「情報マーケット化」が今後ますます進んでいくのではないかと予想される．

パブリックからプライベートへ

　これと関連して，従来は公共的な社会情報システムと考えられていたところに，私的情報システムが侵入し，その領域を急速に拡張してゆくという現象もみられる．メイロヴィッツは，テレビなどの電子メディアが，かつての私的な状況をかつての公的な状況に融合させることによって，情報システムを統合すると述べている（Meyrowitz, 1985=2004）．これをドラマトゥルギー的視点から言い換えると，印刷メディアから電子メディアへの遷移とともに，フォーマルな舞台上もしくは表領域の情報（公的情報）から裏領域の情報（私的情報）への変移がみられる．テレビでは，映像のもつ視聴覚的特性のゆえに，印刷メディアと比べて個人的な感情の表出など私的な情報がより多く伝達される．その結果，テレビでは私的な表出的メッセージがより大きな注目を集め，強いインパクトを与える．その結果，マスメディアのつくる情報システムは，よりプライベートな性格を強めつつある．

　公共的情報システムの縮小と私的情報システムの拡大は，携帯電話の普及によってさらに進展している．携帯電話の利用目的は，普及初期の頃は業務用が大半だったが，普及の進展とともに次第に私用（プライベート）で使う人の割

合が高まってゆき，現在では大半が私用で使われている（三上，2004）．携帯メールでは，さらに私用の割合が高くなっている．電車やバスなど公共交通機関の中や街頭など本来は公共的な情報空間でも，携帯電話（メール）を利用する人の割合が非常に高くなっており，それが結果的には公共的情報空間の中での私的情報空間の拡大を促進することになっている．[11]

ナショナルからローカル，グローバルへ

　新聞，雑誌，書籍やテレビなどのマスメディアは，一般に全国（ナショナル）レベルの社会情報システムを形成してきた．とくに，全国紙やNHK，民放の全国ネットワークは，ナショナルなレベルの社会情報システムを構成している．送り手の観点からみると，制作の拠点は東京，大阪などの大都市にあるが，ニュース取材や番組配信，新聞・雑誌販売のネットワークは全国に及んでいる．そこで伝達される情報内容も，日本国民が共通に関心を持つニュースや娯楽情報などが中心になっている．

　しかし，近年のグローバル化は，政治，経済，社会，文化のすべてにわたって，人々の関心の対象や物・人・情報の流れを世界規模で拡大しつつある．衛星放送やインターネットなど国境をこえたグローバルなメディアの発展，「メガメディア」と呼ばれる多国籍情報産業の躍進は，こうした情報流通のグローバル化に拍車をかけている．BS，CS，ケーブルテレビによる多チャンネル化の進展とともに，BBCやCNNなどの国際ニュース専門チャンネル，ESPN，SHOWATIME，MTVなど海外発のスポーツ，映画，音楽専門チャンネルが一般家庭で手軽に視聴できるようになった．在日外国人のためには，スペイン語，中国語などの専門チャンネルも提供されている．インターネットでは，世界中の主要な言語を用いた最新の国際情報がブラウザで簡単に入手できるようになっている．このように，グローバルな広がりをもつ社会情報システムが，日本国内でも着実に拡大しつつある．

　他方，新聞やラジオ，テレビでは十分にカバーしていなかった区市町村レベ

ルのローカルな地域社会でも，新しいメディアを活用した社会情報システムが着実に成長し始めている．ケーブルテレビのコミュニティチャンネル，コミュニティFM，インターネットや携帯電話のローカル情報サイト，フリーペーパーなどの急速な発展と普及は，ローカルレベルの社会情報システムが地域社会に着実に根付き始めていることを示している．

リアルからバーチャルへ

テレビ，ラジオ，電話に代表される電子メディアは，従来の広場，映画館，劇場など物理的な情報空間で構成される社会情報システムに加えて，現実の場所や時間に制約されないバーチャルな情報空間をつくりだした．そこでは，情報の発信者，伝達者，受信者は電子的なネットワークを介して間接的につながっているだけで，送り手と受け手の間で対面的，直接的な相互作用が行われることは原則としてない．(12) 受け手の大衆は，オーディエンスつまり「観客」としてこの情報空間にアクセスし，情報を受信するという受け身的な立場にあった．

しかし，インターネットや携帯電話などがつくる社会情報システムでは，ユーザーを受発信でき，受け取る情報を自由にカスタマイズできるようになっている．さらに，掲示板，電子会議室などのコミュニティサイトでは，自ら現実世界とは異なる仮想のパーソナリティ（ペルソナ）を創造して，バーチャルなインターネット・コミュニティの一員として参加することもできる．こうしたバーチャルな社会情報システムは，物理的空間を中心とする社会情報システムとは違って，現実の時間，空間，社会的属性などから比較的自由に構成され，したがって，対人関係やライフスタイルを大きく変容させる可能性を秘めている．こうしたバーチャルな社会情報システムは，日常生活のあらゆる領域に多層的に組み込まれ，情報行動を大きく規定するようになっている．

平常時から緊急時へ

　現代社会は，高度の技術的基盤をもとに構築されているが，それゆえに多くのリスクを内包する社会でもある．原子力，コンピュータ，複雑な機械などは，巨大なエネルギーを生み出し，大量で高速の生産，流通活動を支えているが，ひとたびシステムに狂いが生じると，巨大な災害や事故（人災）を発生させる可能性をも秘めている．まさに，現代はウルリヒ・ベックがいうように「リスク社会」なのである（Beck, 1982）．したがって，こうした潜在的な巨大リスクに対処するには，平常時から緊急事態の発生を想定した社会情報システムを構築しておくことが必要になっている．

　社会情報システムは平和で安全な社会秩序が維持されている平常時と，戦争や犯罪や事故・災害など危機的状況に陥った緊急時とでは，当然異なった構造を示し，そこでの情報メディアも，平常時とは異なる役割を果たすようになる．このことを明確に示したのが，1995年1月の阪神・淡路大震災であった．このとき，被災地域住民にとってもっとも重要な役割を果たしたメディアは，テレビよりもラジオ，新聞の地域版，ミニコミ，コミュニティFM，ケーブルテレビなど，より地域社会に密着したメディアであった．

　また，災害や大事故の発生時には，防災機関，行政機関，ライフライン企業，情報通信関連企業を中心とする緊急社会情報システムが始動し，迅速な情報収集，処理，伝達により，一刻を争う人命救助と復旧に向けての活動が展開される．メディア環境の進化とともに，緊急社会情報システムもまた大きく発展しつつあり，社会情報システム全体に占める役割も増大している．防災対策の面での例をあげれば，NTTの災害用伝言ダイヤル171，災害時異常輻輳を防ぐための受発信規制システム，災害用携帯電話iモード掲示板，(移動系，同報系)防災無線システム，気象庁から放送局を通じての地震・津波警報システム，情報通信障害に対処するための緊急バックアップ・システムなどがある．

　また，最近インターネットや携帯電話などの通信ネットワークで頻発するネット犯罪に対処するための各種セキュリティ対策も，緊急社会情報システム

の一環として把握することができる．

大衆主導から個衆主導へ

　1970年代までの社会情報システムを主導したのは，受け手側では一般大衆であり，送り手側では新聞，テレビなどのマスメディアであった．高度経済成長のもとで，人々の求める情報や娯楽は画一的な大衆文化，大衆娯楽作品であり，マスメディアはこうした大衆好みの情報，娯楽を主として提供し，それによって高い視聴率，売上げを稼ぐことができた．

　しかし，1980年代以降，高度成長の終焉，価値観の変化，多チャンネル化，インタラクティブなデジタル情報技術の進展などの環境変化を受けて，大衆主導の社会情報システムが終焉し，より個別化した価値観，ライフスタイル，文化選好をもつ人々の多様な集合体（個衆）のニーズに合わせた社会情報システムがこれに取って代わるようになった．(13) その典型的な例は，総合雑誌の衰退と専門雑誌の売上げ増大，BS，CS，ケーブルテレビの多チャンネル専門チャンネルの普及，多様なインターネット・コミュニティの出現などにみることができる．企業の視点からみれば，個衆は利益の最大化という点では必ずしも望ましいターゲットではなかったが，経済システムが多品種少量生産，オンラインショッピングなど，個衆にも十分対応できるようになったことから，個衆主導の社会情報システムが次第に大きな役割を果たすようになってきた．

　個衆時代の社会情報システムとは，一人ひとりの消費者が個別の情報ニーズと一定レベルの情報リテラシーをもとに，自宅やオフィスや街頭などの自分専用端末から情報空間に能動的にアクセスし，多様な情報メディアと情報内容の中から必要な情報を選択できるようなシステムのことをいう．ユビキタス・ネットワークはこうした個衆主導の社会情報システムの一例である．

　ただし，個衆主導の社会情報システムは，一方では一人ひとりの個人が自分自身にカスタマイズされた情報に容易にアクセスできるシステムであると同時に，第三者による個人情報へのアクセスもそれだけ容易になり，個人情報の漏

洩による経済的被害，プライバシーの侵害を招きやすいシステムでもあることを忘れてはならない．

5．社会情報環境の動向

社会情報システムを支える環境として，メディア環境と並んで重要なものは，情報技術，情報制度，情報資本，情報文化などの「社会情報環境」である．ここでは，それぞれの環境要因について，最近の動向を中心にまとめておきたい．

情報技術の動向

久保田文人（Kubota, 2004）によれば，過去30年間の情報技術の動向を整理すると，10年ごとに大きな革新が生じているという．つまり，1980年代のケーブルテレビ，衛星放送技術を中心とする「ニューメディア」，1990年代のインターネット，携帯電話（携帯ウェブ）を中心とする「マルチメディア」，そして2000年代のブロードバンド，無線LAN，第3～4世代携帯電話，RFID電子タグを軸に構築される「ユビキタス・ネットワーク」という情報技術の展開である．

1990年代後半から急速に普及したインターネットは，いまやADSL，FTTH（光ファイバー）などのブロードバンド時代を迎えつつある．ブロードバンド利用者はインターネット利用者全体の39％を占めるに至っている．無線LAN技術も急速に発展しており，現在では最大54Mbpsという高速接続可能なIEEE802.11gという規格に準拠した無線LAN製品も実用化されている．公共空間における高速無線LANのアクセスポイントも，平成15年度末には全国で5,350カ所と前年度の3倍以上に増えており，インターネット利用者全体の9.5％が利用するようになっている．

携帯電話（モバイル通信）の技術進歩もめざましく，いまやインターネット接続可能な「携帯インターネット」が全体の9割近くに達し，データ通信能力をより高度化させたW-CDMA方式（NTTドコモなど），CDMA2000方式

（KDDIなど）の第3世代の携帯電話も1,700万契約（平成15年度末）と急速に普及し始めている．また，次世代の移動通信システムである第4世代（4G）携帯電話も技術開発が進んでおり，2010年前後には商用サービスが開始されると予想されている．4Gの移動通信システムは，ユビキタス・ネットワーク社会の重要な情報インフラと位置づけられており，どこにいてもオフィスと同じように高速のインターネットに自在にアクセスでき，あらゆるモバイル機器をインターネットの端末にすることができるようになると予想されている．

　ユビキタス・ネットワーク社会を支えるもう一つの情報技術はRFIDタグである．これは，大きさがわずか数mm〜数cmという微小なICチップとアンテナからなる無線タグで，あらゆるものに添付して，人や物を識別したり管理したりできるものである．流通業界では，従来のバーコードに代わる商品識別・管理技術として開発が進められてきたが，いまやユビキタス・ネットワーク社会の基幹技術として脚光を浴びている．RFIDタグがすべての商品に添付されるようになれば，消費者が店頭でリーダー・ライターをかざすだけで商品に関する詳しい情報を知ることができる．将来的に携帯電話がRFIDタグとの通信機能を備えるようになれば，外出先の携帯電話から，自宅の冷蔵庫にある食品のリストや賞味期限などの情報を遠隔でチェックするといった使い方もできるようになる．

情報制度の動向

　情報技術が急速に発展し，その実用化が進むにつれて，個人情報の漏洩，プライバシー侵害，著作権の侵害，新たなネットワーク犯罪，有害情報の氾濫，電子システムによる個人の監視，必要な情報にアクセスできる人とできない人の格差（デジタルデバイド）など，さまざまな問題が発生しており，法制度による対策が必要になっている．こうした情報制度は，社会情報システムを構成するあらゆる行為主体の受ける利益と損失を考慮し，受容限度以上の苦痛を軽減し，全体としての最大幸福を実現するものでなければならない．具体的な対

策の仕方としては，個別の情報行動に対する規制，禁止，罰則などのネガティブ・サンクションだけではなく，個別の情報行動の規制緩和，奨励，報償などポジティブなプロモーション活動を含めた適切な組み合わせで実施することが必要である．また，個人情報保護法，著作権法，刑法，公職選挙法の改定など法律の制定，改正だけではなく，行政機関の政策，学校での教育，企業・業界などのPR，非営利団体による活動なども重要である．

　社会情報システムを構成する行為主体の性格によって情報制度を区分してみると，(1)情報の送り手（生産・発信者）の権利，利益，安全性を保護するための情報制度，(2)情報の伝え手（ネットワーク管理者，流通事業者）の権利，利益，安全性を保護するための情報制度，(3)情報の受け手（消費者，ユーザー，オーディエンス）の権利，利益，安全性を保護するための情報制度，という3つの領域に分けて考えることができる．(1)では，送り手の言論・表現の自由の保護，出版物や音楽，映像，ソフトウェアなどの著作権の保護などが問題になる．とくに，音楽CD，マルチメディア，インターネットなど完全コピーが容易にできるデジタルメディアが広く普及するにつれて，デジタル時代の著作権制度のあり方が問われるようになっている．(2)では，ネットワーク管理上のセキュリティ，個人情報の流出，監視カメラ，住基ネット濫用などによる人権侵害，ウェブサイトへの不正アクセスなどネットワーク社会特有の問題が多発しており，これに対する制度上の対策が必要とされている．(3)では，インターネットのクッキー情報の悪用，ネット詐欺などユーザーをターゲットとしたハイテク犯罪，迷惑メール，掲示板などでの悪質な書き込みやネット上の中傷誹謗（フレーミング），などがインターネットや携帯電話の普及とともに急増しており，なんらかの制度的対応が必要とされている．

情報文化の動向

　「文化」（culture）という概念は多義的であり，文化人類学においても，研究者の数だけ「文化」の定義があるといわれるほどである．たとえば，クリ

フォード・ギアーツによれば,「文化は象徴に表現される意味のパターンで,歴史的に伝承されるものであり,人間が生活に関する知識と態度を伝承し,永続させ,発展させるために用いる,象徴的な形式に表現され伝承される概念の体系をあらわしている」としている (Geerts, 1973=1987, p. 148)。また,林雄二郎は,文明と文化を区別し,人間に便益を与えるものが文明であり,人間にアイデンティティを与えるものが文化であるとしている (林, 2004)。これらの定義を参考にしつつ,本書では文化を,「一定の社会集団が共有する価値,規範,信念,情感,知識をあらわす表現形式または行動様式であり,それによって集団成員にアイデンティティを与えるような表象作用である」と定義することにしたい。この場合,アイデンティティとは,自らを絶えず産出することによって生命活動を維持し,外部との境界を維持するオートポイエーシスとしての社会システムが,自己を環境と差異化し,内的な統合を維持するという情報のはたらきである。どのような社会情報システムにも,こうした価値・規範などの表現様式とアイデンティティ創造・維持のはたらきがあり,これを「情報文化」と呼ぶことができる.

21世紀情報社会システムの代表的な情報文化としては,ネットコミュニティの成員によって共有されるネチケットやFAQ集,携帯メールで広く使われる絵文字や簡略表現,携帯電話の利用マナー,などをあげることができる。情報文化は法制度とは違って強制力をもたないが,社会情報システムの維持と健全な発展を支える重要な環境要因である.

情報資本の動向

社会情報システムの形成と変容に大きな影響を与えるもう一つの重要な要因は,情報財や情報メディアに対する需要と供給,投入される情報資本など「情報経済」の動向である。情報財やメディアの価格(料金)は,社会情報システムにおける需要と供給の経済構造によって決定される。情報財やメディアに対する需要を決定するのは,個々の消費者(利用者)の選好(ニーズ)と商品・

サービスの価格，消費者の購買能力である．供給を決定するのは，送り手側の目的，利益，費用，投下資本，利用可能な資源である．

一般に，社会情報システムは，競争的な市場原理に支配される「情報マーケット」と，経済市場にはなじまない，公共的な目的やニーズをもとに形成される情報空間である「情報コモンズ」に分けることができる．情報マーケットに投入される経済資本のことを「産業的情報資本」，情報コモンズに投入される経済資本のことを「社会的情報資本」と呼ぶことができる[15]．

テレビ放送という社会情報システムを例にとると，NHKやBBCのような公共放送や国営放送に投入される経済資本は，視聴者から徴収される受信料や税金などの社会的情報資本であるのに対し，民間放送は産業的情報資本やスポンサーからの広告収入によって維持されている．インターネットは，バックボーン回線の維持には社会的情報資本が投入されているが，プロバイダ，商用ウェブサイトなどには産業的情報資本が投入されており，インターネットの世界では，産業的情報資本の占める比率が次第に増大している．こうした産業的情報資本の進出は，社会情報システムにみられる「パブリックからプライベートへ」「コモンズからマーケットへ」という動向を促進する働きをもっている．ただし，他方では，「ナショナルからローカルへ」「平常時から緊急時へ」という動向を支える大きな力として，社会的情報資本の役割が重要性を増している．自治体，ローカルNPO，ボランティア住民などが開設する地域情報ウェブサイト，NHK，NTT，その他の防災機関が力を入れる災害情報システムなどは，社会的情報資本によって開設，運営される社会情報システムの例である．

6．情報産業のメディア・エコロジー

以上のところで概説した社会情報システムにおいて，さまざまな行為主体（プレイヤー）が変動するメディア環境と社会情報環境のもとで情報行動を展開し，そのエコロジカルなダイナミクスの中で多様な生態系（エコシステム）を形成しているわけである．そこで，モバイル通信産業と映画・放送産業を例

にとって，21世紀社会情報システムにおけるメディア・エコロジーの動態をみておこう．

モバイル通信産業のメディア・エコロジー

　モバイル通信産業を取り巻くメディア環境，社会情報環境は，ここ10年間に激変し，それに伴って，モバイル通信産業における主要なプレイヤー（メディア）の情報行動も大きな変化を示している．

　モバイル通信産業の主要なプレイヤーは，モバイル通信機器のメーカー，ネットワーク上でモバイル通信サービスを提供する通信キャリア，および，モバイル通信を利用して情報コンテンツや各種サービスを提供するサービスプロバイダ，の3種類に分けることができる．1994年に携帯電話端末の買い切り制がスタートしてからは，携帯端末の価格が急激に低下し，携帯電話に対する需要が一気に増大した．また，通信キャリア各社間の激しい値引き競争によって，月間利用料金も急激に低下し，これが消費者の需要をさらに押し上げる結果となり，1996年以降，携帯電話の普及率は急上昇することになった．

　モバイル通信産業のメディア・エコロジーを大きく変化させたもう一つの出来事は，インターネットとの融合化である．1997年以降のいわゆる携帯メールのサービス開始，1999年にNTTがサービスを開始したiモードなど携帯ウェブにより，それまでの音声通話機能に加えて，メール送受信，情報検索・入手という新しい情報行動がモバイル通信システムに加わり，ユーザー層が若者を中心に大幅に拡大していった．同時に，携帯ウェブに各種情報，娯楽，音楽，バンキング，ショッピングなどのコンテンツやサービスを提供する，サービスプロバイダが新たなプレイヤーとして参入することになった．さらに，2.5G〜3Gといわれる新世代テクノロジーを搭載した携帯電話では，カメラ機能の搭載による画像通信が可能になり，FMラジオやテレビ番組が視聴できるようになり，カメラメーカー，放送事業者，映像配信事業者などがモバイル通信という社会情報システムに新たなプレイヤーとして参入するようになっている．

(1) ニッチと棲み分け

モバイル通信マーケットという社会情報システムにおいて，通信キャリアは従来，音声通話機能だけを提供していたが，1997年以降，電子メール，携帯ウェブなどマルチメディア機能を次々と付加させてきた．その結果，広大なニッチが新たに生まれ，それらのニッチに膨大なプレイヤーが参入し，激しい競争を展開するようになっている．これらのプレイヤーがターゲットとする消費者も，従来の移動中のビジネスマンという限られた集団から，メールを頻繁に利用する若者全体，さらには，緊急時の連絡を必要とする高齢者，視覚・聴覚障害者などへと大幅に広がり，モバイル通信市場システムにおける多様な業界から参入するプレイヤーたちによるニッチ占有と棲み分けがめまぐるしく展開している．たとえば，携帯ウェブのニュース情報サイトでは，主要新聞社が，通勤・通学途中のビジネスマンや学生などをターゲットとして，有料でニュースや天気予報を提供しているが，利用料金を月額100〜300円と低く設定することによって，新聞紙を定期購読していない学生や若いビジネスマンの需要を開拓し，既存印刷メディアとの棲み分けをはかろうとしている．

(2) 代替，補完，相乗効果

携帯電話のメールは，固定電話や携帯電話の通話やPCメールを機能的に代替することができるため，若者層を中心に携帯メールへの乗り換え（代替）が生じている．これは，通信キャリアが戦略的にきわめて安いメール利用料金を設定したこと，通話と違って非同期でのコミュニケーションが可能であること，PCメールと違って送受信の場所的制約を受けないことなどのメリットをもつからである．それと同時に，通話やPCメールと補完的に利用する人も少なくない．

携帯ウェブ上で提供される各種サービスは，一般に他メディアで提供される機能を補完したり，相乗的な効果を生んでいるケースが比較的多い．モバイル通信システムを用いてサービスを提供する側でも，消費者による補完的，相乗

的な利用を想定するケースが少なくないようである．たとえば，テレビ局では地上デジタル放送を使って，携帯情報端末に向けてドラマやニュースなどの番組を配信することを計画しているが，想定する主な視聴者は，移動中の電車や乗客とか，街頭や待合室などで短時間暇つぶしをしたい外出中の人々などだろう．こうした人々は，自宅に帰れば大画面のテレビで番組を見るわけだから，携帯端末での視聴行動は，外出中の移動空間という限定された場での補完的利用にとどまるだろう．ただし，外出先で番組のハイライトや予告編などを視聴することによって，家に帰ってからのテレビ視聴が促進され，相乗的な効果を生むことも考えられる．同じことは，携帯ウェブのニュースサイトで短い記事を提供する新聞社のモバイルサービスにも当てはまる．新聞紙で提供されている膨大な情報に比べると，携帯端末上のニュースは一つひとつの記事が非常に短く，情報量もはるかに少ないので，自宅などでの新聞購読を補完する機能を果たす場合が多いが，それに加えて，一部とはいえ，活字離れ世代に新聞への関心を引き起こし，相乗効果を生むことも期待される．

(3) 共進化

モバイル通信システムでは，携帯機器メーカー，通信キャリア，サービスプロバイダ，携帯ユーザーの間での共進化がきわめて活発に展開されている．通信キャリアがメールサービスを始めると，ユーザーがこれを使って，従来のポケベル通信を進化させる文字コミュニケーションを展開するようになった．絵文字の頻繁な利用に合わせて，携帯機器メーカーも多様な絵文字を内蔵させ，さらにメールでメロディや画像を送受信できる機能も開発した．携帯ウェブで利用者に人気のある地図・交通サイトでは，携帯電話メーカーがGTS機能つきの携帯端末を開発すると，それに合わせて，地図サービスプロバイダが街ナビのサービスを提供し，移動中の利用者が容易に目的地にたどりつけるという便利な機能が実現している．地図サイトでは，レストランや各種の施設が関連情報やサービスを提供し，携帯ウェブの付加価値を高め，それがさらにユー

ザーの利用を促進するという共進化がみられる．

(4) コモンズの悲劇と持続可能な開発

しかし，モバイル通信システムにおけるメディア・エコロジーがもたらす負の側面にも目を向ける必要がある．モバイル通信システムにおける「コモンズの悲劇」は，公共的な情報空間における携帯電話利用が引き起こす諸問題に象徴的に示されている．携帯電話や携帯メールのおかげで，いつでもどこでも，離れたところにいる友人や家族とコミュニケーションができるようになったが，それは，本来，公共的なコミュニケーションの場であった電車やバスの車内，病院の待合室，会議場，教室，広場などの情報空間をプライベートなコミュニケーションの場に変えてしまっただけではなく，見知らぬ人同士の出会いや対面的な会話コミュニケーションの機会を奪い，着信音や通話の騒音でまわりに迷惑をかける，電波で心臓ペースメーカーを狂わせ健康被害を与えるといったように，コモンズ（公共的空間）の機能を破壊するような「悲劇」を招いていることも事実である．

モバイル通信システムの普及がこうした公共的情報コモンズの機能低下や荒廃を引き起こさないためには，公共スペースでの携帯マナーを向上させるなど情報文化の涵養をはかること，運転中の携帯電話利用禁止にみられるように，生命や安全を脅かすような携帯利用に対しては法制度的な規制措置を講じること，公共スペースでの携帯迷惑・被害を低減させるような携帯端末を技術開発することなどの対策が必要である．

(5) 遷移とクライマックス

モバイル通信システムでは，さまざまな産業から携帯機器メーカー，通信キャリア，サービスプロバイダとして異業種のプレイヤーが次々と参入して，メディアエコロジーを大きく変えつつある．現在はまだ遷移の途中にあるが，そのクライマックスは，おそらく10〜20年後に実現すると思われる「ユビキ

タスネットワーク社会」に一つの頂点をむかえるものと予想される．そこでは，モバイル通信システムは，交通，通信，セキュリティ，消費生活，健康医療，教育，政治などあらゆる社会領域と有機的に連結し，ユーザー主体の社会情報システムの中核的機能を果たすようになっているだろう．こうしたシステムにふさわしいメディア環境と社会情報環境が整備されることによって，はじめてクライマックスと呼べる安定した「ユビキタスネットワーク社会」が実現するといえるだろう．

映画作品の織りなすメディア・エコロジー

映画作品は，映像を主体とする情報コンテンツであるが，現代社会では映画館で上映されるだけではなく，ホームビデオやDVDとしてレンタルあるいは販売されたり，ケーブルテレビの映画専門チャンネルや地上波テレビで放送されるなど，多様なメディアを通じて送り手から受け手にさまざまなルートを経て到達する．その情報フローをたどると，きわめて興味深いメディア・エコロジーを観察することができる．

映画作品が送り手から受け手まで到達する過程は，企画（プレプロダクション）→制作（プロダクション）→編集・現像（ポストプロダクション）→配給（ディストリビューション）→上映（エキシビション）という幾つもの段階をたどる．そのプロセスで，脚本家，プロデューサー，ディレクター（監督），俳優（スター），マネージャーなど多数のプレイヤーがそれぞれの役割を演じている．映画作品の流通過程に注目すると，多メディア化の進展とともに，そのメディアエコロジーには大きな変動が生じている．

1940年代まで，映画作品の流通経路は，大都市のロードショー劇場で封切られたあと，二番館，三番館と時期をずらして上映され，入場料も時間が遅くなるほど安くなるという仕組みになっていた．しかし，1950年代に入り，テレビという映像メディアが登場すると，映画作品の内容と流通経路に大きな変化が生じた．短編映画やニュースが次第に姿を消し，大型のワイドスクリーン上で

迫力のある超大型娯楽作品が多く上映されるようになったのである．それと同時に，テレビでの映画作品の再放送が行われるようになった．また，ホームビデオの普及，ケーブルテレビの成長とともに，映画作品は映画館での封切り後，一定期間をおいて，ビデオ，ケーブルテレビ専門チャンネル，地上波テレビという順番で放映されるという「ウィンドウ」戦略がとられるようになった．これは，映画製作，流通，宣伝に要する膨大な資金を回収し，利益を最大化するために映画業界が編み出した独自の流通方式であった．

このように映画作品が多様なメディアの間を流れて受け手に到達するプロセスを，メディア・エコロジーの視点から把握することにしたい．

(1) ニッチと棲み分け

1950年代から60年代にかけて，映画産業はテレビの進出と普及というメディア環境の変化によって，大きな脅威を受けるようになった．それまでの映像コンテンツにおけるニッチの独占的占有が困難になったのである．映画館の入場者数は減少の一途を辿った．その結果，アメリカのハリウッド映画業界では，短編映画やニュース映画のマーケットから撤退し，大資本を投入して，家庭では楽しめない巨大なスクリーンにワイド画面で映写する大作映画作品の製作に比重をうつすようになった．これは，ニッチの移動によるテレビとの棲み分け戦略であり，これが成功して，ハリウッド映画は業績を回復することになったのである．

映画産業におけるもう一つのニッチ創造と棲み分け戦略の例は，いわゆる「ウィンドウ」戦略にみることができる．ウィンドウ戦略とは，配給会社が映画作品をロードショー劇場用に最初に提供し，その後，PPV（ケーブルテレビのペイパービュー），ビデオ，ケーブル専門チャンネル，地上波テレビというように，メディア利用料金単価の高い順に，リリースの時期を遅らせながら，次第に安い価格で提供してゆくことによって，制作コストを回収し，最大の収益を上げようとする販売戦略のことをいう（菅谷・中村，2002）．これは，それ

ぞれのメディアに対して販売権の期間という時間的ニッチを設定し，消費者のニーズに見合った料金を設定することによって，各々のメディアが映画作品で一定の収益を確保することができるようにしたものであり，時間軸上の棲み分けによる多メディア間の相利共生をはかったエコロジカルな手法といえる．

(2) 代替，補完，相乗効果

1950年代に登場したテレビは，家庭で楽しめる映像メディアとして急速に普及し，それまで映画の占めてきたニッチを大幅に奪う結果となった．ニュース映画はテレビのニュース番組でほぼ完全に代替されたし，短編映画もテレビドラマによってかなり代替される結果となり，映画入場者数は1950年代から60年代にかけて大幅な落ち込みを示した．映画業界では，テレビでは代替できない「大画面」「迫力のある臨場感」「恋人や友人と一緒に外出する楽しみ」という機能を強化することで，新しいニッチを確立し，入場者減少を食い止める努力を傾けた．1960年代に始まったワイドスクリーン映画，超大作映画への集中的投資，郊外のドライブインシアターの開設，ショッピングモールなどに開設されるシネコン（マルチプレックス）などはその代表的な例であり，それが映画離れを食い止める大きな武器になった．こうした臨場感あふれる迫力の大画面や社交場としての映画館といった機能は，テレビでは実現できない機能であり，その意味ではテレビを「補完」する役割を果たすものといえる．

相乗効果とは，他のメディアと連携，協調することによって，単独の場合よりも大きな効果，影響，利益をもたらすことをさしている．出版業界がベストセラー小説を映画化することによって，出版と映画どちらにも相乗的な集客効果を引き起こし，売上げをのばすというケースは，角川書店の展開したメディアミックス戦略，最近では『ハリーポッター』シリーズの映画化などにも見られる．また，「スターウォーズ」などでは，キャラクターグッズの販売に力を入れて，巨額の利益をもたらした．音楽業界と映画業界の連携によってヒット曲を生み出す技法は相乗効果の典型的な例である．「踊る大捜査線」などテレ

ビの人気ドラマシリーズが映画化され，大ヒットを生み出すというケースも少なくないが，これもテレビと映画の連携による相乗効果といえよう．

(3) 共進化

テレビの普及に対して，映画業界では当初，これを敵対視し，テレビのボイコット戦略をとったが，やがてアメリカの映画業界では方針を転換し，テレビとの協調路線をとるようになった．つまり，テレビ映画の製作を請け負い，また劇場用映画の旧作品の放送権をテレビ局に販売して利益を得るという路線を選択した．これは，テレビを映画作品の新しいメディアとして積極的に活用するという「共進化」を意味していた．それが，結果的には映画産業の復活を後押しすることになったのである．

コンピュータ，インターネット，VOD（ビデオオンデマンド）などデジタルメディア，マルチメディアの最新技術を取り入れ，CG（コンピュータグラフィックス）を駆使した新しい映画製作と配給に取り組む「デジタルシネマ」は，映画作品の制作過程における共進化の好例である．1960年代に開発されたCG技術は，1970年代に入ってテレビのCMなどに応用されたが，1980年代に入ると,「トロン」(1982年公開) など映画製作にも本格的に使われるようになった．1993年には，スティーブン・スピルバーグ監督の「ジュラシックパーク」がCGと映像を見事に融合した映画作品として大きな話題を集め，1995年にディズニーが公開した「TOY STORY」は全編フルCGで制作した初の作品となった．その後,「スターウォーズ」「タイタニック」「千と千尋の神隠し」「パールハーバー」など，CGを駆使した映画が大ヒットを次々に生み出すに至った．CGと映画制作の融合はまさに共進化の典型的な例といえよう．

(4) コモンズの悲劇と持続可能な開発

ハリウッドに代表されるアメリカの映画産業は，見事な復活を遂げた1970年代以降，年々巨大化とコングロマリット化を強め，映画市場において独占的地

位を強めるようになった．ごく少数の巨大映画会社がマーケット全体に圧倒的シェアを占めるという「集中化」が製作作品数，興行収入においてみられるようになり，また内容的にも，大衆向け娯楽作品の占める比率が圧倒的に高くなり，いわゆる公共性の高い良質の映画を自由な競争市場において製作する環境がきわめて狭められていくことになった．[16] これは，映画作品を生み出す社会情報システムにおける「コモンズの悲劇」とも呼ぶべき現象といえる．

もう一つのコモンズの悲劇は，グローバルな社会情報システムにおいて生じている．つまり，ハリウッド映画の世界制覇によるヨーロッパや第三世界での映像文化の衰退という問題である．アメリカのメディア産業は提携・買収・合併を繰り返すことによって，少数の「メガメディア」と呼ばれる多国籍企業がコングロマリットを形成し，メディアの市場で独占的な地位を築くようになった．これらのグローバル・メディア産業が，ヨーロッパ，日本や第三世界に向けて，ハリウッド製映画を大量に輸出し，世界の映画市場を席巻するようになった．その結果，ヨーロッパや第三世界では，自国の映像文化の発展が大きく阻害されるという憂慮すべき事態が発生している．この問題はGATTのウルグアイラウンドでも重要な議題となり，映画・テレビ番組を含めた文化的事項を例外条項とするかどうかをめぐって激しい論争となったほどである．文化財，芸術財としての映画作品を守り，育てるためには，政府，国際機構などによる規制と保護対策を講じる必要がある．

(5) 遷移とクライマックス形成

多メディア化，技術革新，メディア・コングロマリットの形成が進む中で，映画作品をめぐるメディア生態系は急激な遷移を受けつつある．それが向かう先のクライマックスはどのようなものであろうか．それはおそらく，リアルタイムで製作，配給，上映が可能なデジタルシネマを頂点とし，劇場でのロードショー，VOD，DVD，ケーブルテレビ，地上波テレビというウィンドウ戦略に沿った情報の流れが主流を占める一方で，公的機関による規制と保護のもと

で，芸術性，文化性の高い良質の映画作品を製作，流通，上映するための環境が整備され，映画館だけでなく，公共放送，インターネットなどを通じて多くの人々に提供されるようになるという，共生的なエコシステムとなるだろう．

7．21世紀情報社会の光と影

本書の2章以下では，前述した社会情報システムにおける最近の動向を代表するいくつかのテーマについて，そのプラスの側面（明るく輝く「光」の部分）と，マイナスの側面（暗く汚れた「影」の部分）を含めて，現状と問題点，将来への課題などについて詳述する．ここではその概要を簡単に紹介しておくことにしたい．

ネットワーク社会の不安とセキュリティ

ネットワーク化の進展は，情報流通や商取引の効率性，即時性を増大させ，社会生活の利便性を著しく高める上で貢献しているが，「安心・安全」（セキュリティ）という面では，危険性を増大させている．具体的には，個人情報流通

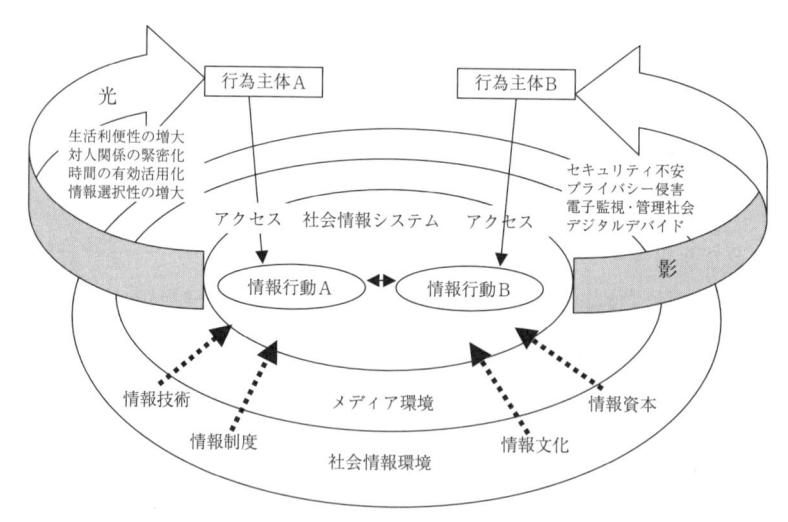

図1.3　21世紀情報社会の光と影

によるプライバシー侵害，ネットワーク上の犯罪，不正行為，サイバーテロ，電子戦争，ネット上の流言伝播などの危険が増大している．

　プライバシー侵害については，コンピュータの登場，オンライン化の進展とともに，個人情報がネットワーク上で生成，蓄積，流通されるようになり，本人の知らないうちに公開されたり，利用されたり，改ざんされるという問題が広く生じてきた．1967年以降，「自己に関する情報の流れをコントロールする権利 (individual's right to control the circulation of information to oneself)」という積極的なプライバシー権が主張されるようになった．この考え方にもとづき，1974年，アメリカで，自己情報コントロール権の考えを取り入れた「プライバシー法」が成立，1980年には経済協力開発機構（OECD）理事会が「プライバシー保護と個人データの国際流通についてのガイドライン」勧告を採択した．わが国でも1981年1月から「プライバシー保護研究会」（行政管理庁）が発足し，研究を積み重ねた結果，2003年5月21日，「個人情報の保護に関する法律（通称：個人情報保護法）」が国会で可決され，5月30日に公布，2005年4月1日より全面施行されるに至った．ただし，個人情報保護法にはさまざまな問題点が内包されている．たとえば，「報道」「著述業」「学術研究」「宗教活動」「政治活動」については，個人情報保護法の適用除外としたが，一般市民の表現活動については適用対象となっており，「市民ジャーナリズム活動」が大幅に規制されるおそれがある．また，個人情報保護法は，民間部門の規制立法的色彩が強く，行政機関など公的部門に対する規制が甘すぎる（努力規定だけで，きびしい義務規定が適用されない）．行政機関個人情報保護法も，適正取得のルールや規律違反に対する罰則規定がないなど規制が緩やかである．さらに，住基ネットなど，国や自治体による集中的な個人情報管理を促進する危険性を内包している．

　次に取り上げるべき問題は，ここ数年急増しているハイテク犯罪（コンピュータ技術や電気通信技術を悪用した犯罪）である．とくに増えているのは「ネットワーク犯罪」で，ハイテク犯罪の大半を占める．ネットワーク犯罪に

は，(1)違法詐取型のネットワーク犯罪，(2)違法物品販売型のネットワーク犯罪，(3)不正アクセス型のネットワーク犯罪，(4)ウィルス型のネットワーク犯罪，(5)有害情報流通型のネットワーク犯罪，(6)「出会い系」売買春型のネットワーク犯罪，(7)プライバシー侵害型のネットワーク犯罪，(8)著作権侵害型のネットワーク犯罪，(9)脅迫，名誉毀損型のネットワーク犯罪などがある．それぞれの犯罪に関する実態，問題，今後の課題などは2章で詳しく述べる．

ハイリスク社会の災害と情報

　大規模災害が発生したとき，情報メディアの果たす役割はきわめて大きなものがある．1923年の関東大震災の当時は，まだラジオもなく，電話も一般家庭にはほとんど普及していなかった．新聞はあったが，東京の新聞社は大半が震災で新聞を発行できず，首都圏は大混乱に陥ってしまった．公式の情報が欠落した状況の中で流言飛語が飛び交い，朝鮮人虐殺といった不幸な事態を招いてしまったのである．

　一般に，災害時にとくに求められる情報はなにかというと，第一には，災害を起こすもとになった自然現象，つまり地震，津波，台風，土石流などについて，その規模とか，性質とか，原因などに関する情報がある．これは専門的には「災害因情報」という．次に，災害によって引き起こされる被害についての情報，いわゆる「被害情報」も，災害についての正しい認識をもち，適切な防災対策をとるためにも絶対に必要な情報である．さらに，被災地での家族，友人などの安否に関する情報，「安否情報」は，被災地域だけではなく，多数の国民にとっても災害初期にはとくにニーズの強い情報である．災害後しばらくたつと，災害からの復旧，生活物資，日常的な活動などといったことがらに関する，いわゆる「生活情報」への要望が強くなってくる．さらには，長期的な復興，災害再発防止を含む，広い意味での「防災情報」へのニーズも高まってくる．

　こうしたニーズにこたえ，防災・減災の目的を達成するには，各種の情報メ

ディアをそれぞれの特性をいかして有効に使い分けることが必要である．テレビは，同時性と視覚性という大きな特性をもっている．そのため，全国に向けて被災状況を克明に伝えるには最適のメディアといえる．阪神・淡路大震災でもその威力を十分に発揮した．しかし，安否情報や市町村レベルのきめ細かな地域災害情報を伝えるのにはあまり適しているとはいえない．ラジオ，とくに携帯ラジオは，停電時にも使えること，避難時にも持って歩けることなどのため，とくに災害に強いメディアだといえる．また，テレビとは違って，短時間で番組のオンエアが可能，映像がなくても番組が作れる，電話1本で被災地からの現地リポートや聴取者の生の声を放送できるなど，テレビにはない高い機動性をもっている．また，新潟地震，宮城県沖地震，日本海中部地震，阪神・淡路大震災では，地元のNHK，民放ラジオが長時間にわたって安否情報を放送し，高い評価を受けた．新聞は「詳報性」「一覧性」「記録性」「論評性」の点で，テレビやラジオよりもすぐれている．阪神・淡路大震災では，ボランティア，被災者，学校の生徒などが，避難所を中心にミニコミ紙を発行し，地域に密着した生活情報を提供して被災住民から高い評価を受けた．電話は安否情報を伝えるのに最適のメディアであるが，災害時には，被災地に向けて安否を問い合わせる電話やお見舞い電話が殺到し，一時的にかかりにくくなるという「輻輳」がしばしば問題になる．阪神・淡路大震災では，死者・行方不明者が6,000人以上にも及び，全国から被災地の阪神・淡路地方に向けて安否情報，災害見舞いの電話が殺到し，著しい輻輳を引き起こした．そこで，大規模災害時の電話不通，輻輳問題を解決するための切り札の一つとして，震災後に新たに「災害用伝言ダイヤル」というボイスメールシステムが導入された．これは，NTTが開発したもので，1998年3月から運用を開始している．また，2004年からは，携帯電話のiモードを使った災害用掲示板サービスも始まっている．

最後に，インターネットは，速報性を生かした最新の災害ニュースの発信，海外に向けての災害情報の提供，強力な情報検索機能を活用した安否情報，被害者名簿などデータベースの提供，避難所などで情報ボランティアによる被災者

救援活動手段としての利用などを通じて重要な役割を果たすものと期待される.

ただし,災害情報の伝達と情報メディアの活用に当たっては,その影の部分にも十分配慮しなければならない.すなわち,流言と情報パニック,誤警報のオオカミ少年効果,情報伝達の遅れ,情報殺到による輻輳の発生,ネットワーク社会の脆弱性,確率情報・数値情報の誤った受容などの問題点を認識し,これらを克服するための対策を講じることが必要である.

最後に取り上げるのは,情報通信ネットワークが火災,地震,テロなど何らかの原因で障害を起こした場合,経済活動,社会生活に甚大な被害と影響を引き起こす危険性が増大しているという「ネットワーク社会の脆弱性」の問題である.具体的事例としては,1984年11月の世田谷電話ケーブル火災事故,1998年10月のNTT専用回線事故によるデータ回線障害などがある.ネットワーク社会の脆弱性を克服するための一つの対策として,実際に大きな事故,災害が起こったときに,その原因,被害と影響の実態,復旧と対策,問題点などを詳しく調査研究し,そこから教訓を引き出すとともに,災害や事故に強いネットワークシステムのあり方を考察することが要請されている.

地域社会とニューメディア

都道府県,市町村などの地上自治体は,行政的に独立した社会システムを形成しており,情報面でも閉じた社会情報システムを形成している.同時に,それは他の社会システムと同様に,外部環境との間で情報その他の資源を絶えず交換する自己組織的な開放システムでもある.

都道府県レベルの地域社会情報システムを構成する主要メディアとしては,地方紙,(アナログ,デジタル)ローカル放送,都道府県の広報紙,インターネット,都道府県防災無線などがある.市町村レベルの地域社会情報システムを構成する主要メディアとしては,市町村の広報紙,民間のタウン誌,ケーブルテレビ,コミュニティFM,ちらし広告,フリーペーパー,インターネット,携帯電話の地域情報サイトなどがある.都道府県または市町村の住民や地域団

体・組織は，これらのメディアを利用して，地域社会を営むのに必要な生活情報，社会情報，娯楽レジャー情報を入手したり伝達したりする．

21世紀に入ってとくに注目されている地域情報メディアには，ケーブルテレビ，地上デジタル放送，インターネットの地域情報サイトなどがある．

ケーブルテレビは，もともと市町村程度の地域社会をエリアとして，難視聴解消から始まったが，1960年代に入ると空きチャンネルを利用して地域情報を発信する試みが全国各地で始まった．最近ではテレビ局が一方的に取材・制作するだけではなく，熊本ケーブルネットワーク（KCN）のように，地域住民の中から「住民ディレクター」を育成して住民参加の番組制作に取り組むケース，東京の武蔵野三鷹ケーブルテレビのように，市民主体のNPO法人がテレビ局と対等の立場で番組の企画・制作を行っているケース，鳥取県の中海ケーブルテレビのように，テレビ局がパブリックアクセス・チャンネルをつくり，市民に開放しているケースなど，地域社会情報システムの情報発信力を高める努力が着実に成果を上げ始めている．

地上デジタル放送は2003年12月から東京・大阪・名古屋の3大都市圏で始まったが，2006年までに大都市圏以外の地域でも放送を開始し，2011年までには全都道府県で地上デジタル放送がサービス提供される予定である．これによって，「県域放送」サービスがすべての都道府県で実現することになり，都道府県レベルの地域社会情報システムの中で県域放送が中心的なメディアとして重要な役割を果たすようになることが期待される．とくに，双方向機能，データ放送機能など，デジタル放送のメリットを生かし，電子自治体などと連携した高度の情報サービスが可能になり，従来の放送メディアをこえた地域的機能を果たすことが期待されている．

インターネットの地域情報サイトには，発信主体別にみると，都道府県や市町村など自治体のホームページ，地域の民間団体，企業，学校，NPOなどの開設するホームページ，地域住民が個人的に開設するホームページなどがある．自治体のホームページでは，各種の地域情報，行政広報を検索できる他，各種

申請手続きのオンライン化,市民電子会議室への参加,地方選挙での電子投票などがすでに提供されていたり,近い将来提供されるようになると予想されている.

このように,デジタルメディアを地域社会情報システムに組み込むことによって,地域情報の流通が促進され,住民の地域参加や地域コミュニケーションが活発化し,住民の地域生活がより便利で豊かになるものと期待される.しかし,他方では地域住民の間でのデジタルデバイドによる情報格差が生じたり,プライバシーが侵害されるなどの問題が新たに発生する恐れもあり,こうした負の影響を緩和するような対策も必要となろう.

メディア・グローバリゼーションと文化変容

1980年代以降,多国籍企業がグローバルマーケットを積極的に展開するにつれ,グローバルな情報通信ネットワークに対する需要も急激に増大し,これがグローバルメディアの発展を促進した.通信衛星ネットワークを使って,アメリカのCNN,MTV,ESPNなどの専門放送サービスが世界各国に輸出されるようになった.また,ハリウッド製映画の輸出額は,1987年から1991年にかけて11億ドルから22億ドルへと倍増し,音楽ソフトの輸出額も同様に倍増した.

1980年代後半に入ると,メディア・グローバリゼーションの動きはさらに加速されることになった.その背景には,メディア・コングロマリットと呼ばれる巨大な資本力をもった多国籍企業(Transnational Corporations;TNCs)の台頭,グローバルマーケットにおける規制緩和と市場開放(貿易自由化)の流れ,デジタル衛星放送やインターネットなどIT技術の飛躍的発展という3大要因があった.1985年には,ルパート・マードック率いるニューズ・コーポレーションがハリウッド映画スタジオの20世紀フォックスを買収,テッド・ターナー率いるTBSがMGMを買収した.さらに,1989年には出版最大手のタイムがワーナーブラザーズを買収・合併してタイムワーナーとなり,世界最大のメディア・コングロマリットが誕生した.タイムワーナーはさらに2001年には

インターネット・プロバイダ最大手のAOLと合併して，出版・映像・インターネットを網羅する史上最強の総合メディア企業となった．アメリカを中心とする巨大メディア・コングロマリットの発展は，ハリウッド製作映画を中心とする米国製エンターテインメント作品を全世界に輸出する原動力となり，グローバルな映像文化のアメリカ化が急速に進行し，ヨーロッパや第三世界における自国文化を衰退させるという危機的状況を招いている．

メディア・グローバリゼーションの動きとして，もう一つ忘れてならないのは，エスニックメディアの発展である．エスニックメディアとは，「当該社会の中のある人種的，民族的少数集団のだれか（送り手）が，その集団メンバー（受け手）のために，主に自集団の言語（エスニック言語）を用いて情報を発信する媒体のこと」（白水，1996）をさしている．わが国で在日朝鮮人・中国人や日系ブラジル人など外国人労働者向けに発行される現地語の新聞，雑誌，ラジオやテレビの番組などがエスニックメディアの例である．エスニックメディア登場の背景には，経済のグローバル化とそれに伴う人口の国際的移動の活発化という社会的背景がある．先進諸国における経済発展とそれに伴う所得水準の上昇，情報通信や交通手段の国際化と高速化，南北間の経済格差の増大，発展途上国における労働力の過剰，外国人定住に対する法的規制の緩和などを背景として，アジア，アフリカ，中近東，中南米などの発展途上国から若年層を中心とする労働力が，アメリカ，ヨーロッパ，日本などの先進諸国に大量に流れ込むという現象が1980年代以降顕著にみられるようになった．わが国では1990年に入管法が改正され，二世，三世までの日系外国人に対しては，選挙権以外はほとんど通常の日本人と変わらない待遇で定住が認められるようになり，これをきっかけとして，日本に定住する日系外国人二世，三世が急増した．なかでも多いのは，日系ブラジル人である．出稼ぎで来ている日系ブラジル人の大多数は，母国では高学歴の中産階級出身だが，日本では，自動車関連や電気機器メーカーの下請け工場，建設業などの「きつい，汚い，危険な」3K労働に就いている．彼らが集住している地域は，神奈川県，愛知県，静岡県，東京

都，群馬県などであり，ポルトガル語のエスニックメディアもこれらの地域で発生した（イシイ，1996）．エスニックメディアは，在日の外国人に対して，あるいは日本人に対して多様な役割を果たしている．すなわち，① ブラジルなど母国に関する最新のニュースを提供する，② 母国の文化を伝え，同国人同士で文化的アイデンティティを高める，③ 紙面の提供，各種イベントの開催，協賛などを通じて，在日外国人同士のネットワークづくりに貢献する，④ 在日外国人に対して，母国語による自己表現の場を提供する，⑤ 日本人に対し，外国人コミュニティの存在を気づかせ，それを通じて多文化共生社会の形成においても重要な役割を果たしているのである．

インターネット・コミュニティの光と影

IT革命は，現代の地球社会に，生物の体内の脳神経系のような「自己組織的ネットワーク」を作りだしている．その結果，われわれの地球社会全体が，かつてマクルーハンが予言したように，「部族社会」や「村」にも似た一つの大きな「コミュニティ」を形成しつつある．このコミュニティは，主としてインターネットによって形成されていることから，「インターネット・コミュニティ」と呼ぶのがふさわしい．伝統的なコミュニティが主として地縁，血縁，社縁で結ばれていたのに対し，今日のインターネット・コミュニティは，「情報縁」「関心縁」「嗜好縁」による結び付きを軸に形成されている．それはメンバーの地理的な位置に束縛されることはない，という点で「地図にないコミュニティ」（ガンパート）である．

それとともに，こうした創発的ネットワークは，生物レベルの生態系にはない，新たなエコロジーを生み出している．すなわち，電子ネットワークのノードとリンクを通じて，無数の行動主体が複雑に結ばれ，そこに新しい情報や財貨の流れが生じている．それが多様なメディアを媒介として多数の主体を結びつけ，ローカルであれ，ナショナルであれ，リージョナルであれ，グローバルであれ，物，人，金，情報，行為の間の関係性を大きく変化させ，それによっ

て，自己組織的な社会生態系に新たな動態的な流れ（物，人，金，情報，行為のフロー）を生み出している．これは従来の生物同士が織りなす生態系とは根本的に異なるシステム特性である．

インターネット・コミュニティを，そこにアクセスしたり活動に参加したりする際の目的ないし動機をもとに分類してみると，「交流型」「討論型」「支援型」「ゲーム型」「コラボレーション型」「マーケティング型」という6つの基本類型を抽出することができる．

「交流型」は，掲示板，チャット，メーリングリスト，電子会議室などを通じて，参加者相互間でのコミュニケーションを通じて，共通の関心をもつ人々が出会いと交流をはかる目的で形成されるインターネット・コミュニティをさしている．「討論型」のコミュニティは，政治，思想，宗教，学問など論争的なテーマを抱える領域に関連するインターネット・コミュニティにしばしばみられる．特定のテーマをめぐって，掲示場や電子会議室などで討論，ディベートが行われる場合をさしている．「2ちゃんねる」「Yahoo! 掲示板」「@Niftyフォーラム」などの巨大インターネット・コミュニティには，討論・ディベートのための掲示板が多数設置されており，あらゆる領域・テーマにわたって，活発な議論が日夜交わされている．「支援型」というのは，医療・防災・環境保全・犯罪・選挙など生活・社会情報系の領域では，被害者，被災者，社会的弱者，選挙候補者などを救援，支援，サポートしたり，娯楽系の領域ではタレントやスポーツ選手などを応援するといった目的で設置されるインターネット・コミュニティである．「ゲーム型」というのは，アドベンチャー型のMUDやその他のRPG（ロールプレイングゲーム），多数のユーザーが自由に参加できるチャットルームなどをさしている．「コラボレーション型」というのは，企業がサテライトオフィスを結んで協同作業を行ったり，ソフトウェアの開発などでインターネット上でプログラムソースを公開，ユーザーと開発者が協同でソフトウェアを開発したり，学会内部で電子メール，メーリングリストなどを使って共同研究を進めるときなどに作られるコミュニティをさしてい

る．最後に,「マーケティング型」というのは，ショッピングサイト，オークションサイト，トレーディングサイトなどのように，各種の取引を主たる目的として設置されているインターネット・コミュニティをさしている．こうしたインターネット・コミュニティのいずれもが，現在まさに自己組織的に生成発展しつつあるがゆえに，光と影の両面をもっている．これらのコミュニティが今後健全に発展するかどうかは，影の部分をどれだけ顕在化させることなくコントロールできるかにかかっている．

（注）
（1） 熱力学の第2法則によれば，物理的な過程の一般的傾向は，エントロピーを増す方向，つまり確率を増し秩序を減らす方向へと向かう．これに対し，生物システムは自らを高度の秩序をもった状態に維持し，あるいは生物体が成長する場合のように分化と組織化を増大させエントロピーを減少させる方向に進むことさえある（Bertalanffy, 1968=1973）．
（2） これは，ルーマンの捉え方とほぼ共通している．ルーマンは，『社会システム論』において，一般システム論の発展過程を3つの段階に区別している．それによると，第1段階は閉鎖システムであり，全体と部分という図式によって特徴づけられるという．第2段階は開放システムであり，そこではシステムと環境の差異が問題となり，システムは環境との交換過程によって維持される開放的なシステムとして特徴づけられる．システム理論の第3段階は，生きているものの組織原理を説明する理論であり，それは自己自身を製作し維持する生きた構造物，もろもろの構成要素が一つの循環過程の中で相互作用し合って，システム維持，発展に必要な要素を絶えず自ら産出するようなオートポイエーシス的なシステムである（Luhmann, 1984=1993; Kneer and Nassehi, 1993=1995）．
（3） 人間や社会を「第4世代」開放システムとして位置づけるのは筆者独自のアイデアである．この点でルーマンや河本とは本質的に異なる．ルーマンは基本的に人間や社会システムを第3世代つまり生物と同じレベルの閉じたオートポイエーシスとして捉えている．しかし，本文でも指摘したように，人間や社会は「道具」「機械」「メディア」や資源一般をシステム外部から調達し，それを自らの再生産に活用しているという点で，他の生物よりも一段進化した開放システムであり，したがって，マトゥーラとヴァレラが論じた生命体レベルよりも高次のシステムとして位置づけるべきである．

（4）ドーキンスによれば，人間を含めてすべての生物は，自己複製子である遺伝子（DNA）が何億年もかけて，自ら世代をこえて生き延びるための棲み場所として創り出した「生存機械」(survival machine) にすぎないという (Dawkins, 1976＝1991).

（5）ドーキンスの遺伝子＝生存機械論を敷衍するならば，「人間は DNA の拡張物」とみなすことができる．DNA は遺伝子情報を蓄えた乗り物であるから，生命情報を乗せた「根元的なメディア」といえる．そう考えると，マーシャル・マクルーハンがメディアを「人間の拡張物」として定義したのは誤りで，「人間は DNA というメディアの拡張物だ」と定義するのが正しいということになるかもしれない．

（6）ミームは，人間や社会という「第4世代開放システム」に固有の自己増殖遺伝子であり，個人，集団，社会の文化すなわちアイデンティティの本質を考える上で有効な概念だと考えられる．

（7）清水博によれば，生命システム（生物，人間，組織，マーケット，社会など）は要素の間の関係の上に立って自己の状態の表現を自律的（オートポイエティック）に生成してゆくことができるような「関係子」でつくられる存在論的な関係ネットワークである．関係子の表現状態を一定の範囲に絞り込み活動の境界を設定する拘束条件のことを，清水は「場所」と呼んでいる（清水, 1999）．関係子は，「場所」を媒介として，自己言及的に「場」を創出し，これを自己の拘束条件としている．場の概念は，このように行為主体が自ら環境の中で自律的に生成し，自らの行動を拘束する時間，空間，領域を意味している．

（8）メディア・エコロジーは，もともと「カルチュラル・エコロジー」(Cultural Ecology) と呼ばれる研究から派生した研究領域であり，カルチュラル・エコロジー研究の中心部分に位置づけられる．カルチュラル・エコロジー研究のルーツは，文化人類学者の J.H. スチュワードが1955年に出版した『文化変化の理論：多系進化論の方法』にある．情報通信政策の領域で，改めてカルチュラル・エコロジー研究の必要性が唱えられたのは，1994年の世界通信放送機構（IIC）フィンランド総会だった．この会議で基調講演を行ったフィンランドのアティサリ大統領は，人類社会の情報化の急展開がもたらす危機的状況やその中での情報格差に言及し，「今や人類にとって，健全な自然生態環境とともに健全な文化生態環境が不可欠である」と述べ，カルチュラル・エコロジー研究の必要性を訴えた．「メディア・エコロジー」研究は，この文脈上にあり，健全な情報社会環境を実現するためのメディア研究として位置づけることができる．

（9）「超多チャンネル化」が可能になった技術的基盤として，画像圧縮技術がある．もう一つは，BS, CS の打ち上げ，地上デジタル放送など，新しい放送

の登場がある.さらには,インターネット放送,光ファイバーなど通信と放送の融合化もある.また,放送法の改正も超多チャンネル化を促進する要因となっている.アメリカでは,タイムワーナーのデジタルケーブルTV(ニューヨーク)のように,最大350チャンネルものサービスを提供している例もある.

(10) メイロヴィッツは,社会的状況を「情報システム」(社会的情報に対するある所与のアクセス・パターン)として捉え,電子メディアの使用によって生成する新しい社会的状況のもとでの役割やパフォーマンスの変化を考察している(Meyrowitz, 1985=2004).とくに,電子メディアが社会的状況の「境界」を変質させ,それが人々の行動に大きな影響を与えると論じている.ここでの「情報システム」は本書での「情報空間」とほぼ同義で使われている.メイロヴィッツは,だれとだれが社会的状況(情報空間)を共有しているかという認識が,人々の行動を大きく左右することを,多くの事例をもとに明らかにしている.

(11) ゴフマンによれば,ある場面での個人の行動は,大きく「裏領域」つまり舞台裏の行動と,「表領域」つまり舞台上での行動に分けることができる.表領域では,パフォーマーは特定の役柄として観客の前にいて,社会的役割を比較的理想的な姿で演じる.たとえばウェイターはレストランのテーブルで客に給仕するときは表領域にいるので,丁寧で礼儀正しく振る舞う.しかし,同じウェイターが厨房という「裏領域」つまり舞台裏に戻ると,「7番テーブルの客のおかしな服装」を批評し合ったり,だらしない格好で座ったりするなど,まったく異なる振る舞いをする(Meyrowitz, 1985=2004).こうした振る舞いの差異が生じるのは,表領域の情報空間と裏領域の情報空間の境界が明確に存在し,裏領域の情報空間にオーディエンスがアクセスできないという前提が保障されているからである.テレビなどの電子メディアは裏領域の出来事をより多く伝えることによって,2つの情報空間の境界をあいまいなものにし,その結果,公的行動と私的行動の境界が不鮮明になっている,とメイロヴィッツは指摘している.

(12) ホートンとウォールは,ラジオやテレビの受け手が,番組の出演者に対して,あたかも家族や親しい友人かのような錯覚を抱かせ,一種の「擬似社会的相互作用」(para-social interaction)を引き起こすと指摘している(Horton and Wohl, 1956).しかし,それはあくまで受け手の頭の中で幻想またはイメージとして擬似的,間接的に経験する行為であるにすぎない.

(13) 産業革命の進行は,大量生産,大量流通の経済構造を生み出し,そこから画一的な商品や文化製品を大量に消費する「大衆」が時代の主役として,20世紀社会に長く君臨した.しかし,高度経済成長の終わった1970年代以降,ベイシックな物質的欲求をみたされた人々は,より個性的で多様なライフス

タイルを志向するようになり，それまでの「大衆」に代わって「分衆」という細分化した関心・嗜好で結ばれた集団が消費経済をリードするようになった．さらに，インターネットや携帯電話などを通じて消費者が入手する情報を自分専用のものにカスタマイズしたり，好きなときに好きな場所からオンラインでアクセスし，自分自身のニーズや好みに合う商品，サービスをリアルタイムで入手できるようになると，消費者はもはや集団として把握できない個性的，個別的な存在になり，ここに「個衆」と呼ばれる個人の集合体が時代のリーダーとして脚光を浴びるようになっている．

(14) 「文化」の代表的定義としては，タイラーによる「知識・信念・芸術・道徳・法，慣習，その他およそ人間が社会の成員として獲得した能力や習慣をふくむ複合的全体」とする定義，クラックホーンによる「後天的・歴史的に形成された，外面的および内面的な生活様式の体系」という定義などがある．

(15) 経済学者の宇沢弘文は，社会的共通資本という概念を提唱した．宇沢によれば，社会的共通資本とは，「一つの国ないし特定の地域に住むすべての人々が，ゆたかな経済生活を営み，すぐれた文化を展開し，人間的に魅力ある社会を持続的，安定的に維持することを可能にするような社会的装置」を意味している（宇沢，2000）．本書の社会的情報資本は，宇沢のいう社会的共通資本のサブカテゴリーとして位置づけることができる．社会学の領域で用いられる「社会的関係資本」とは異なる．

(16) R. ニューマンによれば，経済マーケットで実際に購入されるものの80％が，供給量全体のわずか20％にすぎないという「パレートの法則」は，マスメディアのマーケット全般に該当するという（Neuman, 1991=2002）．映画作品についてみると，アメリカでは毎年主要なルートで配給されるトップ100の映画作品のうち，上位10％だけで興行収入全体の50％を占めているという．

参考文献

Beck, U., 1992=1998, *Risk Society: Toward a New Modernity*, London: Sage. 東廉・伊藤美登里訳『危険社会』法政大学出版局

Bertalanffy, L. von, 1968, *General System Theory: Foundations, Development, Applications*, George Braziller, New York. 長野敬・太田邦昌訳，1973，『一般システム理論』みすず書房

Blackmore, S., 1999=2000, *The Meme Machine*, Oxford University Press. 垂水雄二訳『ミーム・マシーンとしての私』（上・下）草思社

Dawkins, R., 1976=1991, *The Selfish Gene*, Oxford University Press. 日高敏隆・羽田節子・岸由二・垂水雄二訳『利己的な遺伝子』紀伊國屋書店

Geertz, C., 1973=1987, *The Interpretation of Culture*, New York: Basic Books. 吉田禎吾他訳『文化の解釈学』岩波現代選書

Haken, H., 1977=1980, *Synergetics: Nonequilibrium Phase Transitions and Self-Organization in Physics, Chemistry and Biology*, Berlin: Springer. 牧島邦夫・小森尚志訳『協同現象の数理』東海大学出版会

林雄二郎，2004,「新しい時代のさきがけとしてのテレビ」放送文化基金「これからの放送文化を考える」http://www.hbf.or.jp/30/5_hayashi.html

Horton, D. and Wohl, R., 1956, "Mass Communication and Para-Social Interaction: Observations on Intimacy at a Distance," *Psychiatry*, 19.

Jantsch, E., 1980=1986, *The Self-Organizing Universe: Scientific and Human Implications of the Emerging Paradigm of Evolution*. 芹沢高志・内田美恵訳『自己組織化する宇宙』工作舎

河本英夫，1995,『オートポイエーシス』青土社

Kneer, G. and Nassehi, A., 1993=1995, *Niklas Luhmanns Theorie Sozialer Syteme*. Wilhelm Fink Verlag. 舘野愛男・池田貞夫・野崎和義訳『ルーマン社会システム理論』新泉社

小林登，2001,「カルチュラルエコロジーの基本概念とその研究課題」カルチュラルエコロジー研究委員会（編）『情報革命の光と影』NTT出版，pp. 1-40

Kubota, F., 2004, *Technology and Issues of Ubiquitous Networking beyond Mobile Internet Environment*, Slides presented at the WIP International Symposium held at the University of Tokyo, July 13, 2004.
http://media.asaka.toyo.ac.jp/wip/wip_sympo/materials/WIPkubotaWEB.pdf

Luhmann, N., 1984=1993, *Soziale Systeme: Grundris einer allgemeinen Theorie*, Suhrkamp. 佐藤勉監訳『社会システム理論』恒星社厚生閣

Maturana, H.R. and Varela, F.J., 1980=1991, *Autopoiesis and Cognition: The Realization of the Living*., Reidel Publishing Company. 河本英夫訳『オートポイエーシス』国文社

Meyrowitz, J., 1985=2004, *No Sense of Place: The Impact of Electronic Media on Social Behavior*, Oxford University Press. 安川一・高山啓子・上谷香陽訳『場所感の喪失―電子メディアが社会的行動に及ぼす影響』新曜社

三上俊治，2004,『メディアコミュニケーション学への招待』学文社

Neuman, R., 1991=2002, *The Future of the Mass Audience*. Cambridge University Press. 三上俊治・川端美樹・斉藤慎一訳『マス・オーディエンスの未来像』学文社

Prigogine, I. and Stengers, I., 1983=1987, *Order Out of Chaos*, Bantam Books, New York. 伏見康治・伏見譲・松坂秀明訳『混沌からの秩序』みすず書房

清水博，1999,『新版・生命と場所―創造する生命の原理』NTT出版

白水繁彦，1996,『エスニックメディア』明石書店

総務省，2004,『平成16年版　情報通信白書』大蔵省印刷局

菅谷実・中村清編著，2002，『映像コンテンツ産業論』丸善
宇沢弘文，2000，『社会的共通資本』岩波新書
Weiser, M., 1988, *Ubiquitous Computing.* http://www.ubiq.com/hypertext/weiser/UbiHome.html

2章　ネットワーク社会の不安とセキュリティ

1．はじめに

　インターネットが普及し，社会生活のあらゆる分野で活用されるにつれて，ネット社会に対するさまざまな不安も広がっている．ワールドインターネットプロジェクト（WIP）全国調査(1)によれば，インターネットについて多くの人々が不安を感じていることがわかる．図2.1は，12～74歳を対象に，インターネットに対する不安を5つの面から尋ねた結果を示したものである．2003年調査の結果をみると，「名前・住所・勤務先・クレジットカード番号・パスワー

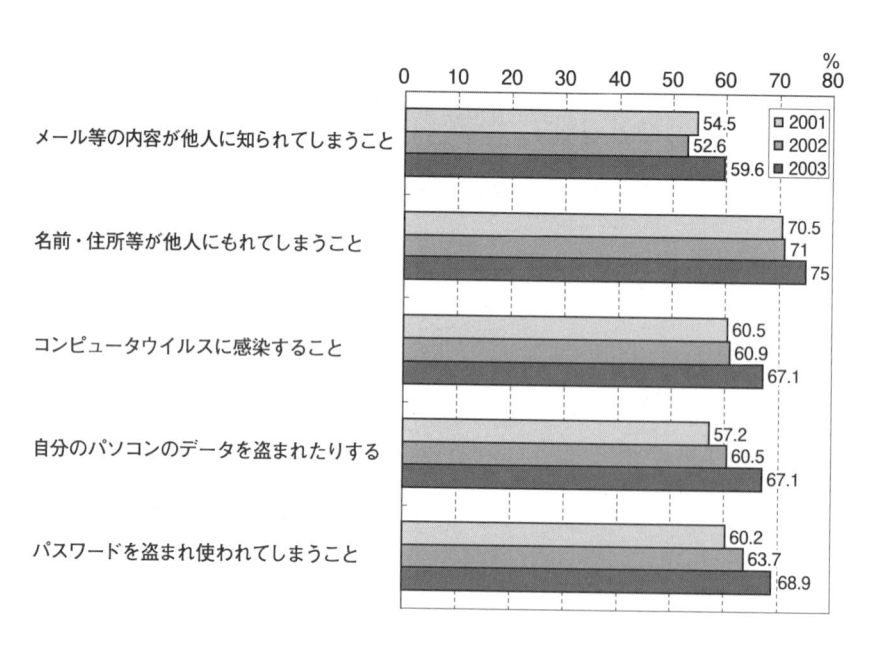

項目	2001	2002	2003
メール等の内容が他人に知られてしまうこと	54.5	52.6	59.6
名前・住所等が他人にもれてしまうこと	70.5	71	75
コンピュータウイルスに感染すること	60.5	60.9	67.1
自分のパソコンのデータを盗まれたりする	57.2	60.5	67.1
パスワードを盗まれ使われてしまうこと	60.2	63.7	68.9

図2.1　インターネットに対する不安（2001年～2003年）

注）グラフの数値は「非常に不安を感じる」「多少不安を感じる」を合わせた回答率を示したもの．
出典：通信総合研究所（2002, 2003, 2004）

ドなどが他人にもれてしまうこと」に不安を感じている人が75％にも達している他，「自分のパスワードを盗まれて，勝手に使われてしまうこと」に不安を感じている人が68.9％，「コンピュータウィルスに感染すること」に不安を感じている人が67.1％，「自分のパソコンの中身を知られたり，勝手に書き換えられたり，データを盗まれること」に不安を感じている人が67.1％，「自分が見たウェブサイトや自分がやりとりしたメールの内容を他人に知られてしまうこと」に不安を感じている人が59.6％といずれも高くなっている．また，こうした不安が最近になって急速に強まっているという傾向もはっきりとうかがえる．

　ネットワーク化の進展は，情報流通や商取引の効率性，即時性を増大させ，社会生活の利便性を著しく高める上で貢献しているが，「安心・安全」（セキュリティ）という面では，危険性を増大させている．具体的には，個人情報流通によるプライバシー侵害，ネットワーク上の犯罪，不正行為，サイバーテロ，電子戦争，ネット上の流言伝播などの危険が増大している．

　本章では，インターネット上の情報流通における不安（セキュリティ）の問題を，ネットワーク上の個人情報流通によって生じる不安，ネットワーク上の著作権をめぐる不安，ネットワーク上の商取引によって生じる不安，ネットワーク上の流言伝播によって生じる不安という4つの側面から捉え，それぞれについて，セキュリティ問題の実態と原因，対策について検討を加えることにしたい．

2．ネットワーク上の個人情報流通によって生じる不安

　情報化，ネットワーク化の進展とともに，個人の住所，氏名，年齢，電話番号，メールアドレス，職業，病歴，パスワードといったプライバシー度の高い個人情報がコンピュータ上にデータベースとして蓄積され，ネットワークを通じて流出するといった事故や犯罪が激増している．以下では，こうしたプライバシーに関わる個人情報の流通をめぐるセキュリティ問題について解説する．

プライバシー問題の生成

　プライバシー問題が生成したのは，19世紀のアメリカである．当時，大衆紙の隆盛とともに，ハリウッド・スターなど有名人の私生活が大衆新聞などで暴かれ，「イエロージャーナリズム」批判が高まるとともに，新たな社会問題として議論の的になった(2)．そのような状況の中で，1890年，サミュエル.D.ウォーレンとブランダイス（後の米連邦最高裁判事）が法律雑誌に「プライバシーの権利」（The Right of Privacy）と題する論文を発表し，その中で「ひとりにしておいてもらう権利」（the right "to be let alone"）としてはじめてプライバシー権を主張した．20世紀に入ると，プライバシー侵害をめぐる裁判が争われるようになり，プライバシー権を認める判決が相次いで出されるようになった．たとえば，1931年にはカリフォルニア州で，過去の知られたくない前歴が映画化され，公になったために侮辱を受け，大きな精神的，身体的苦痛を被った女性が，州裁判所に対しプライバシー侵害を訴える訴訟を起こした．判決では，「プライバシー権は，不当で望ましくない公開にさらされることなく，ひとりで自分の生活を送る権利」だと定義したうえで，プライバシー権を認めた．

　わが国でプライバシー問題がはじめてマスコミで大きく取り上げられたのは，三島由紀夫の小説『宴のあと』をめぐって裁判が争われたときである．この小説のモデルにされた有田八郎元外務大臣が，自分のプライバシーが侵害されたとして，作者の三島由紀夫氏と出版者の新潮社を相手どって，東京地裁に対し，慰謝料の支払いと謝罪広告の掲載を求める訴訟を起こした．1974年，東京地裁は原告側の主張を認め，被告に80万円の慰謝料を支払うことを命じる判決を下した．判決の中で裁判官は，プライバシー権とは「私生活をみだりに公開されないという法的保障ないし権利」だとして，これを認める判断を下した．こうして，わが国では，1970年代に入ってようやくプライバシー権が公に認められるようになったのである．

プライバシー権の確立と法律制定

アメリカでは，1960年，プロッサー教授がプライバシー侵害を，(1) 他人の干渉を受けずに隔離された私生活を送っているのに侵入したこと，(2) 他人に知られたくない事実を公表したこと，(3) ある事実が公表されて他人の目に誤った印象を与えたこと，(4) 氏名や肖像などが他人によってその利益のために利用されたこと，の4つに分類した．

プライバシー権の概念は時代とともに変化を遂げ，「個人が自分に関する情報をコントロールする権利」というように，広く定義されるようになってきた．たとえば，アメリカのアラン・ウェスティン（1967）は，プライバシーを「個人，グループまたは組織が，自己に関する情報を，いつ，どのように，またどの程度に他人に伝えるかを自ら決定できる権利である」と定義しており，また堀部政男も，現代のプライバシー権を「自己情報コントロール権」だとしている．[3] アメリカでは，1974年，自己情報コントロール権の考えを取り入れた「プライバシー法」が制定された．ただし，適用対象は連邦政府部門のみで民間部門は対象外であった．

1980年9月，経済協力開発機構（OECD）理事会が「プライバシー保護と個人データの国際流通についてのガイドライン」勧告を採択した．ガイドライン中のプライバシーと個人の自由の保障に係る原則はOECD 8原則と呼ばれ，わが国の個人情報保護法制度にも大きな影響を及ぼした．その8原則とは，(1) 収集制限の原則，(2) データ内容の原則，(3) 目的明確化の原則，(4) 利用制限の原則，(5) 安全保護の原則，(6) 公開の原則，(7) 個人参加の原則，(8) 責任の原則である．この勧告をきっかけとして，わが国でも個人情報保護法制化への取り組みが本格的に始まり，1988年に「行政機関個人情報保護法」が制定された．しかし，民間部門を含む本格的な個人情報保護法制度ができるのは，21世紀に入ってからである．

ネットワーク化の進展と個人情報流出問題

　ネットワーク化の進展とともに，個人のプライバシー情報の漏洩，流出事故が頻発するようになった．ここでは，情報の種類別に，不正流出，不正利用の最近の事例を取り上げておこう．

［公共機関の保有する個人情報の流出］
- 長野県赤十字センターで輸血適否項目含め1,300人分の個人情報が流出（2003年3月）
- 岸和田市で水道代滞納者10人分の個人情報が流出（2002年10月）
- 北海道警旭川署で暴力団関係者の氏名，住所，前科など約4,500人分の情報が流出（2000年8月）
- 名古屋刑務所で受刑者リスト約1,900人分が元受刑者を通じて流出（2000年2月）
- 東京芸術大学で学生，教職員約1,300人分のIDとパスワードが流出（1999年2月）

［民間企業の顧客情報流出］
- NTTドコモで携帯電話などの顧客データ約2万4,600人分が流出（2005年2月）
- コスモ石油で顧客データ92万人分が流出（2004年4月）
- ヤフーBBの顧客データ流出451万人分流出（2004年2月）
- 三洋信販の顧客データ116万人分流出（2004年1月）
- ローソンで顧客データ62万人分が流出（2003年6月）

　最近の傾向としては，インターネットや携帯電話関連の個人情報流出事故が急増していることがあげられる．具体的な流出ルートとしては，インターネットでクッキー(4)などを利用した個人情報の収集，メールアドレスの流出，ネット登録・決済に伴う個人情報の不正入手，サーバーへの不正アクセスによる個人情報の不正入手などが多い．

　メールアドレス誤送信事件の例としては，1998年8月，インターネットプロ

バイダが顧客1,000人分のメールアドレスを宛先欄に列記したメールを送信して苦情を受けたケース，1999年8月，オンライン証券会社が顧客約1,400名分のメールアドレスを宛先欄に列記したメールを送信して苦情を受けたケース，2001年11月，法務省ウェブサイト更新情報案内メールサービス登録者のメールアドレス約5,000人分が誤送信されたケース，2003年5月，生命保険会社がメールマガジンに誤って登録者2,800人分のメールアドレスを添付して送信したケースなど多数ある．

不正アクセス，サイトの管理ミスによる個人情報漏洩の例としては，次のような事例がある．
- 2000年2月，民間シンクタンクのウェブサイト上で，顧客1万6,000人以上のデータが外部から閲覧可能な状態になっていることが発覚
- 2000年3月，管理を委託していた広告代理店のミスにより，製薬会社のウェブサイト上に登録していた顧客約9,900人分の個人情報（氏名，年齢，電話番号，身長，妊娠の有無）が外部から閲覧可能な状態になっていることが発覚
- 2002年5月，エステティックサロン運営会社のウェブサイト上で，問い合わせやアンケート内容など顧客情報約5万人分が外部から閲覧可能な状態になっていることが発覚．被害者の一部が損害賠償請求の訴訟を起こす

また，ITS，RFIDタグなど，ユビキタス・ネットワーク社会の基幹技術を悪用した個人情報流出の危険性も高まっている．ITS (Intelligent Transport Systems) とは，画像型車両感知器，旅行時間計測端末のことで，区間計測方式の光ビーコンを活用して，特定車両の動静を把握することが可能な交通情報監視システムである．とくに「Nシステム」は，走行中の自動車のナンバーを自動的に読みとり，手配車両のナンバーと照合するシステムで，殺人・強盗などの犯罪捜査に活用されている．また，新宿歌舞伎町などでは，警察が街頭に設置された防犯カメラの情報を常時モニター，録画し，犯罪対策に利用してい

る．RFID タグ無線式 IC チップは，あらゆる商品に埋め込み可能な極小のチップで，ラベルや包装に埋め込んで情報を管理できる．在庫状況の確認，流通経路の追跡可能で，消費者の行動までも監視できる．利用の仕方によっては，大量の個人情報流出事故につながる恐れもある．

住基ネットとプライバシー問題

　個人のプライバシー情報をめぐって，最近大きな問題になった事例として，「住基ネット」があげられる．住基ネット（住民基本台帳ネットワーク）とは，「地方公共団体共同のシステムとして，居住関係を公証する住民基本台帳のネットワーク化を図り，個人情報（氏名，生年月日，性別，住所）と住民票コード等により，全国共通の本人確認を可能とするシステム」(総務省) である．2002年8月，住民基本台帳法が一部改正され，住基ネットがスタートした．これは，国籍を有するすべての住民に11桁の数字列からなる住民票コードを割り当て，氏名，生年月日，性別，住所，住民票コードからなる「本人確認情報」を行政機関の保有するコンピュータに記録し，行政事務や住民サービスに活用しようというシステムである．電子自治体，電子政府の基盤として活用するねらいをもっている（総務省，2003）．

　住基ネットのメリットとしては，① 行政事務の効率化を実現できる，② 電子政府や電子自治体の基盤となる，③ 自宅や職場から原則24時間，パソコンとインターネットを通じて行政サービスを受けられるなど住民サービスの向上をはかることができる，などをあげることができる．他方，問題点としては，① システムへの不正アクセスなどにより，個人情報が漏れ，プライバシーの侵害，生命・財産への被害を生じるおそれがある，②「国民総背番号化」で，国家による個人監視が進み，思想，表現の自由を妨げるおそれがある，③ 一人ひとりの国民が「数字」として処理され，人権無視を引き起こすおそれがある，などが指摘されている．

　2002年8月以降，住基ネットは全国的に稼働しているが，住基カードの普及

率は低迷している．住基カードについては，所持する者としない者でサービスに差別が生じることへの懸念があり，ICカードに記録された個人情報が民間企業などによって悪用される可能性があるなどの問題点も指摘されている．横浜市，杉並区のように住民選択方式をとる自治体もある．長野県が2003年に発表した住基ネット侵入実験では，「クロ」の判定も出ている．また，全国各地で「住基ネット」反対運動が盛り上がっており，住基ネットの導入に関する国民的な合意は得られていないというのが現状である．

個人情報保護の法制化

　個人情報保護対策は，まず地方自治体（とくに市町村）で，1970年代から個人情報保護への取り組みが始まった．具体的には，コンピュータ処理に関する個人情報（住民記録，年金，税務事務など）保護を目的とする条例（国立市の電子計算組織運営条例など）が各地で制定された．1984年の春日市を皮切りに，全国各地で個人情報保護法の制定が進められ，1988年の（旧）行政機関個人情報保護法制定後，この動きはさらに加速した．2003年4月1日現在，都道府県および市区町村においては，全3,260団体中74％（約4分の3に当たる）2,413団体が個人情報の保護に関する条例を制定している．

　政府レベルでも，1974年から個人情報保護に関する研究が行政管理庁（現総務省）を中心に進められた．1980年にOECD勧告が出されたのを受け，1981年1月から「プライバシー保護研究会」（行政管理庁）が発足し，1988年12月には「行政機関個人情報保護法」が制定されるに至った．この法律は，行政機関の保有するコンピュータで処理された個人情報の保護を目的とするもので，手作業処理による個人情報や，民間機関の保有する個人情報は適用除外とされた．その後，自治体の個人情報保護条例では，コンピュータ処理だけでなく，手作業処理による個人情報（マニュアル情報）も保護対象とする規定が次第に増えてきた．

民間部門のガイドライン設定

　一方，企業など民間部門の保有する個人情報の保護対策については，法制度化が遅れ，ガイドラインによる自主規制に任せられてきた．㈶金融情報システムセンター「金融機関等における個人データ保護のための取扱指針」(1987年)，㈶日本情報処理開発協会「民間部門における個人情報保護のためのガイドライン」(1988年)などがその例である．また，政府によって作成されたガイドラインとしては，旧通産省「民間部門における電子計算機処理に係る個人情報の保護に関するガイドライン」(1997年)，旧郵政省「電子通信事業における個人情報保護に関するガイドライン」(1998年)，「放送における視聴者の加入個人情報の保護に関するガイドライン」「発信者情報通知サービスの利用における発信者個人情報の保護に関するガイドライン」(1996年) などがある．

　もう一つの保護対策は，プライバシーマーク制度である．日本工業規格(JIS) の「個人情報保護に関するコンプライアンス・プログラムの要求事項」(JISQ15001) は，個人情報保護方針，計画，実施および運用，監査に関する基準を定めている．プライバシー・マーク制度とは，JISQ15001に適合したコンプライアンス・プログラムを整備し，個人情報の取扱いを適正に行っている事業者に対し，日本情報処理開発協会およびその指定機関が評価・認定し，プライバシー・マークというロゴの使用を認める制度のことをいう．マーク付与の認定を受けた事業者は，マーク使用料を払い，マークを使用することができることになっている．日本情報処理開発協会の調べでは，2004年1月9日現在，666社が認定を受けている．

個人情報保護法の制定

　1995年，ヨーロッパ統合が進む中で，域内の自由な情報流通を促進し，個人のプライバシーを保護することを目的として，「個人データ処理に係る個人の保護及び当該データの自由な移動に関する欧州議会及び理事会のEC指令」が採択された．これは，加盟国で対応する国内法の整備を義務づけ，2003年6月

までに，フランスとアイルランドをのぞくすべてのEU加盟国で国内法整備をはかるというものである．EU諸国では，公的部門と民間部門の双方を規律する「オムニバス方式」を採用している．EU指令の中で，「第三国が個人情報の保護措置を十分に確保している場合に限って，個人データの移転ができる」という条項があるが，日本では，民間部門についてはガイドラインのみで，その個人情報保護の実効性に疑問が投げかけられた．その結果，クレジットカードの信用情報移転などに支障をきたす事態も予想され，わが国でも民間部門を含む総合的な個人情報保護法制度を整備する必要性に迫られることになった．

そこで，日本政府は1999年7月，高度情報通信社会推進本部に「個人情報保護検討部会」(座長・堀部政男)を設置し，全体的な保護システムのあり方を検討した．その結果，2000年11月「我が国における個人情報保護システムのあり方について」を発表し，個人情報保護法の基本的な方向を示した．そして，2001年2月，推進本部内に「個人情報保護法制定化専門委員会」(委員長・園部逸夫)を設置，具体的な個人情報保護法の法制化の検討を開始し，2001年3月，個人情報保護法案を国会に提出した．しかし，この法案は，表現の自由を侵害するなどの厳しい批判を受け，審議未了で廃案になった．2003年3月，基本原則を全面削除するなどの修正を施し，個人情報保護法案が156国会に再提出され，2003年5月21日，国会で可決，5月30日に公布，同日より一部施行されるに至った(全面実施は2005年4月1日)．

個人情報保護法のポイントは次の4点にある．

① 公的部門，民間部門を問わず，個人情報を取り扱うすべての国民が個人情報の適正な取扱いにあたって守るべきルールを「基本理念」として法的に定めた．
② 民間の個人情報取扱事業者について，具体的な義務を定めた．
③ 報道機関，著述業，学術研究機関，宗教団体，政治団体による個人情報利用については，本法の適用除外とした(報道の自由，信仰の自由，学問の自由，政党活動の自由を保障するため)．

④ 行政機関・独立行政法人については，別途個人情報保護法を制定，通信・信用・医療などの分野については，個別法を定めるとしている．

しかし，個人情報保護法には，次のような問題点も指摘されている．

① 「報道」「著述業」「学術研究」「宗教活動」「政治活動」については，個人情報保護法の適用除外としたが，一般市民の表現活動については適用対象となっており，「市民ジャーナリズム活動」が大幅に規制されるおそれがある．

② 個人情報保護法は，民間部門の規制立法的色彩が強く，行政機関など公的部門に対する規制が甘すぎる（努力規定だけで，きびしい義務規定が適用されない）．行政機関個人情報保護法も，適正取得のルールや規律違反に対する罰則規定がないなど規制が緩やかである．

③ 住基ネットなど，国や自治体による集中的な個人情報管理を促進する危険性を内包している．

このように，ネットワーク社会の進展に伴う個人情報流通事故の激増という社会状況を背景として，欧米の先進的な個人情報保護の動きを後追いする形で，わが国でも自治体，企業，政府が1980年代に入ってから個人情報保護対策を進め，公的・民間部門を包含する法制度の整備をはかっているが，行政機関による情報管理に伴う問題，市民の表現の自由，基本的人権などをめぐる問題など，解決すべき問題が山積みしているというのが現状である．

3．ネットワーク上の著作権をめぐって生じる不安

メディアが多様化し，デジタル化，ネットワーク化が進展するにつれて，情報の作り手や送り手の知的所有権（とりわけ著作権）をめぐるさまざまな問題が生じてきた．ここでは，近年大きな注目を浴びている「デジタル・コンテンツ」の著作権をめぐる諸問題について若干の検討を加えておきたい．

著作権とは何か

　一般に，著作権とは，「著作物を創作したことによって生じる知的所有権」のことをいう．ここで，「著作物」とは，「思想又は感情を創作的に表現したものであって，文芸，学術，美術又は音楽の範囲に属するもの」（著作権法第2条1項）をいう．したがって，著作権でいうところの著作物は創造的な情報制作物を網羅したものではなく，そのうちの一部にのみ適用されることに注意すべきである．著作権以外の知的所有権には，「特許権」「実用新案権」「意匠権」「商標権」などがある．

　著作権法で保護の対象となる著作物としては，「小説，脚本，論文，講演その他の言語の著作物」（第10条1号），「音楽の著作物」（2号），「舞踊または無言劇の著作物」（3号），「絵画，版画，彫刻その他の美術の著作物」（4号），「建築の著作物」（5号），「地図または図形の著作物」（6号），「映画の著作物」（7号），「写真の著作物」（8号），「プログラムの著作物」（9号），「二次的著作物」（11条），「編集著作物」（12条），「データベース著作物」（12条の2）などがある．

　著作物をめぐる権利には，著作者の権利（公表権，氏名表示権，同一性保持権，複製権（著作物を複製，録音，録画，印刷，メール転送，ホームページ掲載するなどの権利，上演権・演奏権（著作物を直接公衆に見せる権利．インターネット上で音楽を流す権利も含む），放送権，有線送信権，公衆送信権（著作物を公衆に送信する権利．ホームページに掲載する権利を含む），出版権，著作隣接権（実演家，レコード製作者，放送事業者，優先放送事業者の権利）などがある．他人の著作物を利用する場合には，原則として，著作権者の許諾を得なければならない．

　しかし，デジタル化，ネットワーク化，マルチメディア化が急速に進むにつれて，著作物（とくに，デジタル・コンテンツ）の複製がきわめて容易に行えるようになり，しかもそれがネットワーク上で広く流通して，深刻な著作権侵害を引き起こすようになった．こうした新たな著作権侵害という情報不安に対して，現代の情報技術，情報法制度，情報文化は十分に対処できていないとい

う状況にある．以下では，デジタル・コンテンツの著作権をめぐる問題の具体例として，ホームページへの無断掲載とデジタル音楽ファイルの違法交換について，その実態と対策を概説することにしたい．

ホームページと著作権

　一般に，他人の著作物を無断でホームページに掲載すると，「複製権」や「公衆送信権」の侵害とみなされ，著作権法違反になる．また，他人のつくったホームページの内容を無断で使うのも著作権法違反となる．他人の撮影した写真を無断で掲載すると，撮影者の「著作権」侵害になるだけではなく，被写体の「肖像権」（一般の個人）や「パブリシティ権」（有名人）の侵害になる可能性もあるので注意が必要である．

　これに対し，他人のホームページへのリンクを許諾なしに設定することは違法ではないとされている(6)．とはいっても，一般的にはリンク先の承諾を得るのがネチケット（インターネット上でのエチケット）とされている．また，市販のホームページ用素材を使ってホームページをつくるのは著作権法違反ではない．しかし，それを第三者に配布，提供すると著作権法違反になる．

　著作権法では，次のような行為については著作権の侵害とはみなされないという規程（第30条〜47条）をおいている．

- 私的使用のための複製（音楽CDをコピーして自宅で再生して楽しむなど）
- 図書館における複製（利用者の調査研究のために著作の一部を複製する場合）
- 引用（慣習に沿った適切な参照，報道・研究・批評など目的上正当な範囲内で引用する場合）
- 教科書等の作成のための複製（文部科学省検定教科書，教師用指導書に掲載する場合など）
- 学校教育番組の放送

- 学校その他の教育機関における複製（授業で教員や受講生が授業用にコピーをとる場合）
- 試験問題としての複製
- 点字による複製
- 聴覚障害者のための自動公衆送信
- 営利を目的としない上演（聴衆から入場料などを徴収しないことが条件）
- 時事問題に関する論説の転載（転載禁止でない新聞，雑誌の時事的論説の場合）
- 政治上の演説の利用
- 時事の事件の報道のための利用（事件を構成する著作物を正当な範囲で利用する場合）
- 裁判手続きにおける複製
- 行政機関情報公開法等による情報開示のための利用
- 翻訳，翻案等による利用
- 放送事業者等による一時的固定
- 美術の著作物等の原作品の所有者による展示
- 公開の美術の著作物等の利用
- 美術の著作物等の展示に伴う複製
- プログラムの著作物の複製物の所有者による複製
- 複製権の制限により作成された複製物の譲渡

このうち，他人の著作物を利用する場合については，「公正な慣行に合致するもので，かつ，報道，批評，研究その他引用の目的上正当な範囲内であること」，「引用する部分をカギ括弧や字下げ，インデントなどで明確に区別すること」，「自分の著述部分があくまで主で，引用する部分は従という位置づけであること」，「出典，出所，著作者名，URL などのクレジットを必ず入れること」という条件を満たすことが要件とされている．

音楽ファイル交換サービスと著作権問題

デジタル音楽著作権の問題は，インターネットの普及，MP3などデジタル圧縮技術の進歩，P2P（Peer to peer）のファイル交換サービスの登場などにより，深刻な訴訟問題にまで発展している．オーディオファイル圧縮技術の進歩により，CD並みの高品質音楽をMP3というファイル形式で圧縮し，インターネット上でも比較的手軽に転送，複製することが可能になった．そのような状況で，MP3を使った音楽の違法コピー，ウェブサイトへの無断掲載が頻発するようになった．米国レコード協会では，MP3を使った違法コピーを撲滅するキャンペーンを展開すると同時に，違法コピーしたMP3ファイルを無断でホームページ上で公開していたサイトを告発するなどの対策に乗り出した．

MP3違法コピー問題で，音楽業界にさらに深刻な打撃を与えたのは，ナップスターが始めたP2P技術による音楽ファイル（MP3）交換サービスである．これは，ユーザーが無償提供ソフトを使って，インターネットから他のユーザーが提供する音楽ファイルをダウンロードできるものであった．1999年12月，アメリカのレコード会社が集団でナップスター社を著作権侵害で提訴した．2000年7月26日，米連邦地裁は，ナップスター社に対し，ファイル交換の停止を命じる判決を下し，ナップスターは営業停止に追い込まれることになった．

同じような事件が日本でも起こった．これはファイルローグ事件と呼ばれている．2002年1月29日，ナップスターに類似したファイルローグというファイル交換サービスを運営する日本エム・エム・オーに対し，日本音楽著作権協会（JASRAC）とレコード会社がそれぞれ著作権侵害および著作隣接権侵害で提訴した．2002年4月，東京地裁が，日本エム・エム・オーに対し，MP3ファイル交換サービスの差し止めを命じる仮処分を決定した．これにより，日本エム・エム・オーはサービス停止に追い込まれた．

4．ネットワーク上の商取引によって生じる不安

インターネットや携帯電話の世界では，メールでのコミュニケーション，

ウェブサイトによる各種情報コンテンツの提供に加えて，eコマースと呼ばれる電子商取引が多数行われている．インターネット，携帯電話の普及率がいずれも過半数をこえた現在，ネット上の商取引に絡んだトラブルや犯罪が頻発するようになっている．その代表的なものとしては，携帯電話による違法請求，ネットオークション詐欺，有料出会い系サイト絡みのトラブルなどがある．

携帯電話，インターネットの違法請求

ここ数年，大きな社会問題になっているのが，「携帯ワン切り」による悪質な違法請求事件である．その手口は次のようなものである．業者が不特定多数の携帯電話あてにランダムに大量コールを送りつけ，ワンコールだけで切ると，相手側に着信履歴だけが残る．それを受けた人が，知人かと思ってコールバックすると，自動的に有料の出会い系サイトやアダルトサイトにつなぎ，後ほど法外な額の請求書が送りつけられるというものである（図2.2参照）．料金を支払わない人には恐喝まがいの取り立てで多額の「支払い延滞料」を詐取するなどの事例が続発し，裁判では悪質業者に対する有罪判決も出された．国民生活センターやNTTドコモなどでは，悪質な迷惑電話に対する自衛手段の方法をホームページ上などで呼びかけたが，その後も携帯違法請求事件は後を絶たなかった．そこで，2002年12月4日「有線電気通信法改正案」成立し，営利目

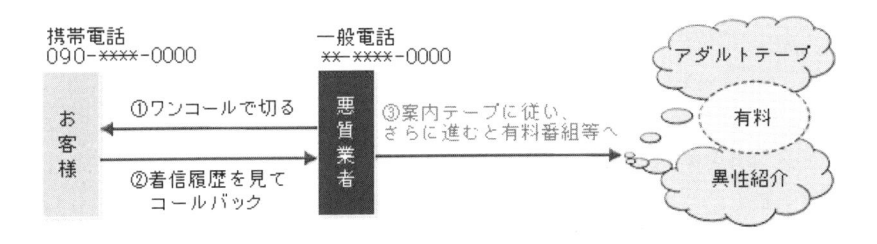

図2.2 携帯「ワン切り」迷惑電話の仕組み

出典：NTTドコモ「『ワン切り』による迷惑電話について」
　　　http://www.nttdocomo.co.jp/info/akushitsu/

的のワン切り行為は刑罰つきで禁止対象となった．
　こうした悪質な違法請求事件は，携帯電話だけではなく，インターネット上でも多数発生しており，その手口も法の網をくぐり抜けるように巧妙になっており，犯罪と対策のいたちごっこの様相を呈している．単なる法制度の整備だけではこうした犯罪の被害を食い止めることは難しい．情報技術による遮断，チェーンメールを回避するなどネチケットの育成，情報リテラシーによる自衛対策などを講じることが何よりも必要であろう．[7]

ネットオークション詐欺

　最近では，インターネット上のオークションサイト（ネットオークション）を利用する人が急増している．それに伴って，「代金を振り込んだのに商品が届かない」，「商品を送ったのに連絡がつかない」といった詐欺まがいのトラブルが増加しており，これによる詐欺被害も増加している．警察庁「ハイテク犯罪」統計によると，ネット詐欺事件の約6割がネットオークション詐欺というのが現状である．具体的なネットオークション詐欺の事例を次に示す．

> 「インターネット・オークションでパソコンを落札し，代金18万円を前払いで銀行口座に振り込んだ．振り込んでから3週間経つのに商品が届かず，催促の電子メールにも返事がない．電子メールアドレス以外，住所・自宅電話番号などの連絡先は聞いていないため，連絡が取れなくなってしまった．」
> 出典：警察庁「ハイテク犯罪」ホームページ
> http://www.npa.go.jp/cyber/existing/trouble1.html

　オークション詐欺への対策は，オークションサイト自身による防止対策，法律による取り締まり，ユーザー自身による自衛対策が考えられる．
　ネットオークションの最大手であるYahoo!オークションの場合，ネット詐欺を防ぐためのさまざまな仕組みを用意している．その一つ「エスクローサービス」では，安全な取り引きを行うために，商品の内容や到着を確認してから

お金を振り込んだり，商品の受け渡しが簡単にできるように，出品者と落札者の間に業者が仲介して，物流サービスを提供する仕組みをつくっている．また，「オークション補償制度」というのは，Yahoo! オークションにおける取引について，万が一詐欺などにあった場合に50万円を限度として，無料で被害を補償するものである．さらに，オークションの参加者自身が，自主的に出品者や落札者に対する「評価コメント」を書き込むことによって，取引相手として信頼できるかを事前にチェックできるようなシステムもつくられている．

　法的規制としては，2002年11月に改正された「古物営業法（不正な中古品売買を取り締まる法律）」がある．これは，オークション業者に公安委員会への営業届け出，盗品の疑いがある場合には警察官へ申告を義務づけ，違反には罰則．販売元の身元確認，落札記録の作成と保存を努力義務とするものである．ユーザーの対策としては，次のようなことを心がけることが必要である．

- 取引相手が信頼できるかどうか，十分に確認する．
- 信頼できるオークションサイトを選ぶ．
- オークションでの取引のマナーを守る．
- 補償制度などを活用し，被害を最小限におさえる．
- 個人情報が漏れないかどうか十分なチェックをする．
- ネット詐欺の手口についての知識を蓄える．

「出会い系」サイトを悪用したネットワーク犯罪

　ここ数年の間に，携帯電話の「電話情報サービス」（出会い系サイトやツーショットダイヤルなど）がらみの犯罪が急増している．国民生活センターの調べによると，高校生や親からの消費者相談件数は1999年度の2,200件から2002年度には１万1,000件へと５倍以上も増えている．なかでも深刻な問題を引き起こしているのは，すでに述べた携帯電話などによる架空請求事件と，児童買春・児童ポルノ法（正式名称：児童買春・児童ポルノに係る行為等の処罰及び児童の保護等に関する法律）違反事件である．警察庁の調べによると，出会い系に

関係した犯罪の検挙件数は，2003年度で1,746件あり，これは前年（1,731件）とほぼ同数（15件増加）である．内訳をみると，強盗，強姦等の重要犯罪は，137件で前年と比べて37件（約37%）増加しており，犯罪の悪質化傾向がみられる．児童買春・児童ポルノ法違反810件のうち児童買春は，791件（全体の約46%）で前年（787件）とほぼ同数（4件増加）となっている．出会い系サイト規制法違反（不正誘引の禁止・9月13日施行）で検挙されたのは8件である．全事件のうち，携帯電話を使用したものが，1,662件と約95%を占めている．また，被害者1,510人のうち，18歳未満の児童が1,278人（約85%）で大半を占めている．被害者の性別では，女性が92%と圧倒的比率を占めている．

こうした出会い系サイト関連犯罪を取り締まるために，2003年6月に「出会い系サイト規制法」（インターネット異性紹介事業を利用して児童を誘引する行為の規制等に関する法律）が成立した．この法律では，出会い系サイトを「インターネット異性紹介事業」と定義し，出会い系サイトを運営する事業者に対し，児童の利用禁止を明示したり，利用者の年齢を確認するなど児童を保護する措置を講じることなどを義務づけている．こうした法規制だけではなく，利用者自身が出会い系サイトの危険性を十分に認識し，悪質な業者を見分ける情報リテラシーを涵養することがなによりも必要であろう．

5．ネットワーク上の有害情報によって生じる不安

インターネットや携帯電話などのネットワーク上では，さまざまな有害情報が氾濫している．その代表格はコンピュータウィルスと迷惑メールであるが，この他に，ネット上を伝播する流言（デマ情報やチェーンメール），ポルノ画像，サイバーテロなどの有害情報は日々増殖を続けており，ネットワーク社会の安全を脅かす元凶の一つとなっている．ここでは，とくにコンピュータウィルス，迷惑メール，流言について若干の解説を加えることにしたい．

猛威をふるうコンピュータウィルス

　コンピュータウィルスとは，第三者のプログラムやデータベースに対して意図的に何らかの被害を及ぼすように作られたプログラムのことであり，次の機能を一つ以上有するものをいう（通産省・コンピュータウィルス対策基準より）．

① **自己伝染機能**：自らの機能によって他のプログラムに自らをコピー又はシステム機能を利用して自らを他のシステムにコピーすることにより，他のシステムに伝染する機能

② **潜伏機能**：発病するための特定時刻，一定時間，処理回数等の条件を記憶させて，発病するまで症状を出さない機能

③ **発病機能**：プログラム，データ等のファイルの破壊を行ったり，設計者の意図しない動作をする等の機能

　「コンピュータウィルス」という言葉は，1972年に発表されたSF小説で初めて使われたといわれている．1982年，ゼロックスのPARC（パロアルトリサーチセンター）で自己複製型コードの実験が行われた．そして，1984年にアメリカのフレッド・コーエン教授がウィルスに関する論文を発表し，この中で「コンピュータウィルス」という言葉を専門用語として初めて使った．

　実際にウィルスが発見されたのは1986年のことで，「Brain」という名前のウィルスだった．翌1987年には，最初のアンチウィルスソフトが開発されている．わが国で最初にコンピュータウィルスが発見されたのは1988年である．1995年になると，それまでのプログラム感染型ウィルスに加えて，Wordのドキュメントにも感染する「マクロウィルス」が初めて登場した．さらに，電子メールの普及とともに，1999年には電子メールを通じて広まっていくウィルスが初登場し，被害は急速に広がっていった．2000〜2001年には，Love Letter，Sircam，Nimda，CodeRedなど悪質なコンピュータウィルスが大流行した．

　図2.3は，1990年4月以降，情報処理推進機構（IPA）が受け付けたコンピュータウィルスの届け出件数の年次別推移を示したものである．2000年以降，ウイルスが急増しており，2004年には5万2,151件に達している．この数字は

あくまでも届け出件数のため，実態とは食い違っているが，2000年以降，コンピュータウィルスが急増し，猛威をふるっている状況をある程度反映していると思われる．最近とくに多いのがウィルスメールで，検出されるコンピュータウィルスの大半を占める．なかでも，W32/Netskyと呼ばれるメール添付ファイル形式のウィルスが全検出数の79.0％を占めている（IPA調べ，2004年8月現在）．また，総務省が2004年7月に発表した情報の安全対策に関する実態調査によると，東京証券取引所上場企業の61％，大学の71％が，2003年中にコンピュータウィルスに感染するなどサイバー攻撃で被害を受けていたという．

コンピュータウィルスへの対策としては，なによりもまず利用者が自衛手段を講じることが大切である．IPAの推奨する予防対策は次のとおりである．

・ID・パスワードを適切に設定し管理する．
・セキュリティ情報を入手し，OSなどのセキュリティホールを解消する（Windows Updateなどを定期的に実施する）．

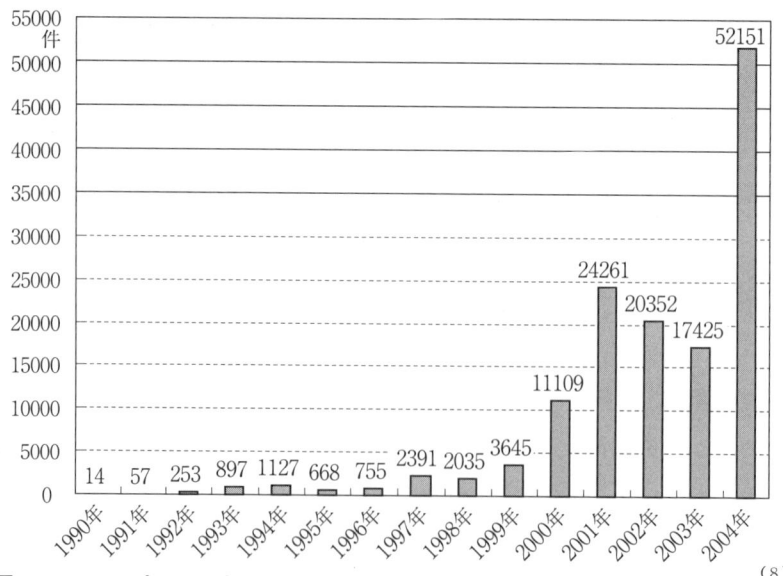

図2.3 コンピュータウィルス届出件数の推移（IPA受付 1990年4月〜2004年12月）[8]

出典：情報処理推進機構（IPA）公式サイト（http://www.ipa.go.jp/）

・パーソナルファイアウォールソフトやワクチンソフトを導入し活用する．
・コンピュータを利用しない時は電源を落とし，また，インターネットを利用しない時は接続を遮断する．
・ファイル共有やブラウザの設定を確認する．
・ルータや無線LANなどを利用している場合は適切に設定されているかを確認する．
・信頼できないホームページやメールのURLを安易にクリックしない．

迷惑メールの蔓延

　迷惑メールは，英語ではスパム（spam）と呼ばれるもので，受信者の迷惑を考えないで勝手に送りつけてくる広告メール，出会い系サイトへの勧誘メール，ねずみ講やマルチ商法業者からのメール，不幸の手紙などチェーンメール，その他の嫌がらせメールなどのことをいう．スパムメールの送信者は，自分の正体を隠すために，いくつものメールサーバーを中継して迷惑メールを送信してくるので，発信者を突き止めるのが困難なケースがほとんどである．とくに携帯電話は，メールのヘッダ部分が参照できないために，Fromアドレスを詐称すれば，だれから送られてきたメールかわからず，発信者を突き止めるのがさらに困難なこと，携帯メールのアドレスが推定しやすいことなどから，携帯電話に大量のスパムメールを送りつけられるという事件が続発した．

　迷惑メールの代表は，アダルトサイト，出会い系サイト業者によって無差別に送りつけられるメールだろう．アメリカでは1990年代はじめ頃からスパムメールが現れたが，日本では，1990年代末頃から，特定のプロバイダ加入者に無差別に送りつける迷惑メールが問題になり始めた．裁判も行われるようになった．ニフティ㈱は，同社が運営するパソコン通信サービス"NIFTY SERVE"の会員にあてて，わいせつビデオ販売を内容とするスパムメールを数十回にわたって，一度に数千通も無差別に送信していた通信販売業者に対して送信禁止を求めた仮処分を申し立てたが，1999年3月，浦和地方裁判所はこ

の申請を認める決定を下した．ニフティはアルファベット3桁に数字5桁を組み合わせたメンバーIDをメールアドレスとしていたため，これを悪用して，一部の業者がランダムにメールアドレスを生成するツールを使って大量の無差別メール攻撃を行っていたのである．

　こうした出会い系サイト，アダルトサイトからの迷惑メールは，その後「携帯メール」ユーザーに対して集中的に行われるようになった．携帯メールでは「電話番号＋＠ドメイン名」をアドレスに使うことが多かったので，「090」や「070」のあとに8桁の数字をランダムに生成すれば不特定多数に配信できることから，これを悪用した迷惑メールがあとを立たなかった．携帯迷惑メールがピークに達した2001年秋には，NTTドコモのiモード宛に届いた1日当たりのメール約9億5,000万通のうち，約8億通が宛先不明メールだったという．携帯電話のインターネット接続サービスには通信量に応じて課金される方式になっているものがあり，迷惑メールを受信する時にも料金が発生してしまい，携帯電話会社に苦情が殺到して大きな問題になった．そこで，NTTドコモをはじめ，携帯各社では，メールアドレスを携帯番号から英数字の組み合わせに変更したり，同報メールの受信ブロック，ドメイン指定拒否，アドレスをわかりにくくする啓蒙措置などを行い，携帯への迷惑メールが送信しにくくなるような対策をとり，また，悪質な業者に対して送信差し止めの仮処分を申請するなどの法的手続きをとった．2001年10月29日，横浜地裁はNTTドコモの仮処分申請を受けて，横浜市内の「出会い系」メール配信業者グローバルネットワークに対し，送信停止を命令する仮処分を決めた．これを受けて，翌2002年4月，送信者がプログラムで作成した架空電子メールアドレスに宛てたメールを送信することを禁止するとともに，相手の同意を得ていない送信メールの件名には「未承認広告」と表示することや送信者の連絡先の明記を義務づけるなどの規定を盛り込んだ「特定電子メール送信適正化法（正式名称：特定電子メールの送信の適正化等に関する法律）」と「改正特定商取引法（正式名称：特定商取引法に関する法律の一部を改正する法律）」の2つの迷惑メール規制法が国会

で可決され，同年7月から施行された．違反者には改善を命じ，従わなければ50万円以下の罰金を課することになっている．

規制法施行後，法律が一定の効果をあげたことに加え，指定以外のドメイン名をもつPC発のメールを受信拒否できる「ドメイン指定」機能を携帯電話各社が導入したこともあり，迷惑メールは一時的に減少した．しかし，「名義貸し」で新たに入手した他人名義の回線から送信したり，表示義務などを守らない業者が多く，被害は相変わらず続いており，総務省では罰則を強化する法改正を検討している．

ネット上を飛び交う流言
(1) コミュニケーションとしての流言

「流言」(Rumor) というのは，内容的に根拠のはっきりしない，ニュース性の高い情報が人から人へと連鎖的に伝達され，広がってゆく集合現象をさしている。ここで「内容的に根拠がはっきりしない」というのは，「公式の情報源で事実かどうか確認されていない」(Knapp, 1944 ; Kapfere, 1987)「内容が科学的根拠をもっていない」「確実な知識に土台をおいて情報ではない」(木下, 1977) などのケースを含んでいる。流言は，人々があいまいな状況について共通の解釈を得るために創発的に加わる集合行動の一つであるが，共通に強い関心をもつテーマについての情報が極度に不足していたり，不明確である場合や，集合的ストレス状況において発生しやすい。

流言は，人から人へとメッセージが連鎖的あるいは循環的に伝達される現象であるから，社会的コミュニケーションの一形態である。シブタニによれば，「流言とはあいまいな状況にともに巻き込まれた人々が，自分たちの知識を寄せ集めることによって，その状況についての有意味な解釈を行なおうとするコミュニケーション」である (Shibutani, 1966)。また「問題状況を解決しうるニュースが入手できない場合，あるいは公衆のニュース欲求が制度的チャンネルを通じて得られるニュースの供給量を上まわるとき」に流言が形成されやす

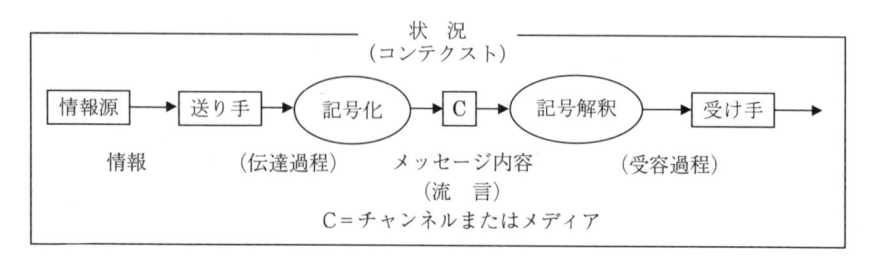

```
                        状　況
                      （コンテクスト）
┌─────────────────────────────────────────────────┐
│ ┌────┐   ┌────┐   ╱記号化╲   ┌─┐   ╱記号解釈╲   ┌────┐  │
│ │情報源│→ │送り手│→(      )→│C│→(       )→│受け手│→│
│ └────┘   └────┘   ╲────╱   └─┘   ╲────╱   └────┘  │
│  情報    （伝達過程）  メッセージ内容  （受容過程）       │
│                      （流　言）                       │
│                C＝チャンネルまたはメディア              │
└─────────────────────────────────────────────────┘
```

図2.4　流言のコミュニケーション・モデル

いとしている。つまり、流言は、人々の情報ニーズが制度的チャンネルから供給される情報では満たされないことから生じるあいまいな状況において発生する、即興ニュース形式のコミュニケーションだということになる。木下やカプフェレも同様に、流言を一種のコミュニケーションとして捉えている。

シャノン＝ウィーバーの通信モデル、記号論的なコミュニケーション・モデルなどを参考に、流言というコミュニケーションの基本モデルを考えてみると、図2.4のようにあらわすことができる。

流言は、コミュニケーションの送り手が、なんらかの情報源から得た情報をもとに、情報の根拠を公式の情報源などできちんと確認することなく（あるいは確認に失敗した結果）、この情報を記号化し、一定のチャンネルまたはメディアを通じて、あるいは直接口づてで受け手にメッセージを伝達し、受け手がそのメッセージを記号解釈する中で、やはり情報確認に失敗した結果、それを正しい情報と解釈し、さらに他の人へと連鎖的に伝達してゆくコミュニケーション・プロセスと考えられる。ここで、送り手が情報を記号化し、受け手が記号解釈するプロセスは、一定の状況（コンテクスト）の中で行われ、状況に適合するような形で行われることに注意すべきである。

(2)　ネット流言の特性

インターネットを通じて伝播する流言は、クチコミや電話、新聞、テレビなどの在来メディアによる伝播とは異なる特性をもっている。それをひとことで

表せば,「チェーンメール」的な特性を持っている,といい換えることができるだろう。具体的には,次のような特性がみられる。

　第1に,電子メールソフト（メーラー）は,自分宛のメールを簡単に複数の他者にそのまま転送する機能を備えている。クチコミの場合とは違って,送り手からの情報を記憶し,それを自分のことばで再現するという手間を必要としない。このように,メールの転送を手軽にできることから,インターネットでは「不幸（あるいは幸福）の手紙」式のチェーンメールがしばしば急速に広がることになる。

　第2に,メール転送あるいはブログや掲示板書き込みにおける「コピペ」（他人の書いた記事をコンピュータ上でコピー＆ペーストすること）が容易に行えるという特性のために,情報送信が手軽に行え,かつ伝達過程における情報内容の歪みがクチコミの場合などに比べると小さい。しかし,長文の書き込みやメールでも簡単にコピーできる上,自動引用機能で送信者のコメントが次々と付加される結果,メール内容が雪だるま式にふくらみ,巨大なファイルサイズの迷惑チェーンメールへと変形してしまうという危険性も内包している。

　第3に,メールソフトの設定により,送信者の署名が自動的に付加される場合が多く,これが流言に欠落した発信者情報として一人歩きし,流言の伝播を促進する働きをする場合が少なくない。とくに,著名人や信頼できる人物の署名はそのまま転送されるケースが多く,これが流言に信憑性を付与する結果となりやすい。

　第4に,「メーリングリスト」などの持つ「メール同報機能」によって,チェーンメールが少数の送信者から多数の受け手へと大量かつ迅速に伝播するという現象がしばしばみられる。メーリングリストの場合には,特定のテーマに共通の関心をもつ人々がメンバーとして登録しているため,チェーンメールの伝播速度や受容度が一般のメール送信よりも高くなる確率が高い。「メーリングリスト」は,ある意味では21世紀の代表的な「流言集団」を形成する可能性を秘めているといえるかもしれない。

第5に，チェーンメールが短時間のうちに爆発的に伝播することによって，メールサーバーなどコンピュータシステムやネットワークをダウンさせてしまう実害を引き起こす危険性を秘めている。意図的な悪意をもってメール攻撃をしたり，システムダウンをねらった悪質なチェーンメールがある一方で，災害救援や人命救出のボランティア支援活動のように，善意のメールが，短時間のうちにチェーンメール化し，それがシステムダウンを招いてしまうという不幸な事件も現実には起こっているのである。

(3) チェーンメールの機能と事例

一般に，コミュニケーションとしてのチェーンメールには，6つの主要な機能があると考えられる。それぞれについて，具体的な事例を交えて検討することにしたい。

①情報提供機能

チェーンメールには，受け手になんらかの新しい情報を提供し，受け手の情報欲求を充足させるという機能がある。とくに，新聞やテレビなど既存のマスメディアでは伝達されない情報を補う形で，個人や団体がメールを通じて情報を提供するという場合がそれにあたる。シブタニは流言を「即興ニュース」と呼んだが，チェーンメールは個人が提供する一種の即興ニュースといえる。ただし，それは流言である以上，出所の不確かな怪しい情報であり，そのまま信じ込むのは危険である。

具体的な事例としては，コンピュータウィルスに関する偽情報や，「当たり屋」情報の携帯メール版ともいえる「携帯ワンギリ」情報のチェーンメールなどがあげられる。

インターネット上で拡がる流言の代表は，コンピューターウィルスに関するものだろう。ここで紹介するのは，本物のウィルスではなく，悪質ないたずら（hoax）やデマとしてのウィルスである。つまり，特定のウィルスに対する警告メッセージが電子メールや電子掲示板などを通じて広く伝達されるが，実際

にはそのようなウィルスは存在しないというものである。その代表格は，"good times"という名前の偽ウィルスに関する流言である（川上，1997）。この流言は，1994年11月，電子メールで不特定多数の人々に次のようなメッセージが送りつけられたところから発生した。

> 「注意を喚起するために，みなさんにお知らせします。アメリカ・オンラインにウィルスが潜んでいて，電子メールで送られてきます。もしあなたが"Good Times"というタイトルのメールを受け取っても，絶対にそれを読んだり，ダウンロードしたりしないでください。あなたのパソコンのハードディスクを消してしまう恐れがあります。このメッセージをあなたのお友達全員に転送してください。きっと彼らにも役に立つでしょう」。

この流言は，アメリカ・オンライン（AOL）という米国のパソコン通信（兼インターネット接続サービス）の会員を中心に全世界に拡がった[10]。実際には，"Good Times"というウィルスは存在せず，単なるチェーンメールの一種だったが，メールを読むだけでウィルスに感染するというのでユーザーの不安を掻き立て，流言を急速に伝播させることになった。現在でも，相変わらずさまざまなヴァリエーションの偽ウィルス情報がインターネット上で流通している。

「携帯ワンギリ」に関するチェーンメールというのは，2001年11月から12月にかけて主に携帯メールを通じて伝播した流言で，その内容は「携帯電話に身に覚えの無いところからワンギリ（着信音を1回だけならして電話を切ること）の着信があり，そこにかけ直すだけで10万円の請求が来る。取り立ては厳しいらしい。見知らぬ番号へはコールバックしてはいけない」というものだった（中村，2001）。悪質業者の携帯発信番号がリストアップされており，その番号には絶対にかけないようにという警告が付されて回覧されたという点で，いわゆる「当たり屋情報」とよく似たタイプの情報提供型流言であった。中村，三上，中森がそれぞれ大学生を対象に調査した結果によると，9割前後の学生がこの流言を知っており，その約半数が友人・知人からクチコミでこの流言に

接触していた（中村, 2002；三上, 2002；中森, 2002）。流言の入手経路として「携帯メール」をあげた人は，中村調査では19.5％，三上調査では13.1％であり，この流言がチェーンメールから発してクチコミを通じて広い範囲に伝播したことを示している。「携帯ワンギリ」流言に対する反応をみると，この流言を信じた人の割合は，中村調査（2001年11月下旬～12月上旬に実施）では64.9％，中森調査（2001年12月中旬に実施）では56.0％，三上調査（2002年1月中旬～下旬に実施）では36.6％となっており，時間が経つにつれて信用度が低下するという興味深い傾向がみられた。また，不審電話の番号にかけ直した経験をもつ学生ほどこの流言に対する不安も強い，という共通の傾向もみられた（中森, 2002）。これは，チェーンメール伝播，受容の背景に利用者の不安感があることを示唆するデータといえる。

②状況定義機能

チェーンメールには，情報一般の特性を反映して，「不確実性を減少させる」というはたらきがある。これは，「あいまいな状況」を定義するのに役立つ。有名人の結婚・離婚・不倫に関するうわさ，重病・死亡説，災害予知流言，企業や組織の裏情報や怪文書などがその典型的な例である。また，マスコミでは報道されにくい現場での目撃情報や，マスコミを批判するような情報がチェーンメールとして伝播するケースもある。その一例として，2004年11月に広がった「中越地震」関連のチェーンメール事件，佐賀銀行取り付け騒ぎなどがある。

最初の事例は，新潟県中越地震の災害復旧期にメーリングリスト，ブログ，ネット掲示板などを通じて広く伝播したチェーンメールで，発信者は小千谷市の避難所で被災者救援活動を行っている匿名のボランティアを装っており，次のような内容の文書だった。

> 小千谷市役所，小学校での救援物資の配給や，炊き出しなどを手伝っています。現場はまだまだ混乱しているし，人出も足りていません。
> そんな状況下で，マスコミの取材陣が50人近く現場付近を陣取っています。小千谷市役所の正面に車を止めて，そのために，救援物資を運ぶトラックは

遠くに止めることしかできず，ボランティアの人たちがせっせと現場に物資を運んでいますが，報道陣は，それを手伝う気配すらありません。
　心労と肉体的疲労が積もっている被災者のかたがたに，当然のようにマイクを向け24時間カメラをまわし続ける神経もさっぱり理解できません。
（中　略）
　現地では，大人用の紙おむつと，パンティライナー，貼るタイプのカイロを必要としています。これらの商品を販売している企業の「お客様相談室」宛てにメールを送ったり，電話をかけたりして，「小千谷市の被災者が求めているもの情報」を，伝えてください。あなたのblogやHPの中で，ただ伝えるだけでかまいません。皆さんの声が企業を，行政を動かします。
　マスコミはたよりになりません。マスコミへは，支援活動の妨げとなり，被災者の心労を倍増させる今の取材のやり方についての，抗議の声をあげてください。あまりにひどい状況です。
（後　略）

　このチェーンメールは，有名人のウェブサイトや環境防災関係NPOなどの加入するメーリングリストなどを通じて伝播したために，かなりの反響を及ぼした。このメールに掲載された情報がどの程度真実であるかは不明であるが，確かな根拠のない出所不明の流言であることは確かである。
　ただし，このようなチェーンメール事件が起こった背景として，マスコミの災害報道のあり方における問題があることを忘れてはならないだろう。阪神大震災のときと同様に，今回の新潟県中越地震でも，とくに発災直後のテレビ報道にはさまざまな問題が見受けられた。そうした問題の存在自体が，現地発の目撃談という今回のメール内容の信憑性と重要度評価を高め，（専門家を含めて）多くの善意の人がチェーンメールの伝播役を引き受けてしまうことになったものと推測される。
　「佐賀銀行取り付け騒ぎ」を引き起こしたチェーンメールの発信源は，知人から銀行が危ないと知らされた1女性だった。警察の調べによると，2003年12月24日，佐賀市に住む20代の女性が知人から電話で佐賀銀行がつぶれるらしいと聞き，同行に貯金していることもあって，「友人が被害に遭わないように」

との善意から，25日未明に携帯メールで同報機能を使って友人ら26人に携帯メールで，「26日に佐賀銀行がつぶれるそうです。預けている人は明日中に全額おろすことをお勧めします」と書いたメールを送ったという。それが多数の人に転送されて，チェーンメール化し，25日午後には口コミも伴って爆発的に広がり，預金者が佐賀銀行に殺到し，取り付け騒ぎへと発展した。佐賀銀行によると，この日にATMから引き出された預金額は180億円にのぼったという[11]。佐賀銀行は比較的健全な経営を維持する地方銀行であり，経営不安などはまったくなかった。しかし，同行の大口融資先の企業の経営不安説があり，そのうわさが市内に広がっていたことが，デマメール拡大の背景にあったという説もある。佐賀銀行倒産に関するチェーンメール事件は，1973年12月に愛知県で起こった「豊川信用金庫取り付け騒ぎ」と酷似しており，その携帯メール版ともいうべき出来事であった。

③娯楽的機能

昔から「うわさ」や「ゴシップ」には，おしゃべりや世間話の格好のネタとして楽しむという娯楽的な機能があった。流言のルーツでもある「神話」「民話」あるいは「都市伝説」の多くはこのような娯楽的機能をもっている。「幸福の手紙」「不幸の手紙」なども，友達同士でメッセージをまわすという点では，ゲーム的な要素を含む流言といえる。現代のチェーンメールにも，こうした娯楽的，ゲーム的な機能をもつ内容のものが多く含まれている。具体的事例として，「ダルマ」「鉄腕DASH」に関するチェーンメールを紹介する。

「ダルマ」に関するチェーンメールというのは，「中国で観光旅行していた日本人女性が拉致されて，両手足を切断されてダルマにされ，見世物小屋でみせものにされたり，人身売買されている」という内容の根拠のないうわさである。「香港に卒業旅行に行った女子大生がブティックの試着室で行方不明になり，ダルマとして身売りされた」というバリエーションもあり，かつてフランスで伝播した「オルレアンのうわさ」に類似している。また，北朝鮮の日本人拉致事件が背景要因としてあるとも考えられる。いわゆる怪談的な内容をもつ「都

市伝説」のネット版であり,「怖いもの見たさ」の好奇心につけ込んだ娯楽的機能をもつチェーンメールといえる。

　もう一つの事例は「鉄腕DASH！」チェーンメールである。これは, 1999年5月中旬以降に流布したもので, 日本テレビ系列のバラエティ番組「ザ！鉄腕！DASH！！」の企画を装ったチェーンメールである。実際に出回ったチェーンメールは次のようなものだった。

> ＞NTV系列で, 日曜7時から放送中の, ザ・鉄腕！！DASH。
> ＞そのなかで, 今回の企画が始まりました。
> ＞1週間で, E-mailはどこまでひろがるのか。
> ＞このメールをできるだけ多くの人たちにまわしてください。
> ＞5月24日午前0時までに, どこまでひろがるのか。
> ＞このメールは, 城島チーム発信です。
> ＞今回の企画は, 6月6日放送予定です。

　同番組では実際にそのような企画を立てたという事実はなく, まったくの偽情報だったが, 民放の人気バラエティ番組でいかにもやりそうな企画だということと, ゲーム的な要素をもっていたために, チェーンメールとなって非常に広い範囲に伝播したものである。

④交話的機能

　流言には, 人間関係を形成, 維持, 変容させる機能がある。ロスノーとファインは, 流言は, しばしば友人同士の会話における「交換の貨幣」として使われ, だれも知らない情報を提供することによって「情報通」という評判を得るという地位付与的な機能を持っていると指摘している (Rosnow and Fine, 1976=1982)。チェーンメールにもそのような対人関係形成的な機能がある。これは「交話的機能」と呼ぶことができるだろう。また, チェーンメールは「友達にも送ってね」という転送依頼を伴うことが多く, 内容に疑問をもっていても, 無視することへの罪悪感から, 友人関係を維持するために転送してしまうというケースも少なくないと思われる。

⑤ **教育的（価値強化）機能**

　チェーンメールには，なんらかの教訓や価値観を伝え，それを強化するはたらきを持つような「教育的」機能をもったものもある。これは，かつての「民話」「説話」「メルヘン」のメール版ともいうべきものである。「100人の村」チェーンメールはその典型的な例である。

　「100人の村」チェーンメールとは，次のような内容のメールが個人のメールやメーリングリストを通じて世界中で広く伝播し，話題になった社会現象である。

　　もし，現在の人類統計比率をきちんと盛り込んで，全世界を100人の村に縮小するとどうなるでしょう。その村には・・・

　57人のアジア人
　21人のヨーロッパ人
　14人の南北アメリカ人
　8人のアフリカ人がいます

　52人が女性です
　48人が男性です

　70人が有色人種で
　30人が白人

　70人がキリスト教以外の人で
　30人がキリスト教

　89人が異性愛者で
　11人が同性愛者

　6人が全世界の富の59％を所有し，その6人ともがアメリカ国籍

　80人は標準以下の居住環境に住み
　70人は文字が読めません

　50人は栄養失調に苦しみ
　1人が瀕死の状態にあり

1人はいま，生まれようとしています

　1人は（そうたった1人）は大学の教育を受け
そしてたった1人だけがコンピュータを所有しています

　もしこのように，縮小された全体図から私達の世界を見るなら，相手をあるがままに受け入れること，自分と違う人を理解すること，そして，そういう事実を知るための教育がいかに必要かは火をみるよりあきらかです。

　このチェーンメールは，朝日新聞「天声人語」でも紹介されたり，日本語翻訳が出版されてベストセラーになるなど，大きな話題になった。もともとは，1990年にドネラ・メドウズ女史が『地球市民』誌に掲載した「1000人の村」という記事をもとにして，それを何者かが改作して，メールとして流したのがきっかけで世界的に流布したと推測されている。このチェーンメールには，上で引用した箇所以外に，いくつかのバージョンが追加され，南北問題に関する現状認識と途上国への援助の必要性の訴えなどといった，教育的機能をもったメッセージとして，多くの人々の共感を得て広がったものと思われる。

⑥支援，宣伝，動員的機能

　この他に，危機的な状況を訴えたり，一定のイデオロギーや購買欲などを吹き込んで，人命救出・支援運動，政治行動，消費行動などに善意の人々を動員するような機能をもったチェーンメールも，手を換え品を換えて，繰り返し流通している。具体的な事例としては，「日本海重油流出事故」関連チェーンメール，「AB型Rhマイナス」献血呼びかけチェーンメール，「反日デモ」参加呼びかけチェーンメールなどがある。

　「日本海重油流出事故」チェーンメールとは，1997年1月に発生したロシアタンカー沈没による重油流出事故により風評被害を受けている日本海の水産関係者を救おう，と呼びかけたメールで，これがメーリングリストに投稿されたことがきっかけで，チェーンメールとなって広範囲の関係者の間に伝播したものである。風評被害に苦しむ地元水産業者に同情して善意から多くの人々がメー

ルを転送した結果，チェーンメール化してしまったものと思われる。

「ＡＢ型Ｒｈマイナス」献血呼びかけチェーンメールというのは，2000年5月下旬，「血液型がＡＢ型Ｒｈマイナスの妊婦が手術するので献血に協力してほしい」という善意から発信された電子メールがチェーンメールとなって爆発的に広まり，献血の申し出や問い合わせが日本医科大多摩永山病院（東京都多摩市）に殺到したという出来事である。支援を要請する内容それ自体は事実だったが，メーリングリストや掲示板など不特定多数の人々が閲覧可能なネットプレイスで公開されたり，転送の過程で改ざんされた内容のメールが大量に出回ったりしたために，妊婦が入院している病院に問い合わせが殺到し，病院の診療に支障が出るほどの騒ぎとなったものである。また，善意でメールを転送した人の中には，権威ある専門家の署名をつけて回覧した人もあり，その情報が信憑性を高め，伝播を促進する結果になったものと推測される。

政治的な背景をもったプロパンガンダ的色彩の強いチェーンメールの例としては，2005年4月に中国を中心に広がった「反日デモ」参加呼びかけのチェーンメールをあげることができる。これは，日中国境付近での天然ガス油田開発をめぐる日中間の紛争や小泉首相の靖国神社参拝問題，日本の国連安保理事会常任理事国入り運動などをめぐって，中国国内で反発が広がる中で，中国のネットユーザーがメールや掲示板などを通じて，日本製品のボイコットや大都市でのデモ参加を呼びかけるメッセージを流したものである。4月中旬には，上海など各地で日本政府関係施設や日本料理店などがデモ参加者から攻撃を受けて，大きな被害を受けるという事態にまで発展した。このチェーンメールには，明らかに日本に対する悪意をもった政治的意図が込められており，イデオロギー性の強い政治的なプロパガンダとして位置づけることができる。

(4) チェーンメールへの対策

流言の伝播と受容過程に関する従来の研究からみると，チェーンメールの影響を最も受けやすいのは，批判能力を欠いた人々，年齢的には10代以下の青少

年である。ニュース性の高い情報には通常，5W1H という『Why（なぜ），When（いつ），Where（どこで），Who（誰が），What（なにを），How（どのようにして）』という6つの要素が含まれているが，多くのチェーンメールは，5W1Hの情報が曖昧になっていたり，伝達の過程で歪曲されている。そうした情報の真偽を的確に判断する"批判能力"が10代では未熟なために，影響を受けやすいのである。

　しかし，"批判能力"の高い成人でも影響を受けないかというと，環境によっては正しい判断を下せないこともある。それは，「曖昧な状況下で，自分が興味のある内容や信頼できる人物からの情報が来た場合」である。このようなとき，とくにマスメディアから正確な情報が得られなかったり，公式のサイトで情報確認がとりにくい場合には，たとえ専門知識をもった成人といえども，ときにチェーンメールの罠に陥ることがある。実際に筆者自身，中越地震の際には，メーリングリスト上で知り合いの防災関係者から送られたチェーンメールを信じかけた経験がある。ひと昔前であれば，噂も口づてに日頃の人間関係のネットワーク内で広がるだけだったが，インターネットが普及した今日では，自分では関知していない人物にまで情報が広がり，収拾がつけられなくなってしまうというのが実情である。そこでは，送信したメールの内容が転送を重ねるうちに，情報が削られ，曖昧な情報によって補完される行為が繰り返されてき，いつしか"ねじれ"が生じてくるのである。

　それでは，メール情報の信憑性を確認する方法はあるのだろうか。現在，日本では疑わしい情報の真偽を調査・管理する機関といえば，個人が運営しているサイトのみで，公共の監視機関は存在しない。一方，アメリカでは，「ルーマーコントロールセンター」のように，流言を系統的に収集，分析，評価する公共機関が戦前から存在し，噂や広宣流布といった情報を集めて信憑性の格付けを行い，国民に情報を提供している。日本でもこのような公共機関を作り，情報を監視する体系をつくる必要があるかもしれない。

　さらには，ネット利用者自身の情報リテラシーを高めることが必要とされて

いる．SNSやブログなど，情報を発信する新しいメディアが増えていくのに伴い，それを利用するわれわれの側でも，つねに与えられた情報に関して的確に判断する能力やマナー意識を不断に涵養することが求められているといえよう．

6．まとめ

本章で取り上げた個人情報の流出，デジタルコンテンツ著作権の侵害，ネットワーク犯罪，コンピュータウィルス，迷惑メール，ネット流言などは，今日のネットワーク社会が直面する基本的セキュリティに関わる重大な問題であり，これらの解決なくして21世紀情報社会の健全な発展はあり得ない．

ネットワーク社会の成員を不安に陥れているこれらの問題が生じる原因は，社会情報環境におけるデジタル化，電子ネットワーク化という大きな変動と関連が深い．この点について，「情報技術」「情報制度」「情報市場」「情報文化」という社会情報環境を構成する4つの要素に即して総括的な検討を加えておきたい．

ネットワーク社会の不安を引き起こす環境要因
(1) 情報技術の展開

どのような技術とも同じように，情報技術もまた人間や社会を良くするために活用できる反面，特定の個人や集団に著しい被害や苦痛を与えたり，権利を侵害するなど悪用されるケースを生じることもある．とくに，デジタル化，ネットワーク化の進展は，大量の個人情報へのアクセスを容易にし，匿名での犯罪を容易にしている．デジタルコンテンツの複製もきわめて低いコストで実現できるようになっており，Winny事件にもみられるように，こうした不法ファイル交換ソフトの開発者や利用者の側にも，違法行為をしているという自覚が薄い．これは，核兵器の開発などとは違って，情報テクノロジーそれ自体は生命の危険と直結しないという特異な性格に起因するところが少なくないと

思われる．また，デジタル情報の暗号化やコンピュータウィルス問題にみられるように，情報セキュリティを高める技術の開発が，それを脅かす技術と直結しているという点も見逃すことのできない構造的問題である．これが技術と犯罪のいたちごっこという悪循環の構図をつくり出しているのである．

迷惑メールやネット流言の蔓延については，ネットワーク化が進むにつれて，情報の流通スピードと伝播の範囲が従来とは桁違いに大きなものになっているという点にも留意すべきである．コンピュータウィルスの蔓延，迷惑メールによる被害の急増，ネット上の流言（デマ）が銀行の取り付け騒ぎにまで発展するといった事態は，情報技術の進展と普及が生んだ社会病理的現象ということができよう．

(2) 情報制度の未整備

情報技術の急速な進歩とともに，ネットワークのセキュリティをめぐる事故，犯罪，被害などは，以前にも増して複雑で高度なものとなっており，法律，経済，社会の諸制度がこれに追いつかないというのが現状である．こうした制度の不備，欠陥につけ込んだ犯罪が増加の一途をたどっている．

コンピュータ・ネットワークやデータベースなどから個人情報が流出する事故や事件が続発した1970年代以降，個人情報保護の対策が少しずつ整備されるようになったが，日本で本格的な個人情報保護法が制定されるのは，ようやく21世紀に入ってからであり，欧米に比べて著しく立ち後れているという感は否めない．

デジタル・コンテンツ著作権についても，旧来の著作権では対応できない問題が続発し，法制度の整備がこれに追いついていないという事情は変わらない．とくに，音楽作品，映像作品，コンピュータ・ソフトウェアの場合，制作や開発に膨大なコストがかかるのにそれを複製，流通するのにはわずかな経費しかかからないために，著作権侵害のケースが急増し，それが音楽，映像，学問の健全な発展を阻害しているという現状である．とくに，ナップスター事件や

Winny事件のように，匿名性の高い一般個人ユーザーがネットワーク上でP2Pの形式でファイル交換をすることによって著作権の侵害が行われる場合，加害者を特定することは従来よりも困難になっており，こうした犯罪行為を法制度だけで取り締まることは容易ではなくなっているといえよう．

(3) 情報マーケットの展開

インターネットや携帯電話の普及率が50％をこえ，ネット上の商取引が急増して，経済市場の中でも大きなシェアを占めるようになっている現在，通常の商取引と同じように，ネットワーク上でも当然のことながら不公正，違法，不適切な商取引行為が増加している．なかでも，個人情報の不正入手や取引における匿名性がこうした事件や犯罪を生む土壌になっている．ネットワークを介した情報マーケットでは，クレジットカードが取引の決済手段として常用されているが，これが取引をめぐるセキュリティ問題を引き起こす大きな原因となっている．また，店頭販売とは違って，店頭での実物の確認ができないことから，代金を払ったのに商品が届かないといったネット詐欺が横行しやすくなる．

もう一つの深刻な問題は，これまでは手に入りにくかった商品，サービスなどがネット上では比較的容易に取引の対象となっているという事態である．ネットオークションや掲示板などを通じて，違法なポルノグラフィ，劇薬，銃砲類などが取引されており，健全な社会秩序を脅かす要因ともなっている．従来は危険を伴う「闇市場」に出向かなければ手に入らなかった商品が，インターネットを通じて簡単に手に入るという状況は，情報マーケットにおけるエコロジーを大きく変化させる可能性を秘めている．

(4) 情報文化の未熟さ

ネットワーク社会で不安を引き起こしている原因は，急速に進展する情報技術，それに追いつけない情報制度，情報マーケットの無秩序な発展だけではな

く，情報の送り手や受け手の情報規範意識，リテラシー，利用習慣，共有される価値観やアイデンティティといった情報文化の未成熟さにもあると思われる．

インターネットが普及初期の創成期であった1990年代には，インターネットの創り出す広大なサイバースペースが，アメリカ西部開拓時代のフロンティア（新世界）にも喩えられ，現実世界の社会秩序とは異なる，自由な表現・言論活動を展開できる場として捉える考え方が有力であった．事実，そこから情報資源をボランティア精神にもとづいて共有しようとするオープンソース運動が展開されたのである．

しかし，インターネット利用者が半数をこえ，ネット上で各種の商用サービスが活発に行われ，有料サービスや電子商取引が行われるようになるとともに，サイバースペースもまた，現実世界と同等の秩序ある社会情報システムであるべきだとする考え方が支配的となり，そこでの倫理規範やマナーなども，現実社会に準じたものとして定義づけられるようになった．ネット上の倫理規範やマナーは，「ネチケット」集やウェブサイト上のFAQ（よくある質問），利用規程などに明文化されており，こうした倫理規範はユーザーによって次第に受け入れられるようになっている．ただ，創成期の極端な「情報自由主義者」や，ネットワークの抜け穴を悪用しようとする不心得なユーザーが，ルールを逸脱する行為を繰り返しているのも事実であり，情報文化がまだ成熟段階には至っていないという状況である．

ネットワーク社会のセキュリティを高めるための対策

このように，ネットワーク社会の不安を引き起こす原因は，情報技術，情報制度，情報マーケット，情報文化という社会情報環境の中に求められるが，ネットワーク社会をより安全なものにして，不安を低減するために取り得る対策もまた，これらの4つの環境要素に求めることができる．

(1) 情報技術の活用

　ネットワーク社会を安全で安心なシステムにするには，まずもって情報技術による対策がもっとも効果的であることはいうまでもない．たとえば，ホームページなどへの不正アクセスを防ぐには，サーバーのファイアウォールを強化したり，常時監視システムを構築するなどの技術対策が有効である．個人情報や機密情報の漏洩を防ぐには，データ通信の暗号化技術，ログ監視技術などが役に立つ．コンピュータウィルスへの感染や蔓延を防ぐには，ウィルスの常時監視，ワクチンソフトの開発などが不可欠である．迷惑メールやメール攻撃を防ぐには，メールサーバーやメール通信ソフトのセキュリティ機能強化をはかる必要がある．また，デジタルコンテンツ著作権を保護するには，電子署名，電子透かし技術，コピー防止技術などの開発が求められる．

(2) 情報制度の整備

　しかし，情報技術の開発だけではネットワーク社会の不安を払拭することはできない．法律や社会の仕組みなど「情報制度」による対応が求められるセキュリティ分野も少なくない．個人情報保護法，プロバイダ責任制限法，迷惑メール防止法などがある程度ネットワーク社会の不安を軽減する役割を果たしているが，とくに電子商取引に伴う不安を払拭するまでには至っておらず，この領域については，包括的な新法の整備を視野に入れた制度改革が必要ではないかと思われる．また，法律とまではいかないが，OECDの個人情報保護に関するガイドライン設定なども，早急な対応が必要な場合には有効だろう．被害者の救済という点では，法制度の整備と並んで，被害者が気軽に相談できるような支援組織やネットワークの形成を促進することも重要であろう．ネット上の流言の蔓延を防止するには，情報の真偽をチェックしたり正しい情報を迅速に提供できるような信頼できる公式ウェブサイトを構築するなど，インターネット社会の秩序を速やかに回復するための情報拠点づくりも欠かせないだろう．

(3) 情報マーケットの整備

　ネットワーク社会における電子商取引の健全な発展をはかるためには，技術開発や法制度の整備だけではなく，ネットワーク社会にふさわしい情報マーケット環境の整備が必要である．なかでも重要なのは，ネットオークションやP2Pなど，従来とは異なる新しいタイプの商取引形態が出現し，急速に普及しつつあるが，消費者の被害を最小限に抑え，かつ健全なネット経済の発展を促進するための流通，販売の仕組みを整えることがいま求められている．ネットオークションの最大手であるYahoo!では，オークション詐欺の被害を防ぐために「エスクロー」と呼ばれるサービスを導入している．これは，出品者と落札者の間に業者が入り，商品の内容や到着を確認してからお金を振り込んだり，商品の受け渡しが簡単にできるように物流サービスを提供することにより，取引の安全を確保する仕組みである．また，購入者自身が取引後に出品者の信頼性などを評価し，これを公表することによって出品者の「信用度」を事前にチェックできるような仕組みも導入している．また，被害に遭ったときの補償制度を導入しているオークションサイトも少なくない．

　このように，情報マーケットの中に，安全で安心な商取引を確保するような仕組みを整備してゆくことが，ネットワーク社会における不安の軽減につながると考えられる．

(4) 情報文化の育成

　最後に，ネットワーク利用者自身の側における情報倫理規範，マナー，リテラシー，アイデンティティ，利用習慣などの情報文化を育成することの重要性を指摘しておきたい．

　現実社会と同じように，自らの安全，安心をはかるためには，何よりもまず一人ひとりの個人が日頃から自衛対策を講じることが必要である．

　そのためには，ネットワーク社会の仕組みやそこでのセキュリティに関する正しい知識とリスクへの対処法を習得しておくことが必要である．たとえば，

個人情報流出への危険性に対しては，クレジット情報などを盗む場合の手口（メールでの情報要求，悪質なウェブサイトでの登録，架空の料金請求など）を知っておくこと，ブラウザやメーラーにおけるセキュリティ設定など情報リテラシーを身につけることが有効である．また，インターネット上の流言伝播に対しては，それがチェーンメールの形式をとっている場合には，受け取っても決してそれを転送しないというネチケットを守ることがなによりも必要である．「流言は智者で止まる」といわれるが，チェーンメールの誘いに引っかからないことによって，この鉄則を守ることができる．また，UFO飛来の流言のように，根拠の不確かな情報については，NASA，科学技術庁，マスメディアのような信頼のおけるウェブサイトで情報の真偽をチェックすることが重要である．また，情報検索エンジンなどを活用して，流言で問題になっているテーマを取り上げているさまざまなウェブサイトを探索し，できるだけ多数の情報源に当たり，情報の信頼性に関して客観的，総合的な評価を行えるようにすることも必要だろう．インターネット時代にふさわしいネチケットとリテラシーを涵養することが今いちばん求められているといえよう．

（注）
（1） WIP2001年〜2003年調査の概要は次のとおりである．2001年調査は，回答の推移を分析することによってインターネット普及利用を追跡するために，同一対象者を反復調査する「パネル調査」方式を部分的に採用した．
［2001年調査］
・母集団　全国12〜75歳の男女
・計画標本数　2000年調査協力者2,555人のうち2001年調査への調査協力意向を示した1,924人，および，標本が全国満12〜75歳の男女個人の年齢階級別母集団比率に近似するように補正的に抽出した948サンプル．
・標本抽出法　パネル調査については，2000年調査での協力者全員を対象者として選び，補正追加サンプルは，各調査地点で性・年齢を指定し，調査員が現地で無作為に探して調査を依頼するエリアサンプリングを採用した．
・調査方法　専門の調査員による訪問留め置き式回収法
・調査時期：2001年10月25日〜11月11日

- 有効回収数　2,816票

［2002年調査］
- 母集団：全国の満12歳以上75歳以下の男女個人
- 標本数：3,500人
- 抽出方法：層化二段無作為抽出法
- 調査方法　専門の調査員による訪問留め置き式回収法
- 調査時期：2002年10月17日〜11月4日
- 有効回収数（率）2,333人（66.7％）

［2003年調査］
- 母集団：全国の満12歳以上の男女個人
- 標本数：2,200人
- 抽出方法：層化二段無作為抽出法
- 調査方法　専門の調査員による訪問留め置き式回収法
- 調査時期：2003年11月27日〜12月17日
- 有効回収数（率）：1,520人（69.1％）

　なお，いずれの調査とも，調査実施主体は通信総合研究所および東京大学社会情報研究所，調査実施機関は（社）新情報センター（2001〜2002年）および中央調査社（2003年）である．調査の企画および調査票の作成は，ワールドインターネットプロジェクト日本チーム（三上，吉井，橋元，遠藤，石井，久保田，小笠原の6名）が行った．

（2）　1890年代のアメリカでは，のちに新聞王といわれたW.ハーストの『ニューヨーク・モーニング・ジャーナル』とJ.ピューリッツァーの『ニューヨーク・ワールド』が激しい部数競争を展開し，大衆新聞の隆盛期を築いた．ハーストは『ワールド』紙から人気マンガ「イエローキッド」の作者を引き抜いて大量の読者を奪った．『ワールド』もこれに対抗して新しいマンガ家を雇い，派手な黄色いシャツの子供を主人公に仕立てた．『ニューヨーク・プレス』の編集者アーヴィン・ウォードマンが両紙を「イエロージャーナル」として批判したことから，大衆受けする低俗でセンセーショナルな新聞報道を「イエロージャーナリズム」と呼ぶようになったといわれる．

（3）　ここで，自己に関する情報というのは，現在では「個人情報」といわれているものにほぼ対応し，氏名，住所，生年月日，所得，思想，宗教，所属団体など，自分自身に関するあらゆる情報をさしているが，「プライバシー情報」という場合には，とくに個人情報のうち，他人にみだりに知られたくない情報をさしていると解釈すべきであろう．したがって，プライバシー権とは，「個人のプライバシー情報をみだりに特定または不特定の他者に知られない権利」だといえる．

（4）　クッキー（Cookie）とは，ウェブサイトを訪問したユーザーの個人情報

（登録時の氏名やパスワード，閲覧したページなど）が，サイト側サーバーとユーザー側のパソコン内に「クッキーファイル」として蓄積される仕組みのことをいう．ユーザーが同じサイトを再訪問すると，このクッキー情報を参照することによって，ユーザーを自動認識してくれる．クッキーによる個人情報収集は，ユーザーの同意なしに行われるケースがほとんどであり，これはOECDのガイドラインに抵触する．また，ブラウザのセキュリティホールを通じて，利用者の氏名，サイト閲覧状況，登録パスワードなどの個人情報が漏洩する危険性もある．クッキーとプライバシー侵害についての詳しい解説は，堀部（2003）を参照．

（5） 不正アクセスとは，一般にID・パスワードを盗んでサーバーに不正アクセスする行為，セキュリティ・ホールを攻撃してサーバー等に不正にアクセスする行為，他人のID・パスワードを無断で公開する行為などをさしている．2000年1月，科学技術庁や総務省などのホームページが何者かに不正アクセスされ，改ざんされるという事件が起こった．英文で，日本人を「負け犬」などとあざ笑う内容で，米国のアダルト系サイトへのリンクまで張られていた．2000年2月，「不正アクセス行為の禁止等に関する法律（不正アクセス禁止法）」施行．ネットワークを通じてのコンピュータへの不正アクセス行為が禁止されるようになった．

（6） ただし，リンクをクリックしたとき，同じホームページのフレーム内に他人の作成したホームページを表示させ，それを有料で利用に供するといった行為は，著作権の侵害とみなされる場合があり，避けなければならない．

（7） 国民生活センターのホームページでは，ワン切り迷惑電話への自衛対策として，次のような注意を呼びかけている．①知らない番号の着信記録があっても，かけ直さないこと，②ただ電話をして，そこで流れている音を聞いたからといって，支払いの義務が生じるわけではないので注意，③インターネット上の噂を鵜呑みにしてあわてないこと，④絶対に転送したり掲示板に書き込んだりしないこと，⑤すでに電子メールは変形していること，⑥請求されたら地元の消費生活センターや国民生活センターに相談すること．

（8） 1990年4月に通商産業省（現・経済産業省）が告示した「コンピュータウイルス対策基準」に基づき，IPAが届出機関に指定されてから2004年12月まで受理した届出件数を示したもの．受理した届出は，個別に届出者への対応を行うとともに，メーカ各社，各種団体，教育研究機関等の学識経験者からなる「コンピュータウイルス対策委員会」によって内容調査および対策の検討を行っている．

（9） SPAMとはもともと，Hormel Foods社の缶詰の商品名（スパイシーハムの略称）である．このSPAMの缶詰をネタにしたモンティ・パイソンのコントがspamの語源となったというのが定説になっている．そのコントの内容

とは次のようなものである．あるレストランで夫婦が食事をしようとするが，メニューにはSPAMが入ったものしかない．ウェイトレスとSPAMのメニューについて口論していると，後ろにいたバイキングたちが「SPAM，SPAM，SPAM」と歌い出し，その歌にかき消されて会話が続けられなくなってしまった，というものだ．ここから，同じことを何度も何度も繰り返され，それによって本来の会話や議論を妨げるような迷惑行為をspamと呼ぶようになった，とされている．それが何回も送りつけてくる迷惑メールの代名詞になったというわけである（日本インターネットプロバイダ協会，2004 ; Hormel Foods社ウェブサイト，http://www.spam.com/ci/ci_in.htm）．

(10) AOLが流言の標的にされた理由の一つとして，インターネットの古くからのユーザー（とくにハッカーと呼ばれるマニア）に，アメリカオンラインに対する嫌悪感ないし敵意があるという事情があるのではないかと思われる．実際，インターネット上では，AOLを揶揄するパロディホームページやAOLに対する嫌がらせを目的とするホームページが実にたくさん作られているのである．

(11) 佐賀銀行は，取り付け騒ぎの起きた12月25日，信用不安をあおるデマメールを流したとして，被告人不詳のまま信用毀損罪で佐賀署に告訴し，佐賀県警がメール受信者の事情聴取などの捜査を行った結果，発信元の女性をつきとめた．ただし，この女性はごく普通の市民であり，知人から電話で銀行がつぶれるらしいと聞いて，善意で友人にメールを送ったとのことである．事件の概要は，『朝日新聞』西部版2004年2月18日付記事および『日経金融新聞』2004年1月13日付記事をもとにまとめたものである．

参考文献

Allport, G.W. and Postman, L., 1947=1952, *The psychology of rumor*, H. Holt. 南博訳『デマの心理学』岩波書店

藤竹暁，1974，『パニック－流言蜚語と社会不安』日本経済新聞社

廣井脩，1988，『うわさと誤報の社会心理』NHKブックス

堀部政男編著，2003，『インターネット社会と法』新世社

川上善郎，1997，『うわさが走る－情報伝播の社会心理』サイエンス社

木下冨雄，1977，「流言」，『講座社会心理学3』東京大学出版会

三上俊治，1999，「インターネットと流言」佐藤達哉編『流言，うわさ，そして情報』（現代のエスプリ別冊），至文堂，pp. 327-337

三上俊治，2002，「『ワンギリ』迷惑コールのうわさに関するアンケート調査結果の概要」，http://www.soc.toyo.ac.jp/~mikami/uwasa-kenkyu/wangiri.html

三上俊治, 2004,「災害情報と流言」, 広井脩編著『災害情報と社会心理』北樹出版, pp. 35-54.

三宅弘・小町谷育子, 2003,『個人情報保護法－逐条分析と展望』青林書院

中森広道, 2002,「携帯電話と流言－いわゆる『ワンギリ』に関する流言についての一つの考察－」,『社会学論叢』第145号, pp. 49-81

中村功, 2002,「現代の流言－『携帯ワンギリ広告』の例－」,『松山大学論集』第13巻5号, pp. 295-333.

日本インターネットプロバイダー協会, 2004,「迷惑メールを受け取ったら」
http://www.jaipa.or.jp/UCE/index.html

岡村久道, 2003,「迷惑メール, ワン切り, そして架空請求メール」『月報司法書士』(No.378) 8月号

岡村久道, 2003,『迷宮のインターネット事件』日経BP

Rosnow, R. and Fine, G.A., 1976=1982, *Rumor and gossip: The social psychology of hearsay*, Elsevier. 南博訳,『うわさの心理学：流言からゴシップまで』岩波書店

酒匂一郎, 2003,『インターネットと法』信山社

Shibutani, T., 1966=1985, *Improvised news: A sociological study of rumor*, Bobbs-Merril. 廣井脩・橋元良明・後藤将之訳,『流言と社会』東京創元社

総務省, 2003,「住民基本台帳ネットワークシステム」
http://www.soumu.go.jp/c-gyousei/daityo/

■ 3章　ハイリスク社会の災害と情報　■

1．緊急社会情報システムの構造

ハイリスク社会の情報システム

　現代社会は，一方では災害や事故による被害を軽減するための「防災技術」を進歩させ，災害による被害軽減のシステムを発達させてきたが，他方では，都市への人口集中化で自然災害への脆弱性が増大するとともに，複雑化する高度テクノロジー（ハイテク）が新たな人為災害を引き起こすといったように，被害拡大の契機も増大させるというジレンマを内包している．

　災害や事故で被害を受ける危険性を「リスク」（risk）という概念で捉えるならば，リスクとは，「災害や事故の発生確率×予想される被害の大きさ」であらわすことができる．現代社会では，自然災害については，たとえば大規模地震災害の場合，発生確率は変わりないが，建物の耐震化，防災訓練，予警報の伝達や事前避難などによって被害を軽減するという点で「リスク」の軽減化対策が進んでいる．また，人為災害については，航空機や原発のように，いったん事故や災害が起きればその被害は甚大になるため，システム設計の改善によって事故や災害の発生確率を低下させることによって「リスク」を低減させる努力が積み重ねられている．

　しかし，自然災害の場合でいえば，都市化の進展とともに災害危険地域に居住する人口が急増しており，阪神・淡路大震災にみられたように甚大な被害をもたらす危険性はむしろ増大しているといえる．また，人為災害についても，技術進歩で個々のシステムの災害発生確率が低下しても，ジャンボジェット機の事故やニューヨーク貿易センタービルの同時多発テロ事件にみられるように，いったん災害や事故が発生した場合，被害の規模が桁違いに巨大なものになってしまうという危険性はむしろ増大しているのである．その意味では，ウルリ

ヒ・ベックが指摘したように，近代社会は危険性を必然的に内包したハイリスク社会だということができるだろう（Beck, 1997）．しかも，そうしたリスクは現代の複雑な社会システムに組み込まれているがゆえに，ペローが述べているように，事故や災害の発生は決して偶発的なものではなく，正常で不可避的に起こり得る出来事として捉えるべきだと考えられる（Perrow, 1999）．

したがって，現代は社会システムそのものにリスクが必然的に組み込まれた「ハイリスク社会」であり，災害や事故などのリスクの現状とリスク軽減対策を考えるためには，災害因だけではなく，社会システムの特性を十分に把握することが必要である．本章では，社会情報システムと災害との関わりについて，災害時にリスクを軽減するための情報メディアのありかた，社会情報システムの災害脆弱性とその克服策という2つの問題を検討することにしたい．

平常社会情報システムから緊急社会情報システムへ

社会情報システムは平和で安全な社会秩序が維持されている平常時と，戦争や犯罪や事故・災害など危機的状況に陥った緊急時とでは，当然異なった構造を示し，そこでの情報メディアも，平常時とは異なる役割を果たすようになる．このことを明確に示したのが，1995年1月の阪神・淡路大震災であった．このとき，被災地域住民にとってもっとも重要な役割を果たしたメディアは，テレビよりもラジオ，新聞の地域版，ミニコミ，コミュニティFM，ケーブルテレビなど，より地域社会に密着したメディアであった．

また，災害や大事故の発生時には，防災機関，行政機関，ライフライン企業，報道機関，情報通信関連企業を中心とする緊急社会情報システムが始動し，迅速な情報収集，処理，伝達により，迅速な人命救助と復旧に向けての活動が展開される．メディア環境の進化とともに，緊急社会情報システムもまた大きく発展しつつあり，社会情報システム全体に占める役割も増大している．防災対策の面での例をあげれば，NTTの災害時伝言ダイヤル171，災害時異常輻輳を防ぐための受発信規制システム，災害用携帯電話iモード掲示板，（移動系，

同報系）防災無線システム，気象庁から放送局を通じての地震・津波警報システム，情報通信障害に対処するための緊急バックアップ・システムなどがある．

また，最近インターネットや携帯電話などの通信ネットワークで頻発するネット犯罪に対処するための各種セキュリティ対策も，緊急社会情報システムの一環として把握することができる．

緊急社会情報システムの基本構造

緊急社会情報システムは，災害，事故，テロなど社会システムに大きな被害をもたらす恐れのある災害因が観測された時点で始動し，災害から復旧・復興した段階で平常社会情報システムへと復帰する．その目的は，当該社会の成員の生命・財産の安全をはかり，災害・事故・テロなどによる社会システムへの被害を最小限に抑えることにある．

緊急社会情報システムの基本構造は，およそ図3.1のように表すことができよう．災害や事故の発生，収束のプロセスは，時間軸に沿って，「予知・警戒期」「警報・避難期」「発災・救援期」という3つのフェイズ（局面）に分けてとらえることが可能である．それぞれの局面における緊急社会情報システムの働きを，主要なアクターに焦点を当てて簡単に整理しておくことにしたい．

(1) **予知・警戒期の緊急社会情報システム**

地震・津波・台風・噴火などの自然災害，火災・爆発事故・危険物質拡散・大規模通信障害などの人為災害，無差別テロなど，社会システムに大きな脅威を与えるリスクに対しては，平常社会情報システムにおいても，その発生有無を事前予知ないし監視するための情報システムが組み込まれている．気象台や測候所での常時観測，地震予知観測網，警察・消防の定期パトロール，企業における各種システムの定期安全点検，報道機関の記者による日常的取材活動などである．それらの「（危険）環境監視」システムにおいて，ひとたび災害因がキャッチされると，その時点で緊急社会情報システムが始動し，災害発生に

備えた「警戒」活動が展開されることになる．つまり，この局面は平常社会情報システムと常にオーバーラップする形で展開し，同じ担当者によって情報活動が行われる場合が多い．

ひとたび災害因となる台風，地震の前駆現象，津波発生などが観測されると，それが当該システムにおいて災害をもたらすかどうかの判定が行われ，災害発生の危険がある場合には，災害因による脅威の規模，災害発生確率，災害発生時期，被害予想地域などに関する情報収集を行い，関係機関に伝達する．こうした活動は，災害予警報が発令され，災害が発生したあとも，災害因が取り除かれない限りは継続されることになる．

(2) 警報・避難期の緊急社会情報システム

災害因が観測され，それが当該社会システムに大きな災害を引き起こす恐れがあると判断される場合には，なんからの「警報」が発令されたり，事前避難が可能な場合には「避難勧告」「避難指示」などが発令されることになる．

地震の場合には，「地震警戒宣言」「津波警報」などが発令される場合もある．台風の場合には，「大雨洪水警報」「高潮警報」などが出される．それに伴って，防災機関では，必要に応じて，災害発生危険地域の住民に対して事前の「避難勧告」「避難指示」などを行い，周辺のパトロールを強化するとともに，住民の安全を確保することに努めるだろう．企業などでは，災害発生に備えて，システムの安全点検，設備機器の緊急防災対策，操業中止などの事前対策をとるだろう．報道機関では，気象台などから情報を収集し，テレビ，ラジオなどを通じて警報，避難指示発令をニュースとして報道し，住民の事前避難行動を呼びかけるだろう．

警報・避難期の緊急社会情報システムは，平常時に定めた規程にしたがって，担当組織において「災害警戒本部」設置など，緊急社会システムへの移行を伴って始動されることが多い．予知・警戒期の各組織担当者に加えて，職員の非常招集，他組織からの応援などを得て，必要に応じてシステム構成メンバー

が拡張・増強されることになる．

(3) **発災・救援期の緊急社会情報システム**

　事前予知のとおりに災害が発生した場合，あるいはなんらの前兆もなく突然災害が発生した場合，そのいずれにおいても，防災担当組織および被災地域の各種組織，団体においては，災害による被害を軽減し，被災者を救援し，災害復旧を促進するための情報活動が展開される．それをサポートするのが，発災・救援期の緊急社会情報システムの役割である．被災地域の自治体や企業においては，災害対策本部が設置され，被害情報，安否情報，災害因情報，救援関連情報，防災対策情報などの収集が行われ，関係者への伝達が行われる．

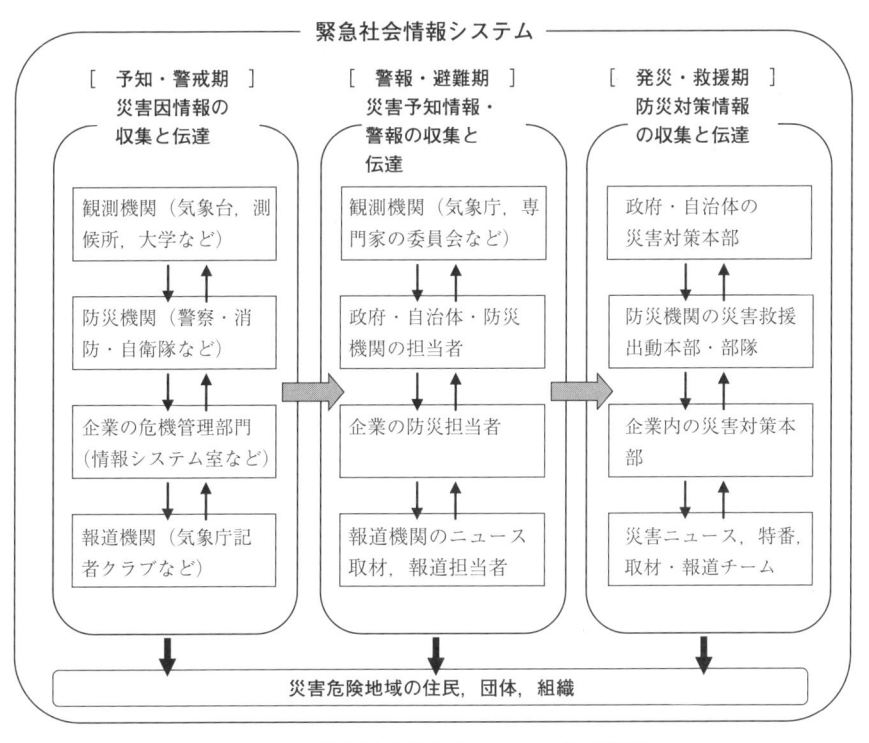

図3.1　緊急社会情報システムの基本構造

被害情報の収集は，主に警察・消防・自治体職員・専門家などによって行われ，それがテレビ，ラジオ，新聞など報道機関によって住民に伝達される．安否情報の収集・伝達については，防災機関によるものの他，被災地域の住民が個別に電話，放送，インターネットなどを通じて家族や知人・友人に連絡するという形で行われる．これに対応するために，NTTなどの通信会社では「災害用伝言ダイヤル」などを開設したり，テレビやラジオで「安否放送」の受付・放送が行われたりすることもある．ライフラインなどの復旧関連情報については，企業の広報活動，テレビ，ラジオ，新聞などを通じての報道によって，必要な情報が被災地域の住民に伝達されることになる．

　このように，災害の予知，警戒，警報，事前避難，発災，救援，復旧といった時間軸に沿った各局面において，防災機関，報道機関，企業の危機管理部門などの専門組織において緊急社会システムが始動して，必要な災害情報の収集と伝達が行われる他，一般の組織，団体，個人においても，緊急社会情報システムへの参加を通じて，防災，減災，救援，復旧に向けての情報活動が展開されるのである．

　以下では，災害のプロセスの中でも防災対策上の重要性が大きい「発災・救援期」に焦点を絞って，各種情報メディアの果たす役割について検討を加えることにしたい．

2．災害時における情報メディアの役割

　大規模災害が発生したとき，情報メディアの果たす役割はきわめて大きなものがある．1923年の関東大震災の当時は，まだラジオもなく，電話も一般家庭にはほとんど普及していなかった．新聞はあったが，東京の新聞社は大半が震災で新聞を発行できず，首都圏は大混乱に陥ってしまった．公式の情報が欠落した状況の中で流言蜚語が飛び交い，朝鮮人虐殺といった不幸な事態を招いてしまったのである．

　関東大震災が大きな教訓となって，その2年後，ラジオが開局した．ラジオ

のおかげで，より正確な災害情報が国民に迅速に伝えられるようになった．1953年にはテレビが開局し，災害ニュースが映像でいち速く視聴者に伝えられるようになった．

1964年の新潟地震や1978年の宮城県沖地震では，被災者の安否に関する情報がラジオで長時間にわたって伝えられ，好評を博した．それ以来，ラジオは災害時に欠かすことのできないメディアとしての評価を確立した．また，1984年の日本海中部地震，1989年の伊豆大島噴火，1991年の普賢岳火砕流噴火，1994年の北海道南西沖地震（奥尻島の津波災害）では，被災地からの地震，津波，噴火被害の生々しい映像がテレビで伝えられ，国民に大きな衝撃を与えた．

1995年1月17日午前5時46分，淡路島付近を震源とするマグニチュード7.2の兵庫県南部地震が発生し，死者6,300名をこえる「阪神・淡路大震災」となったことはまだ記憶に鮮明な出来事である．この大震災では，テレビ，ラジオ，新聞，電話，ケーブルテレビ，パソコン通信，インターネットなど，さまざまなメディアが災害情報の伝達に利用された．とくに，パソコン通信やインターネットが情報ボランティアによる災害救援活動の手段として初めて本格的に利用されたという点で，画期的な意味があった．

被害情報の伝達と情報メディア

大規模災害が発生したとき，効果的な救出・救援活動を展開するには，災害の発生地点，発生時刻，被害の種類と規模などの被害情報をできるだけ迅速かつ正確に把握することが必要である．しかし，阪神・淡路大震災にみられるように，大規模災害時には，しばしば被害情報の収集・伝達が遅れて，それが被害の拡大をもたらす結果になるケースが少なくない．ここでは，阪神・淡路大震災の事例を中心に，被害情報の伝達の実態と問題点について検討したい．

1995年1月17日に起きた阪神・淡路大震災で神戸市の高速道路橋脚の倒壊や同時多発火災の発生をヘリコプターから撮影した生々しい映像がテレビのブラウン管を通して全国の茶の間に伝えられたことは，いまだ記憶に新しい．しか

し，地震発生から2時間以上もの間，被災地域からの詳しい被害情報はほとんど入らず，テレビやラジオは，地震に関する情報や大震災の被害情報を当初必ずしも迅速，正確に伝えることができなかった．地震発生の第一報がテレビから伝えられたのは，地震発生から4分後の5時50分だったが，震度に関する正確な情報はやや遅れた．とくに問題だったのは，初期の被害報道である．当初2時間近くの間，テレビで伝えられる被害状況は，被災地周辺の比較的被害の軽微な地域に関する情報であり，阪神高速道路倒壊，長田区の火災，三宮を中心とするビル倒壊，住宅倒壊による住民多数の生き埋めなどの深刻な被害が本格的に伝えられ始めたのは，午前7時をすぎてからであった．

　地元ラジオから伝えられた被害情報は比較的速かったといえるが，それでもいくつかの問題点が指摘されている．震度情報についていえば，「神戸震度6」の情報が伝えられたのは，NHKラジオが午前6時すぎ，MBSラジオが6時7分だったが，NHKではまもなく「神戸の震度6は誤りで，最大震度は5」と訂正するなどの混乱がみられた．被害の第一報についても，周辺の比較的被害の軽微な地域の被害情報が先行し，神戸市内や淡路島での深刻な被害の第一報は遅れた．午前6時30分過ぎ，MBSラジオの川村キャスターが武庫川市内からの電話リポートで「阪神高速道路が落ちた，古い住宅が多数倒壊している」との伝聞情報，目撃情報を伝えたのが最初だった．しかし，大きな被害が神戸，西宮，淡路島地域に集中していることが伝えられたのは，地震発生から1時間以上たった午後7時以降であり，初期の被害報道はかなり立ち遅れたといわざるをえない（川端・廣井，1996）．このため，被災地への救助活動の開始が遅れ，また被災地における交通統制などの対策も立ち遅れることになったのである．

　この震災で発災当初の被害情報収集に手間取った理由として，小田（2004）は，①行政・防災機関の対応の遅れ，②「公的情報」「数値情報」へのマスメディアの過度の依存，③「震度6慣れ」と推理力の不足，の4つをあげている．地震発生時刻が午前6時前の早朝だったため，行政機関では職員の登庁までに時間がかかり，被害情報の収集に時間がかかった．警察，自衛隊の現場出動も

遅れ，被害情報の集約にも手間取った．マスメディアが報道する被害情報は，主に警察発表に依存しているため，結果的に被害情報の報道が大幅に遅れることになったのである．また，阪神・淡路大震災の直前に北海道，東北地方で相次いで震度6の地震が発生していたが，それほど甚大な被害を引き起こさなかったことから，「震度6慣れ」が生じて，それが的確な被害情報の把握を遅らせる一因になったとも考えられる．

　こうした初動対応の遅れを教訓として，国や自治体では，被害情報収集，連絡の迅速化をはかるために，24時間体制の内閣情報集約センターの設置，地震被害早期評価システム（DIS）の実用化など，発災直後の迅速な被害情報収集，連絡体制の強化に取り組むようになった．

　テレビや新聞などのマスメディアによる被害情報の伝達でもう一つ大きな問題として指摘されているのは，被災地域における被害情報が，一部の甚大な被害を受けた地点だけをクローズアップして繰り返し，誇大に報道されやすいという点である（三上，1982）．小田はこうした報道傾向を「局部拡大症候群」と呼んでいる（小田，2004）．こうしたセンセーショナルな報道は，マスコミの報道一般にもみられるが，大規模地震などではほとんど常態的に行われているといっていいほどである．それが，災害の全体イメージを歪めたものにし，被災地救援のあり方にもマイナスの影響を及ぼす危険性をはらんでいる．

安否情報の伝達と情報メディア

(1) 強い安否情報ニーズ

　安否情報とは，災害が起こったとき，被災地域にいる個人や集団が無事かどうか，怪我をしたり，亡くなっていないかどうか，といった情報のことをいう．このうち，個人に関する安否情報を「個人安否情報」，学校や会社などの集団に関するものを「集団安否情報」といって区別することがある．阪神・淡路大震災のように，大勢の人々が亡くなったり，行方不明になっているときには，全国から膨大な量の安否情報に対するニーズが発生する．例えば，東京大学社

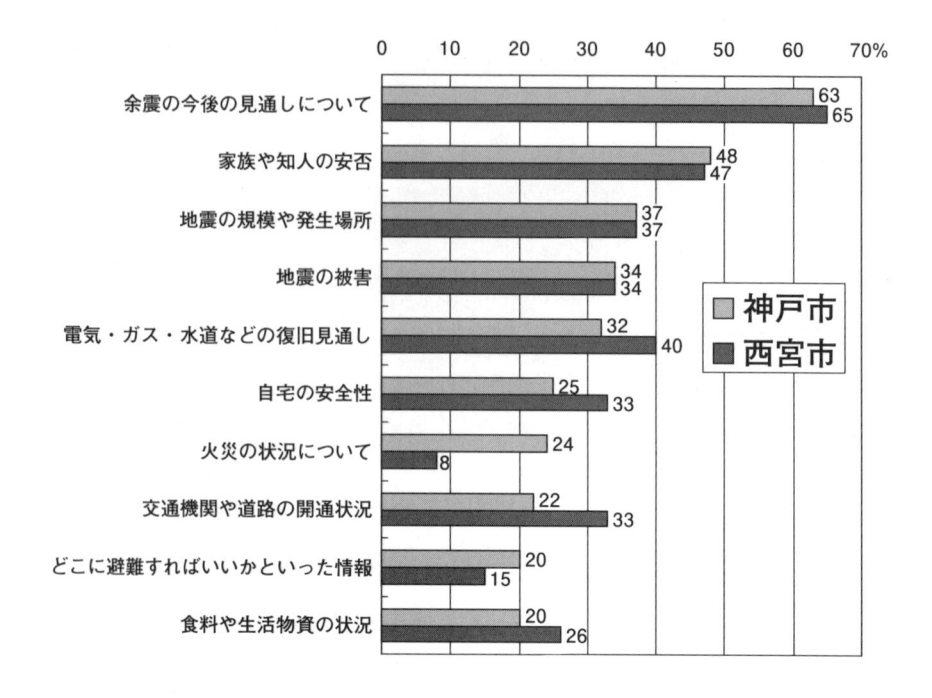

	神戸市	西宮市
余震の今後の見通しについて	63	65
家族や知人の安否	48	47
地震の規模や発生場所	37	37
地震の被害	34	34
電気・ガス・水道などの復旧見通し	32	40
自宅の安全性	25	33
火災の状況について	24	8
交通機関や道路の開通状況	22	33
どこに避難すればいいかといった情報	20	15
食料や生活物資の状況	20	26

図3.2 阪神・淡路大震災当日の情報ニーズ（東京大学社会情報研究所，1996）

会情報研究所が震災直後に神戸市と西宮市で行った住民アンケート調査をみると，どちらの都市でも「家族や知人の安否」が知りたかった情報の第2位と高い割合を占めていた（図3.2）．このように，地震発生直後には安否情報に対するニーズが非常に強く生じるということがわかる．

　安否情報を知るための手段はいろいろあるが，家族，友人などの安否情報を知りたいわけだから，遠隔地にいる場合には「電話」がいちばん速くて確実な確認の手段だといえる．しかし，大災害発生直後は，全国からいっせいに電話が被災地に向かって殺到するために，「輻輳」といわれるパンク状態になり，ほとんど通じないという状態が数日間続くことが少なくない．そこで，大規模災害のときには，安否情報へのニーズにこたえるために，ラジオ，テレビ，新聞，ミニコミ，チラシなどを使った安否情報の提供も行われている．

(2) 安否放送の現状と問題点

　安否情報の提供は，マスメディアの発達する以前には，口コミやビラ，チラシなどを使って行われていた．関東大震災では，どの避難所でも生き別れになった家族を捜す人々の群が見られたという．上野公園の西郷像などが尋ね人の張り紙でいっぱいになったり，地震数日後から発行されはじめた新聞には家族からの連絡を尋ねる広告が満載されたという．また，東京大学の末広厳太郎教授をリーダーとする学生ボランティアグループが「東京罹災者情報局」を設立し，離ればなれになった被災者の安否情報を収集し提供した，という有名なエピソードもある[1]．

　第2次世界大戦直後，ラジオでは復員兵に関する尋ね人の放送があったが，5,000人以上の犠牲者を出した1959年の伊勢湾台風では，行方不明者に関する尋ね人の放送が行われた．これが，ラジオでの安否放送の始まりだといわれている．本格的に安否放送が行われたのは，1964年の新潟地震が最初である．このときNHKと新潟放送が「尋ね人放送」として安否放送を行った．地震後1週間の間にNHKでは3,000件，新潟放送で5,000件の安否情報が放送された．その後，1978年の宮城県沖地震，1982年の長崎水害，1983年の日本海中部地震，1993年北海道南西沖地震，1995年の阪神・淡路大震災でもラジオを中心に安否放送が行われ，視聴者から高い評価を受けてきた．

　1995年の阪神・淡路大震災では，ラジオに加えて，テレビ，新聞，ミニコミ，パソコン通信，インターネットなど，多様なメディアを使って安否情報の提供が行われた．とくに，ラジオ放送は，被災地域の住民の安否に関する情報を長時間にわたって提供し，情報ニーズにこたえる努力をした．震災直後，被災地域を対象に災害情報を提供したラジオ局は，AM局ではNHK第1，AM神戸（ラジオ関西），朝日放送，毎日放送，ラジオ大阪の5局，FM局ではNHKFM，KissFM，FM802，FM大阪，FM 796（フェニックス），FMヨボセヨ（神戸市長田区）の6局だった．

　NHKラジオでは，第1放送とFMの2波で震災関連情報を提供した．1月

17日から1ヵ月間の災害放送時間は，ラジオ第1が450時間，FMが162時間30分に達した．NHKFMでは1月17日から30日まで2週間にわたって，安否情報の放送を延べ126時間55分にわたって継続的に放送し，約3万件をこえる安否情報を提供した．

　民放ラジオで安否情報をもっとも積極的に提供したのは，神戸市にあるAM神戸（ラジオ関西）だった．AM神戸は「被災地からのSOSを伝えるホットライン」という基本コンセプトで，安否情報については，どの局よりも早く，当日の午前8時から放送を開始し，リスナーからは高い評価を得た．普段はリクエスト等に使う着信専用電話7台を利用して17日の午前8時の段階から安否情報を受けつけはじめた．放送の内容は「私は無事です．○○さんは大丈夫ですか．×××－××××に電話して下さい」「△△にいますから連絡してください」などといったもので，20日の午前3時まで断続的に続けた．この間，毎時間ごとの放送内訳は，正時から10分間ニュースを行い，20～30分くらいラジオカーからの中継があり，残りの20～30分間を安否情報にあてるという形で放送を行った．この安否放送の反響はきわめて大きく，受付の電話は常に鳴りっぱなしであったということである．

　このように，ラジオ放送は，安否情報の伝達メディアとしてこれまで大きな役割を果たしてきたが，問題点と限界も明らかになってきた．すなわち，大都市圏での震災の場合．安否情報へのニーズがあまりにも膨大になるため，ラジオ放送枠をいくら増やしても，その需要に応じることは不可能，放送は1回かぎりの情報伝達で，本当に必要としている人が放送された時間に聞いているとは限らない，地元ラジオ局に寄せられる依頼情報は，地元の人からがその大半を占め，リスナーも地域の人に限られるので，全国の人からの情報ニーズには必ずしもこたえることができず，被災地域の人々の無事情報を全国に伝えることが難しい，など多くの問題点があり，安否情報の伝達手段として放送メディアには明らかに限界がある．

(3) 電話による安否情報伝達

こうした放送の欠陥を補ってくれるのは，なんといっても電話である．もともと安否情報は，個人の無事や被害状況に関する「個人情報」であり，その伝達手段として最適なのは，本来パーソナルメディアである電話である．ただ，阪神・淡路大震災などの大規模災害時には，電話が輻輳して，なかなか通じないために，それを補完する手段として，ラジオ放送が使われたのである．

いろいろな調査をみると，最近の大地震のときに，発生当日および数日間は，電話が輻輳状態になっていたことがわかっている．たとえば，1995年の阪神・淡路大震災では，当日の午前9時前後から午後7時頃にかけて，通常の15～20倍ものトラヒック（通話）が殺到した（図3.3）．2001年3月に発生した芸予地震においても，東京大学社会情報研究所の調査によれば，地震当日，被災地域では6～8割の人がいくら電話をかけても通じない状態にあったという．と

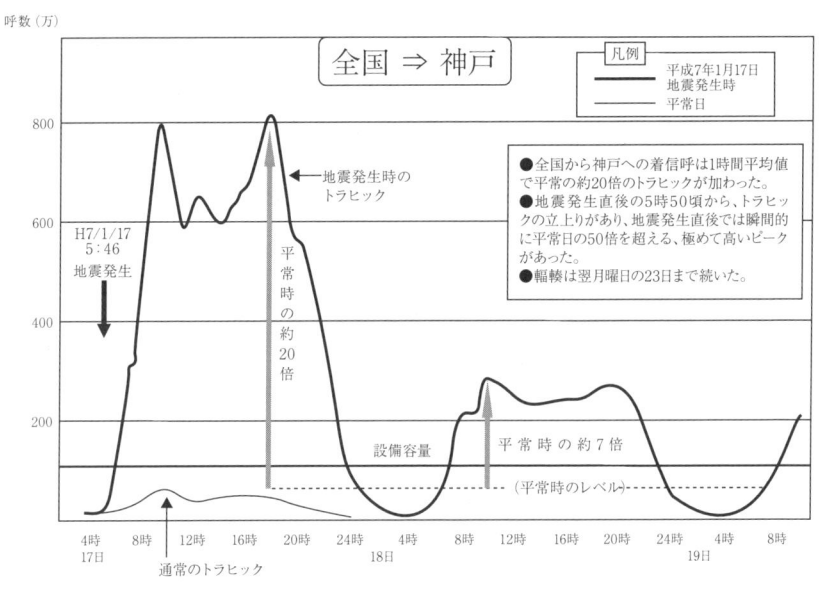

図3.3 阪神・淡路大震災当日，全国から神戸への通信状況（固定電話）

出典：NTT東日本，2004,「NTTグループの災害対策」より

3章 ハイリスク社会の災害と情報

くに，いま急速に普及している携帯電話が固定電話以上にかかりにくかったという，きわめて由々しき状況にあった．

そこで，NTTでは，とくに阪神・淡路大震災の教訓にもとづいて，輻輳状態にあるときでも被災地域の人々と全国の家族，友人との安否連絡がスムーズにとれるように，一種のボイスメール（留守番電話サービス）である「災害用伝言ダイヤル」のサービスシステムを1998年から開始した．災害用伝言ダイヤルとは，「被災地内の電話番号をメールボックスとして，安否等の情報を音声により伝達するボイスメール」のことである．具体的な仕組みは，被災地の自宅電話番号の末尾3桁をNTTのネットワークが自動判別して，全国約50ヵ所に配置した伝言蓄積装置に接続し伝言を預り，再生時も自動でこの伝言蓄積装

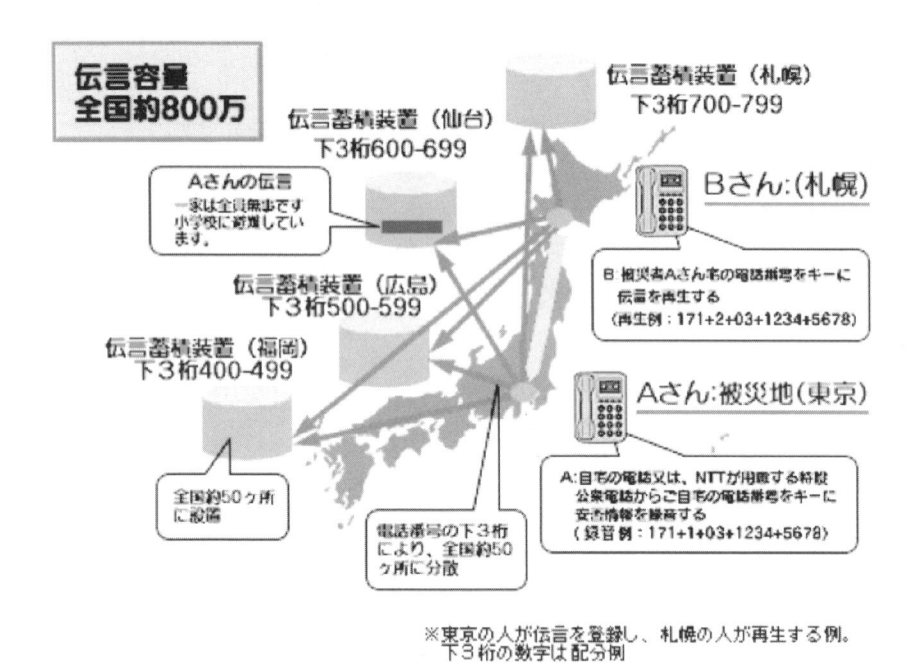

図3.4　NTT災害用伝言ダイヤルの仕組み

出典：NTT東日本，http://www.ntt-east.co.jp/voiceml/intro/index.html

置に接続するというものである．伝言蓄積装置を全国に分散することにより，電話が1ヵ所に殺到することによる「輻輳」を回避することができ，安否情報のスムーズな伝達が可能になるという仕組みである（図3.4参照）．

しかし，災害用伝言ダイヤルは，その後の大規模災害時に必ずしも有効に使われてはいないようである．たとえば，東京大学社会情報研究所の調査によると，災害用伝言ダイヤルを利用した人は，芸予地震（2001年3月）では1.2％，宮城県沖地震（2003年5月）で2.1％，宮城県北部地震では1.1％というきわめて低い率だった（中村，2004）．あまり使われていない理由としては，NTTのPR不足やNHKなど放送での告知があまり行われていないために伝言ダイヤルの存在自体が一般の人々に知られていないこと，サービス開始以降，阪神・淡路大震災のように災害直後に行方不明者が数千人以上のオーダーに達する大災害がまだ起きていないこと，などをあげることができる．今後，災害用伝言ダイヤルが開設されたときには，必ずNHKなどのマスコミが積極的に周知をはかるといった取り組みが必要だと思われる．

(4) 携帯メール，インターネット，デジタル放送の安否情報掲示板

阪神・淡路大震災のあと急速に普及しつつある携帯メール，インターネット，デジタル放送などのニューメディアは，情報の蓄積性，検索性，速報性が高いので，安否情報を伝達するメディアとしては電話以上にすぐれた特性をもっている．

携帯メールは固定電話，携帯通話にくらべると，災害時の輻輳にも比較的強く，東京大学社会情報研究所の調査によると，芸予地震の当日，固定電話がすべて通じたという人が5.4％，携帯通話がすべて通じた人が4.5％にすぎなかったのに対し，携帯メールでは14.8％の人が「すべて通じた」と答えていた．このように，携帯メールは災害時でも通話に比べるとつながりやすいという傾向がみられる．2004年には携帯メールに対する通信規制を音声とは独立されて行うことで，さらに疎通を改善するという対策が施されており，災害時に携帯

メールは有力な安否情報伝達メディアとして活用されることが今後とも期待される．

　また，インターネットや携帯ウェブ上でも，安否情報を専門に伝えるための「伝言掲示板」サービスが次々と始まっている．たとえば，情報通信研究機構（旧：通信総合研究所）では，被災者の安否情報をインターネット上の複数の組織で収集・蓄積し，その情報の検索サービスを提供するためのシステム（IIAと呼ばれる）を開発し，毎年1月17日にウェブ上で情報伝達訓練を実施している他，有珠山・三宅島噴火災害のときには，避難者向けにIIAのサービスを提供した．

　さらに，2004年1月からは，NTTドコモが携帯ウェブサイトを活用した「iモード災害用伝言板サービス」を開始した．これは，大規模災害発生時に被災地周辺の住民に自分の安否情報を書き込んでもらい，家族や友人知人が全国どこにいても，携帯ウェブ機能つき携帯電話またはインターネットを通じて相手の携帯番号で検索し，書き込まれた安否情報を確認できるという仕組みである[2]．災害時の輻輳による影響を抑えるために，音声通話とパケット通信を独立させて別々にコントロールすることにより，伝言板サービスへのアクセスがより円滑になるような仕組みも同時に導入した．このため，大規模災害時には，安否情報伝達の手段として大きな効果を発揮することが期待されている．このiモード災害用伝言板は，2004年7月の新潟・福井集中豪雨災害や9月の台風21号災害，11月の新潟県中越地震でもさっそく運用された．また，平常時における周知と利用能力を高めるために，同年10月から毎月1日を体験デーとして，災害用伝言ダイヤルとiモード災害用伝言掲示板の体験サービスを提供し，利用者の啓発に力を入れている．

生活情報の伝達と情報メディア

　大都市圏で震度6クラスの巨大地震が起きると，ライフラインが大きな損傷を受け，市民は生活のすべての面にわたって大きな支障をきたすようになる．

停電,断水,ガス停止,交通機関マヒなどが長期間にわたって続くと,生活維持と復旧に関する「生活情報」への強いニーズが生じる.1995年の阪神・淡路大震災は,その典型的な事例であった.ここでは,筆者が阪神・淡路大震災において,各種のメディアでどのような生活情報が提供されたかを詳しく分析した結果を中心に,災害時の生活情報と各メディアの役割を検討することにしたい.

(1) 新 聞

分析したのは,地元紙である神戸新聞が連載した「がんばれ-震災関連情報」,および毎日新聞大阪本社が連載した「希望新聞」で,震災直後から3月31日までの両紙面の内容分析を行った.その結果,次のような点が明らかになった.

まず,神戸新聞の生活情報において記事面積が群を抜いてもっとも大きかったのは,交通関連情報である.希望新聞やミニコミと比べても,ケタ違いに大きなスペースを割いており,神戸新聞の提供する生活情報の中で交通情報がとりわけ重視されていたことをうかがわせる.希望新聞の場合には,各種相談に関する情報の掲載量がもっとも大きいという結果が得られた.相談記事の中では,住まいに関する相談がもっとも多く,法律,行政サービス,心のケアに関する相談がこれに続いている.

この他の項目で比較的多く取り上げられたものとしては,神戸新聞では読み物,住まい,イベント,教育,義援金,商店営業,ライフライン,ボランティアに関する情報があり,希望新聞では,住まい,イベント,生活の知恵,無料配布,ボランティア,入浴情報などがある.教育に関する情報は,両紙ともかなりスペースを割いており,他の媒体にはない特徴といえる.また,神戸新聞で比較的充実していた内容としては法律相談があり,希望新聞で好評だった企画にはきめ細かな入浴情報がある.一方,FAX情報など他の媒体とくらべて不十分だったと思われるのは,ライフラインに関する復旧情報である.とくに,

復旧の遅れたガスや水道に関しては，町丁名，復旧戸数などを明示したミクロな情報があってもよかったのではないかと思われる．

(2) ミニコミ紙

　阪神・淡路大震災では日常の生活環境が破壊され，こまごまとした生活上の情報ニーズが発生した．それに対応するためにボランティア団体，避難所組織，政党，企業，行政機関，新聞社などさまざまな組織が各種のミニコミ紙を発行した．避難所を中心に，ボランティア，被災者，学校の生徒などがさまざまなミニコミ紙を発行し，地域に密着した生活情報を提供して被災住民から高い評価を受けた．たとえば，ピースボートが神戸市長田区で1月26日から3月9日まで毎日発行し続けたミニコミ紙『デイリーニーズ』は，震災で甚大な被害を受けた長田区の住民に対して，自前の取材による生活情報，街ダネ，ルポなどのきめ細かな情報を提供し，被災地住民を大いに勇気づけた．

　内容分析の結果，ミニコミでもっとも多い記事数だったのは各種相談であった．すなわち，『六甲ステップ』『神戸大学新聞号外』『生活情報』『中央なんでもかわら版』『ライフライン』『読売移動支局号外』の6紙で各種相談がもっとも多かった．これは時期的な変動はなくコンスタントに取り上げられた記事であった．各種相談の中で多いのは医療，心のケア，住まい，外国人，教育，保険，税金，福祉，法律などの分野である．これらの分野では，被災者の抱える問題がさまざまで，また専門的知識も要求される．これらはミニコミでは扱いきれない情報なので専門機関の相談窓口に下駄を預けたといえるだろう．次に多かったのは「住まい」「入浴」「医療」などに関する情報である．「住まい」の内訳では「避難所・一時受け入れ」がほとんどのミニコミでももっとも多かった．被災地外の各自治体や個人提供のホームステイなどがいち速く用意でき，また紹介された物件であった．また時期的に受験シーズンであったために受験生の被災者受け入れも紹介された．「入浴」情報へのニーズは，家屋被害も影響しているが，主に断水とガスの停止というライフラインの欠損によって

引き起こされた．遅いところでは3月の末から4月まで断水やガスの停止が続いた．寒い季節であったから夏季よりは入浴のニーズは少ないが，疲労回復と清潔さを保つ点で日本人には入浴は欠かせない生活習慣であった．新聞やラジオなどでも営業している銭湯を丁寧に紹介していたが，ミニコミでもかなり紹介している．「医療」情報は地域で診療可能な医療施設の紹介がメインである．地震によるケガなどもあるだろうが，被災者各人のかかえる医療上の問題を解決しなければならないので各種の医療機関が紹介された．また食物アレルギーを抱える子供のために専用の食料の提供や，糖尿病の人のための医薬品の提供などもしばしば取り上げられている．

またミニコミによっては取り扱っていないものがあるが，扱っているメディアでは多く載っている情報として「商店営業」「コインランドリー」「炊き出し」「無料配布・無料サービス」「イベント」「ボランティア」などがある．特定のミニコミだけがよく取り上げている記事の中で注目されるものとしては，『中央なんでもかわら版』のリサイクルの記事があげられる．多くの人が震災で家財道具を失ったり避難先で必要なものがある．その一方で，倒壊家屋の中から使えるものが出てきたり，引っ越しや立て替えなどで不要品が出る．とくに洗濯機などは避難所で不足しがちなので重宝したことであろう．ミニコミらしい観点からの情報である．

朝日新聞の豊城邦民氏は，阪神・淡路大震災においてミニコミ紙の果たした役割として，① 地域に密着した実際に役立つ生活情報を提供したこと，② 救援物資の状況と配給情報を知らせ，滞っていた物資の流れを円滑にする調整の役割を果たしたこと，③ ボランティアの派遣・振り分けをし，行政とボランティアの橋渡し役を果たしたこと，④ 被災者を励まし元気づけたこと，⑤ ボランティアが被災者とコミュニケーションをはかるきっかけ，交流の場をつくり，被災者同士が心をふれ合う橋渡しをしたこと，などをあげている（朝日新聞社，1996）．ミニコミ紙はマスメディアがフォローできないきめ細かな地域密着情報の提供を通じて，「情報空白域」を埋める役割を果たしたのである．

(3) 行政広報紙

　各行政広報紙が共通してよく伝えた情報は,「各種相談」「住まい」「融資」「医療」などであった．他のミニコミと違うのは融資に関する情報がよく取り上げられている点である．行政広報紙が伝えた生活情報には大きく分けて2つの種類がある．第1は,行政機関自身が行う施策についての情報である．これは通常の広報紙の姿勢の延長上にある．筆者の調査では兵庫県の『震災ニュース』や神戸市の『こうべ地震災害対策広報』がこうした姿勢をとっていた．したがって県や市の対策は住宅,融資,福祉,行政サービスなどを中心によく伝えられていたといえるだろう．また同じ医療にしても保健所や公立病院などによる救護所の設置や健康診断の情報が中心となる．行政広報紙の伝えた情報の第2は,行政機関がその専門能力や立場を利用して集めた情報を伝えることである．たとえば,県生活科学センターの『生活情報ファックスネット』は普段から行っている消費者相談で取り扱ってきた項目（家電製品,保険,悪徳商法）などについて,そのノウハウを利用してよく伝えていた．

(4) ラジオ放送

　ラジオは災害時に被災地域住民にとって必要とされる情報を迅速に伝達するメディアとして重要な役割を果たすことが従来から指摘されてきたが,阪神・淡路大震災においても,被災者を中心に多様な災害関連情報を提供し,高い評価を得た．

　震災直後,被災地域を対象に災害情報を提供したラジオ局は,AM局ではNHK第1,AM神戸（ラジオ関西）,朝日放送,毎日放送,ラジオ大阪の5局,FM局ではNHKFM,KissFM,FM802,FM大阪,FM796（フェニックス）,FMヨボセヨ（神戸市長田区）の6局である．

　どのラジオ局でも,震災直後から情報ニーズの変化に応じて,提供する情報内容が時間的経過とともに,ほぼ3段階にわたって変化している．第1段階は地震当日をピークとする情報で,地震や余震に関する情報,被害に関する情報,

被害軽減と二次災害防止のための緊急対応を指示する情報などが中心であった．第2段階は，当日の午後以降に情報ニーズが急増したもので，安否情報，救命・救援に関する情報である．第3段階は，翌日以降にニーズが高まった情報で，ライフラインを中心とする生活情報である．とくに阪神・淡路大震災では，被災地域で都市生活機能が壊滅的打撃を受けたため，広範囲にわたる生活領域で膨大な情報ニーズが発生した．地元ラジオ局では，こうした生活情報を積極的に提供した．

NHKでは，ラジオ第1とFMの2波で震災関連情報を提供した．1月17日から1ヵ月間の災害放送時間は，ラジオ第1が450時間，FMが162時間30分に達した．ラジオ第1では，1月20日から3月17日までの約2ヵ月間，神戸市役所内に臨時スタジオ「生活情報放送センター」を設け，ライフラインの被害と復旧の状況，医療機関の開設状況，交通情報，各種相談窓口などの生活情報を詳細に伝えた．また，NHKFMでは1月17日から30日まで2週間にわたって，安否情報の放送を延べ126時間55分にわたって継続的に放送し，約3万件をこえる安否情報を提供した．このうち，NHK大阪放送局が近畿ブロック向けに放送したラジオニュース中の生活情報を1月17日から2月28日まで内容別に分析したところ，総本数539本のうち，「交通情報」（鉄道，バス，道路などの被害，復旧情報）が176本で他の情報にくらべて群を抜いて多かった．「住宅，避難所情報」（63本），「学校，教育情報」（48本），「ライフライン情報」（33本），「医療情報」（30本）がこれに続くが，いずれも交通情報にくらべると桁違いに少ない．また，ミニコミで多かった「店舗の営業情報」は15本にとどまり，被災者のニーズの高かった入浴（おフロ）情報はわずか4本にすぎない．被災地向けのニュースは，必ずしも被災地域住民の情報ニーズを反映したものとはいえなかったようである．ただし，この分析は近畿ブロック向けの放送だけを対象にしており，全国放送分は含まれていない．

地元民放ラジオも，地震直後から被災地向けに災害情報を継続的に提供し，被災者から高い評価を得た．AM神戸（ラジオ関西）は「被災地からのSOSを

伝えるホットライン」という基本コンセプトで，被災した人たちに向けた「救命・救援放送」，被災者が必要な生活情報の提供を心がける震災報道を2ヶ月以上にわたって続けた．

KissFM Kobe（兵庫エフエムラジオ）では，独自の取材力を持たないため，NHKなど他局や新聞社から情報を入手して，これを日本語だけでなく外国語にも翻訳して被災地向けに災害放送を続けた．木樽（1997）の分析をもとに，KissFM Kobeで放送された生活情報の内容を再分類してみると，本数の多い順に，「交通情報」（359本），「教育情報」（355本），「店舗等の営業情報」（348本），「ライフライン情報」（177本），「義援金」（118本），「医療情報」（90本）などとなっている．NHKと同様に交通情報がもっとも多く，教育情報や営業情報もこれに匹敵するくらい多く提供されていた．これにくらべると，住民からのニーズの高かったライフライン情報や医療情報はかなり少ないという，NHKと同様の傾向がみられる．

FMフェニックスは，NHKの技術協力を受けて，兵庫県災害対策本部が2月15日から3月31日までの間，臨時に開設した災害放送専門のFM局である．毎日正午から午後8時までの8時間，被災地域全域に向けて，行政情報，救援情報，生活情報を提供した．提供された情報の内訳をみると，のべ総件数2,093のうち，もっとも多かったのは「イベント情報」の236件で，「ライフライン情報」（202件），「道路・交通情報」（170件），「各種相談」（168件），「住宅対策」（152件）がこれに続いている．

3．高度ネットワーク社会の脆弱性

大きな災害や事故が発生したときに，各種のメディアを中核とする社会情報システムは，脅威にさらされた人々に対して，予知情報，警報，被害情報，安否情報，普及（生活）情報などを迅速かつ適切に提供することによって，被害の軽減をはかる上に貢献するが，他方では，こうした社会情報システムそのものが災害や事故に遭遇することによって，大きな社会的影響を引き起こすこと

もある.

　われわれの社会が情報通信ネットワークへの依存を強めれば強めるほど,ひとたび情報通信ネットワークの基幹部分に大きな災害や事故などが起こると,それが社会に及ぼす影響も大きなものになる.それが「ネットワーク社会の脆弱性」と呼ばれる問題である.

　こうした脆弱性を克服するための一つの対策として,実際に大きな事故,災害が起こったときに,その原因,被害と影響の実態,復旧と対策,問題点などを詳しく調査研究し,そこから教訓を引き出すとともに,災害や事故に強いネットワークシステムのあり方を考察することが要請されている.本章では,過去20年間に起こったいくつかのネットワーク関連事故の事例を詳しく検討することによって,ネットワーク社会の脆弱性を規定する諸要因を解明し,今後の対策への手がかりを探ることにしたい.

世田谷電話ケーブル火災事故(1984年11月)
(1) 事故の概要

　1984年11月16日(金)午前11時47分,世田谷電話局前の洞道(共同溝)内で火災が発生し,17時間にわたって燃え続け,洞道内のケーブルが大きな損傷を受けた.このため,世田谷電話局内の一般加入電話88,817回線,公衆電話1,377回線,専用・特定通信回線等3,000回線,データ通信設備サービス74回線などが不通となり,世田谷区と目黒区の一部では3日〜10日間にわたって,一般の電話やオンライン回線が使えないという状態が続いた.このケーブル火災で電話が不通になった地域は,世田谷区の三軒茶屋を中心とする商業,文教,住宅地区である.この地域には,銀行の事務センター,区役所,大学,病院など重要施設があり,社会経済活動や市民生活に少なからぬ影響を及ぼした.

　電電公社(現NTT)では事故発生直後に災害対策本部を設置し,衛星通信回線などを利用した応急仮設電話の設置や重要加入電話の復旧,隣接電話局の余裕回線の一時的利用,可搬型無線機によるオンライン回線の確保,臨時回線

の敷設などの応急復旧対策をとりながら，本格復旧作業を進めた．その結果，警察，消防などの重要加入電話が17日に約8割回復した他，オンライン回線は19日までにほぼ復旧し，また一般加入電話も24日までにほぼ100%復旧するに至った．

(2) **オンライン回線不通による影響**

　世田谷ケーブル火災でオンライン回線が不通になった地域には，三菱銀行や大和銀行などの事務センターがあり，これらのセンターでは全国の本支店，出張所との間でオンラインによるデータ交換ができなくなってしまった．このため，三菱銀行では一時オンライン業務がストップし，CD（現金自動支払機）やATM（現金自動預け払い機）が使用できなくなった．大和銀行でも，首都圏を中心に63店舗でのオンライン業務に支障をきたした．また，世田谷区と狛江市の一部の郵便局でもオンライン業務が一時ストップした他，第一勧業銀行，住友銀行，三和銀行などの一部支店でもオンライン機能に障害が発生した．

　このうち，三菱銀行の東京事務センターでは，事故当時，全国の243ある営業店との間を電電公社の専用データ通信回線（559本）で結び，預金・手形決済・融資などに関するデータをオンラインで交換していた．そのデータ通信回線がケーブル火災で使えなくなり，一時的にオンライン業務を中止せざるを得なくなった．また，金融機関相互間のデータ通信を統括する全国銀行データ通信システム（全銀システム）やBANCS（都市銀行13行の共通CDシステム）のネットワークとも接続できなくなってしまった．このため，営業店のCD，ATMが使用できなくなった他，オンラインでの為替業務などにも支障をきたした．

　同行では以前からオンライン障害時を想定したマニュアル対応の体制を整えていたが，事故覚知の30分後には，全営業店に対してマニュアル対応への切り換えを指示，行員は暗証番号の確認などを含めて電話利用や窓口対応に切り換えて業務を継続した．マニュアル対応には時間がかかるため，当日は窓口業務

を午後6時まで3時間延長し，また手形などの不渡り返済期限を19日午後3時まで延長するという措置もとった．さらに，各営業店での業務遂行に必要な事故直前までの取引データを営業店別にコンピュータから打ち出し，マイクロフィルムなどのファイルにして全営業店に送るという応急措置も講じた．

電電公社では社会的影響の大きさを考慮してオンライン回線の復旧を優先的に進めた結果，翌17日（土）の午前中までに電電公社の無線中継車を使って東京，大阪の事務センター間のデータ通信回線が確保され，これによって名古屋以西の49店および東日本の8店との間でオンライン業務が再開された．また，東京事務センターとBANCS，全銀システムとの間にも臨時中継回線が接続され，17日の始業時から利用可能になった．

その後，東京事務センターから隣接の弦巻電話局を迂回する臨時データ通信回線の工事を進めた結果，事故発生から5日目の20日（火）朝には，全国243店でのオンライン業務がほぼ平常通りに復旧するに至った．本来の回線が使えるようになったのは，24日のことである．

この事故によって三菱銀行が受けた損失は，手作業に要した人件費，臨時の事務費などを合わせて少なくとも100億円をこえる額に達したものと推定されている．事故の発生が週末の金曜日であり，かつ，電電公社がデータ通信回線の復旧を最優先で進めたため，銀行の被害は比較的少なくて済んだといえるが，もしこれが平日に起きていたり，復旧がもう少し遅れていたとしたら，その被害や社会的影響は桁違いに大きなものになっていたかもしれない．

(3) 一般事業所への影響

8万9,000回線に及ぶ一般加入電話回線やデータ通信回線の不通でもっとも深刻な影響を受けたのは，世田谷区内の企業や商店など一般の事業所である．

未来工学研究所が不通区域内の1,224事業所（有効回収772）を対象として行った調査によると，電話不通でいちばん困ったことは，「注文や予約の受け付けができなかったこと」(33%)であり，「顧客や得意先との連絡ができなかっ

たこと」(27%)がこれに次いで多かった．これは情報の着信，連絡面の不便さであるが，「商品，原材料などの発注ができなかった」という情報発信面の不便さをあげた事業所は10%と比較的少数にとどまっていた．

　電話不通による影響は業種によってかなり異なることが同調査によって明らかにされている．これを不通期間中の売上げ・顧客数の減少率でみると，減少率がもっとも高かったのは「情報関連サービス」であり，5割以上減少した事業所が46%にも達した．これは，サービスそのものの通信依存度が高かったためであろう．その次に減少率の高かったのは「飲食サービス」である．これは，電話による注文・予約の受け付けができなくなったことの影響が大きいと考えられる．とくに，酒屋，米屋，そば屋など電話での注文・予約に大きく依存している店は深刻な影響を蒙った．これに対して，医療サービスや印刷・出版など電話への依存度がそれほど高くない業種では，売上げ等の減少率も比較的低かった．

　こうした電話不通という緊急事態に事業所ではどのような対策を講じたのであろうか．

　電気通信総合研究所（電総研）が不通区域内の400事業所（有効回収389）を対象として行った調査によれば，いちばん多かった対策（11月18日以前の段階で）は「仮事務所の設置」(26%)であり，「直接出向く」(21%)，「仮設電話の利用」(13%)などがこれに次いで多かった．これは自由回答の集計結果であったが，同調査ではこれとは別に，複数選択方式で発信，着信別に代替連絡行動の有無を聞いている．これによると，発信行動で比較的多かったのは「仮設電話の利用」(93%)，「ふだんは電話で済ませる用件を，直接相手方まで出向いて伝えた」(61%)，「通信可能地域に出かけて電話をした」(55%)などであり，受信行動では「ふだんは電話で済ませる用件で，相手方が直接来訪した」(69%)，「伝言取り次ぎサービスで連絡を受けた」(45%)，「電話の代わりに郵便が来た」(35%)などが比較的多かった．

　ここで，「仮設電話」と「伝言取り次ぎサービス」ということばが出てきたが，

これはいずれも電話不通に伴って電電公社が臨時の代替通信手段として提供した応急サービスである．電電公社では，事故直後の16日午後3時すぎ，世田谷電話局前などに衛星回線などを利用した2台の仮設電話を設置し，地域住民に無料で開放した．その後，区役所，警察署前，街頭，駅前などにも増設し，計93ヵ所に合計799台設置された．また，伝言取り次ぎサービスは，不通区域外からの連絡や不通区域内での相互連絡を可能にするために，11月19日（月）から25日（日）まで，毎日午前8時30分から午後10時まで実施されたサービスである．具体的には，電電公社駒場通信学園の視聴覚室に50台の受信専用電話と5台のファクシミリを設置して「伝言受け付けセンター」を開設，受け付けた伝言をメモにして，係員が自転車，車，徒歩などで相手先まで無料で「配達」してくれるというものであった．受け付け件数は，25日終了時までに合計1万9,000件に達したという．

しかし，仮設電話はおもに発信用にしか使えず，伝言受け付けサービスは着信専用であるため，事業所ではこれらの代替メディアだけでは十分ではなく，仮事務所を設置したり，直接相手先に出向くなど，他の手段に依存する割合が高かったというのが実情であろう．

(4) 一般住民への影響

電話の不通は，ふだんの生活で電話に慣れ親しんでいる一般の人びとにも少なからぬ影響を与えた．未来工学研究所が住民683名を対象に行った調査によると，電話が不通になって気になったこと，あるいは不安になったことは，第1に，「自宅や近所で火災や犯罪がおきた東京に，消防署や警察に通報できないこと」（66％），であり，次に「急病人がでた時などに，病院や119番に連絡できないこと」（62％）であった．つまり，緊急時の連絡がとれないことへの不安がもっとも強かったのである．また，「つとめ先や外出先から自宅に連絡がとれないこと」（58％），「別に住んでいる家族や親戚との間で連絡がとれないこと」（54％）など，家族・親戚間の連絡がとれないことへの不安もかなり

強かったことがわかる.

　これは心理レベルでの不安の内容であったが，実際に起きて困ったことは，これとはかなり違う回答分布を示している．実際に困ったこととしては，「勤め先や外出先から自宅に急ぎの連絡をしようとした際」(43%)，「別に住んでいる家族や親戚との間で急ぎの連絡をとろうとした際」(41%)，「友人・知人などに急ぎの連絡をしようとした際」(36%)などが比較的多かった．外部から自宅に電話できなくて困ったのは自営業者，男性の勤め人，家庭に弱者のいる人に比較的多く，友人・知人と連絡をとれずに困った人は，20代以下の若い世代に比較的多いという傾向がみられた．一方，実際に火災・犯罪・急病など緊急時の通報ができずに困ったという人は，パーセントとしてはきわめて低かったものの，中には「妻が脳溢血の発作を起こし連絡に困った」という深刻な事態を体験した人もおり，影響としては無視できないものがある．また，60歳以上の一人暮らしの老人の場合，その約4割が「電話で話ができず淋しい思いをした」と訴えるなど，電話の不通が心理面で無視できないさまざまな影響を及ぼしていたことを示している．

　一方，電話が不通になってかえってよかったという，思わぬ効用を感じた人も少なからずいたことは注目に値する．電気通信総合研究所が不通区域内の住民400名（有効回収364名）を対象として行った調査によると，全体の約74%の人は電話が不通になってよかった点があったと感じていた．よかった点としては，「電話の大切さがよくわかったこと」(47%)をあげる人がもっとも多く，「電話勧誘やイタズラ電話がこないこと」(35%)がよかったという回答も比較的多かった．前者は，電話がテレビと同じように日常生活の中にすっかりとけ込み，必需品になっていることを，不通事故のおかげで再認識させてくれたということであろう．また後者は，迷惑な電話公害から一時的にせよ解放されたことで安堵感を覚えたということであろう．

　それでは，電話が使えなくなったときに，人びとはどのような代替手段を利用したのであろうか．電総研調査では，情報の発信，受信別に利用した代替手

段を聞いている．それによると，電話が不通になっている間に，いつもなら自宅の電話で連絡する用件について，「仮設電話を利用した」人が64％でもっとも多く，「自分で通話可能地域まで行って，そこの電話を使った」人（31％），「直接相手を訪問した」人（29％）がこれに次いで多かった．しかし，電電公社の伝言取り次ぎサービスを発信手段として利用した人はわずかに1％しかなかった．一方，自宅で連絡を受ける手段として電話の代わりにもっともよく使われたのは，「直接訪問されて」（23％）というものであり，「手紙」（17％）がこれに次いで多かった．また，電電公社の伝言取り次ぎサービスを受けた人も約12％いた．このように，電話が使えなくなったときに，かなりの人びとは，直接相手と会ったり，手紙を出したりするなどの伝統的なコミュニケーション手段によって，不便さをしのいでいたのである．

次に紹介する事例は，1998年に大阪で起こったNTT回線事故とその社会的影響である．

NTT専用回線事故（1998年10月）

(1) 事故の概要

1998年10月28日（水）午前10時7分，大阪を中心に日本電信電話（NTT）の専用回線がダウンし，関西各地の公共施設，企業などで電話が使えなくなるという事故が発生した．大阪府東淀川区にあるNTT東淀川ビル内の中継施設で専用線設備にトラブルが発生したのが原因で，関西地域の専用回線1万9,000回線（うち専用線1万4,000回線，パケット5,000回線）が一時不通となり，3,239社にのぼるユーザーが影響を受けた．そのユーザーには，多くの重要な公共施設も含まれ，関西空港，大阪空港といった空港施設（航空回線101回線に障害），大阪府警，兵庫県警といった警察（113回線に障害），大阪市消防局，吹田消防署などの消防（6回線に障害）から，大阪証券取引所，銀行，スーパーといった金融・流通系まで，広範囲にわたり専用回線が不通になり，都市のネットワーク機能が遮断されるという事態に陥った．たとえば，関西空港で

は，航空管制が影響を受け，飛んでいる飛行機との連絡が一時とれなくなったため，航空便を減らす「間引き運用」がなされた．また，大阪府警では，110番が不通になり，住民からの110番通報が受けられない事態となった．吹田消防署でも119番が不通になるという事態が発生している．いずれも，110番，119番電話がすべて鳴りっぱなしになり，どれをとっても無音であるという「無音電話」の現象が発生した．さらに銀行では，オンラインのATM端末が停止して利用不能となった．このような現象が関西のさまざまな施設・企業で見られ，この混乱は約10時間後にNTTの回線設備が復旧するまで続いた．

　事故の原因は，NTTの中継局であった東淀川ビル内の電源装置の故障であった．NTTの発表によれば，東淀川ビルにある「中継用専用装置」が故障したため，それと同一電源系統の他システム（「電話線加入者線試験装置」）のヒューズを抜いたところ，一部コンデンサが給電回路からはずれ，それにより故障した装置の給電回路が発振状態となり，装置内の電圧変動を引き起こした．電圧変動により中継用専用装置が電源スイッチのオン・オフを激しく繰り返したことにより，異常が発生し，装置内のメモリが破壊され，中継専用装置が停止したため，この中継局を経由していた専用回線が不通になったのである．

(2) 事故の社会的影響

　この専用回線事故は，航空管制業務，銀行や証券取引所など金融機関のオンライン業務，警察や消防局の緊急通報システムなどに大きな影響を及ぼした．ここでは，航空管制，銀行業務，警察の110番業務への影響について，筆者らの研究チームによる聞き取り調査の結果をもとに，その概要を解説する（詳しくは，三上・中村・福田，1999を参照）．

① 航空管制

　航空機は，全国に4つある航空交通管制部（ACC）によって空域ごとに分けて管制されている．飛行機の管制にはさまざまな情報通信が必要である．具体的には，① 管制官とパイロット間の音声通信（RCAG），② 航空路における位

置をとらえるレーダー（ARSR/SSR）情報の伝達，③ 飛行場周辺の飛行機の位置をとらえるターミナル・レーダー情報（ARTS）の周辺空港への伝達，④ 飛行計画に関する情報（飛行計画情報処理システム：FDP）を航空交通流管理センター⇔管制部⇔各空港の間でやりとりするシステム（CADIN），⑤ 管制の引継情報などを各空港の管制官間でやりとりする音声通信，⑥ 飛行機に方位や距離情報を提供する無線装置（VOR/DEME）とその監視のための通信などがある．NTTの専用回線事故によって，近畿地方にある三国山の対空無線施設と東京管制部（ACC）を結ぶ回線に障害が発生した．近畿上空の航空路は所沢にある東京ACCで管制されている．そして全国の航空路の交通量を調整し，これらの管制をサポートするために航空交通路管理センターが福岡に置かれている．ところが，関西国際空港（関空）と三国山間を結ぶ専用線と東京管制部から直接三国山を結ぶ回線が両方とも東淀川局を通っていたため，三国山の無線装置が完全に使えなくなってしまったのである．この障害により，近畿周辺の飛行機と管制官との音声通信（RCAG）が一時的に中断してしまった．(3) なぜこのようなことが起きたかというと，近畿上空の飛行機からの電波は管制官のいる東京で直接受信されるわけではなく，まず飛行機に近い三国山の無線局に伝達され，そこから地上の有線回線を通じて所沢の東京ACCまで伝達されることになっているからである．

　この事故に伴う緊急措置として，とりあえず空中衝突を避けるために，航空交通路管理センターによって飛行間隔を広げる処置がとられた．またこの空域には飛行機を入れないよう迂回させる処置もとられた．その影響で，関西空港では事故発生2分後の10時9分から離陸の待機を行った．その後，他局の波に切り替えて通信の空白域が解消したため，約20分後から間隔を広げての離陸を再開した．しかし，一度制限した流れはすぐには戻らず，フローコントロールは午後2時半くらいまで続けられた．その結果，関空では出発便45便に30分から2時間50分の遅れが発生した．

　これとは別に，関空では飛行計画に関する情報を処理する一般回線経由の端

末がダウンしたが，高速デジタル回線経由の端末が生きていたために問題はなかった．しかし関空から新広島，高松，岡山，高知の4空港に至る専用回線が切れたために，飛行計画のやりとりに支障が生じた．さらに，管制官同士を音声でつなぐシステムは一般専用線でつながっており，関空と八尾，高松，南紀白浜，大阪の各空港間でこのシステムが停止した．これについては，一般の電話によって代替した．

　管制用の通信機能は，事故後数分で回復することができた．これは不通になった三国山以外の対空通信施設が近畿エリアをカバーすることなどによってなされた．通常システムの回復には時間がかかり，最終的に全通信システムが回復したことを確認し終えたのは，翌日の午前3時20分であった．

② 銀行業務への影響

　わが国の銀行は1960年代以降，3次にわたるオンライン化を進めてきた．1983年以降整備されてきた第3次オンラインシステムでは，業務処理を行う「勘定系システム」を中心に，「資金証券系システム」「国際系システム」「対外接続系システム」「情報系システム」「営業店システム」「集中センターシステム」などが構築されている．大阪に本社をおくA銀行では，1988年に第3次オンラインシステムが完成していた．東京と大阪に東西のシステムがあり，平成9年6月には，いち速くテレフォンバンキング・サービスの提供を開始するなど，オンライン化には熱心に取り組んでいた．

　10月28日午前10時7分，A銀行の営業店とホストコンピュータとを結ぶ専用回線に障害が発生しているという一報が入った．やがて，同銀行のオンラインシステムがダウンしているという状況がわかってきた．まだ始業して間もない時刻で，あちこちで会議している最中だったが，東西のシステム部と事務企画部で緊急の会合を持ち，検討チームを作った．直後は，なにがどうダウンしているか全く分からない状況だった．

　NTT回線事故の影響により，A銀行では西日本で営業している154店舗のうち，専用回線がNTT東淀川局を経由している34店舗でATMが一時使用不

能になった．また，無人店舗のうち93店舗が使用不能になった．さらに，東三国にある「振り込み発信センター」のオンラインシステムがダウンした．千葉にある情報処理センターのホストコンピュータと振り込み発信センターとを結ぶ専用回線がダウンしたために，勘定系だけではなく，すべてのシステムがダウンした．

　A銀行にはネットワークシステムが3回線あった．通常はこのうちの2本使っていたが，公衆回線でバックアップをもっており，計3本あった．その2本ともが，たまたまNTT東淀川局を経由していた．そこで，公衆回線でバックアップをかけたが，公衆回線（INS64）はあくまでも非常用であったために，回線数が足りず，バックアップをかけられる営業店の数が限られていたため，34店舗がダウンしてしまうことになったのである．営業店を結ぶ回線には，アナログ回線を使っており，高速デジタル回線のように，片一方がやられても片一方が生きているということはなかった．それが，システムダウンを引き起こした原因である．

　顧客に対する具体的な被害としては，ATM（現金自動引き出し機）が使えなくなったことが主であった．そのため，影響のあった34店舗では，オフライン運用という対応をとった．たとえば，ATMについていえば，10万円までの出金制限をかけた．この場合，ATM自体は動くが，土日の画面のように，出金（払い出し）のランプしか点灯しない状態になる．1回当たり10万円までしか出ないような設定にして，入金や振り込みはできない状態になった．顧客に対しては，店員が機械の前で誘導し，対応した．

　振り込み発信センターでは，営業店で受け付けた振り込み依頼をOCRによる「イメージ処理」という形で集中発信していた．ところが，今回の事故で，ここがダウンしたために，他のいくつかのセンターに振り分けた形で振り込みの発信をして，急場をしのいだ．

　店舗での混乱はとくになかった．とくに決済資金などで急ぎの顧客に対しては，復旧のめどが当初の正午から延びたために，決済リスクが予想されたので，

基本的に他行に依頼した．その際に，他行との間に振り込み手数料で差があった場合には還元するという措置をとった．他行宛の振り込みは，時限がある話なので，優先順位をつけた上で処理した．もちろん，店同士のやりとりもあるが，A銀行では日頃から後方事務をいろいろなセンターにまとめて集中処理する方法をとっているので，その意味では臨機応変に対応できたとのことである．

復旧状況は，NTTの復旧に合わせて，順次立ち上がるという状況だった．10時45分の時点で15店が復旧した．午後3時の営業終了時刻まで立ち上がらなかったところが17店舗あった．最終的にすべてのシステムが回復したのは午後7時台だった．

③ 警察の110番業務への影響

大阪府警察本部の通信司令室で取り扱っている110番回線は，全部で549回線ある．10月28日午前10時7分，このうち75回線で障害が発生した．事故発生と同時に，司令室では赤い着信ランプがつきっぱなしの状態になった．回線でノイズが発生したために，いかにも110番着信があったかのような状態になった．ふだんだと着信ランプがつくと担当者がボタンを押し，話ができる状態になる．用件が終われば切断のボタンを押して，それで終わりとなるのだが，このときは，切っても切ってもまたランプがつくという状態で，出ても，無音状態か，あるいはブツブツというクリック状の雑音しか聞こえないという状態で，回線も非常に不安定だった．こういった悪い状態の回線からの信号がランダムに入ってくるという状態が続いた．最初は，全回線がだめになったのではないかと思ったという．クリックノイズの発生した障害回線は，一部の正常回線にも悪い影響を与えた．

事故発生当初，担当者は警察本部内の設備に障害があるのではないかと考え，5〜10分ほど，内部点検を行ったが，本部庁舎内に異常はみられなかった．障害の起きた回線をチェックして，順番に悪い回線を切っていったが，どれが悪い回線かのチェックに手間取ったため，しばらくの間，悪い回線からのノイズが継続することになった．このため，悪い回線をすべて迂回回線に切り換え

て，障害がなくなったのは，午後2時30分頃だった．それまでは，異常状態が断続的に続いた．

10時20分，署内に異常がなかったため，NTTに連絡をとり，公衆網迂回措置と署落ちの応急対策の実施を要請するとともに，全警察署に対して署落ちで110番受付けをできるよう準備を指示した．その後，正常地域については順次解除した．

10時50分，NTTより，対応方法の連絡があった．このときから，公衆網迂回の切り替え措置が開始され，13時20分に完了している．(4) この公衆網迂回措置は，NTTがコマンドを打ち込むだけで自動的に切り替えができるので，迅速な応急対応が可能だった．この公衆網迂回措置のおかげで，迂回接続経由での110番通報が徐々に増えてきた．

こうした異常事態が起こっている間，市民向けの応急PRも迅速に実施されている．一般に110番回線の障害が発生したときに，市民向けに広報すると，その地域での犯罪を誘発する恐れがあるために，一般向け広報はできないという事情がある．このような場合には，通報困難地域の全警察署およびパトカーに対して，「重点警戒」の指令を発し，特別警戒にあたらせることになっている．今回もこの方式を採用した．事故覚知当初，すべての110番回線で障害が発生したと考えたため，管下の全警察署ならびに全パトカーに無線で，「重点警戒」の指令を発した．その後，110番通報困難地域が限定されていることがわかったため，障害のない地域から順番に，重点警戒指令を解除していった．

14時12分，NTTでは，「署落ち」対策を順次開始し，18時07分に完了した．(5) そして19時56分，NTT東淀川ビル中継装置の設備が回復した．このあと，NTTと協力して，異常のあった75回線を1本1本，異常の有無をチェックしながら試験をして，22時すぎには，全回線が正常に復帰した．今回とった署落ち対策などは，震災以前から実施していたが，震災後，警察庁を通じて全国的な周知徹底がはかられたので，今回の事故に際しても，震災の教訓が生かされたとのことである．

3章 ハイリスク社会の災害と情報

回線断絶による実際の影響はそれほど大きくなかった．通話不能だったのは，110番通報全体の1割以内におさまったと推測される．すでに述べたように，大阪府警本部では，平日平均の110番「有効受理件数」は，1日平均1,500～1,700件程度である．翌日に集計結果をみたところ，28日の有効受理件数は1,500件をこえていることが確認された．これは平日の平均値とほとんど変わらない．したがって，影響はあまり大きくなかったと大阪府警では判断している．影響が最小限で抑えられた原因としては，緊急の迂回措置が機能したことの他，事故直後でも生きている回線があったため，受信可能だったという事情もあったようである．[6] 障害が発生している間，一般市民からの苦情はなかったという．

ネットワーク被害を規定する要因

1984年の世田谷ケーブル火災事故と1998年のNTT専用回線事故は，いずれもユーザー企業に情報通信回線を提供する電話会社（コモンキャリア）の内部的原因によって発生したものであるが，それがネットワークユーザーである公共機関や企業に多大の影響を与えることになった．また，世田谷ケーブル火災事故では，一般市民，消費者にも多大の影響を及ぼした．今後，こうした大規模なネットワーク事故が発生した場合に備えて，事前の対策，発生時の迅速かつ適切な対応を実現するためにも，これらの事故を教訓に，ネットワーク事故による被害の規定要因がどこにあるのか，そのうちどの要因がコントロール可能であるのか，被害を最小限に押さえるための具体的方策はなにか，という点について体系的に整理しておくことが必要だと思われる．

実は，こうした大規模な情報通信系のネットワーク事故は決して珍しいケースとはいえないことに注意しておく必要がある．小規模な回線事故，不通事故は日常的に起こっているし，海外でも同様の回線事故は過去にいくつか報告されている．その中でも，とくに詳しく調査されたケースとしては，1988年にシカゴ市近郊で起こった電話回線事故がある．1988年5月8日（日），シカゴ市郊外のヒンスデールにあるイリノイベル交換機センターで火災が発生し，通話

回線およびデータ回線がともに機能麻痺に陥った．この事故はネットワークを危機的状態に陥れた．ヒンスデールの交換機センターはイリノイベル回線リンクの集積する中心的なゲイトウェイハブでもあったので，深刻な被害をもたらした．2日〜3週間にわたって，シカゴ近郊の6つのエリアの50万以上の住民および事業所に影響を与えた．被害総額は2億〜3億ドルに達した．

具体的な被害は次のようなものであった．
・多くの銀行で小切手を現金化したり，資金を転送することができなくなった．
・電話予約に依存する多くのレストランでは，かなりの額の損害を生じた．
・（シアーズなど）シカゴに本部をもつ大手のカタログ販売会社が深刻な影響を受けた．
・少なくとも150の旅行代理店がチケット販売や予約業務に支障を生じた．
・少なくとも300台の自動応答マシンが機能停止した．
・携帯電話やポケベルの大部分が影響を受けた．
・事故地域内の数百の会社が，株主との間のさまざまな連絡を阻害された．
・影響を受けなかった地域にある多くの他の企業も，事故地域内の株主との連絡に支障をきたした．

この事例を調査したポーチャントら（Pauchant et al., 1990, 1992）は，ネットワーク事故が企業の及ぼした影響を規定する要因として，(1) 企業施設の立地状況，(2) 情報通信技術への依存度，(3) 事故以前からの危機管理対策の程度，の3つを指摘している．

そこで，一連のネットワーク事故に関する調査研究で得られた資料や内外の研究成果をもとに，ネットワーク事故による被害の大きさを規定する要因を，図式的に整理してみたいと思う．図3.5に示す要因連関図は，ネットワーク回線事故による影響の大きさがどのような要因によって規定されているかを示したものである．

3章　ハイリスク社会の災害と情報　139

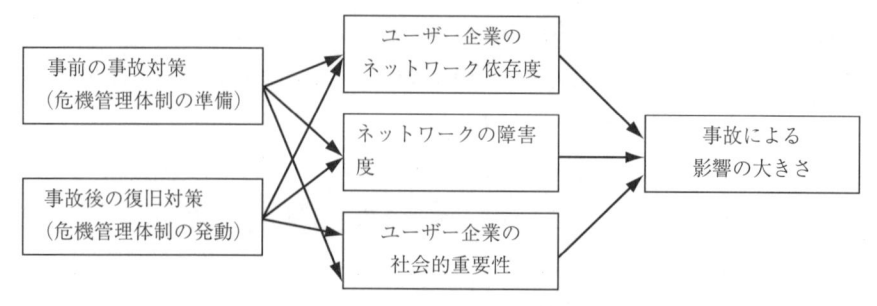

図3.5 ネットワーク事故による影響の規定要因

(1) 事前の事故対策

　ネットワーク事故に限らず，一般に高度テクノロジーを集積してつくられるシステムは，構成要素（コンポーネント）が複雑に絡み合って相互作用し合っており，そうした構成要素間の複雑かつ緊密な連結が大規模な事故を発生しやすくしている．チャールズ・ペロー（Perrow, 1984）はこうしたハイリスクなシステムによって必然的に発生する突発的事故のことを「ノーマル・アクシデント」（Normal Sccident）と呼んだ．ペローがとくに注目した構造的要因は，システムの構成要素の間の「連結のきつさ」（tight coupling）である．連結がきついというのは，言い換えると，要素間にスラック，安全弁，バッファー，緩衝装置のようなゆとりがない状態をさしている．たとえば，システムに障害が発生した場合，マニュアル対応に切り替えて作業することが可能であったり，バックアップ装置を作動させるだけのゆとりがあれば，事故の発生は未然に防げる．また，人員的には遊休社員，予備のスタッフを抱えていれば，緊急時にもこうした余剰人員を事故対応にまわすことができるので，事故の影響を最小限に抑えることができるだろう．

　こうした緩やかな連結のシステムは，バックアップ対策の場合のように，事故発生に備えた事前の対策として準備する場合もあるし，そもそもシステムそのものが資源をフレキシブルに転用できるような汎用性の高い，「緩やかな連結構造をもったシステム」である場合もある．一般に，高度テクノロジーを集

積したシステムは，高い効率性と生産性を極限まで追求するために，連結構造がきつい場合が多い．原発施設，化学プラント，航空管制システムなどは,「きつい連結システム」の典型的な例である．そうしたハイリスクなシステムの場合には，事前の事故対策あるいは危機管理対策として，システムのバックアップ装置を二重，三重に準備しておくことがとくに重要になる．

(2) 事故後の復旧対策

　障害によるダメージは事故後の復旧対応をスムーズにすることによっても軽減できる．たとえば，警察や消防といった保安部門はハード上のバックアップ体制は弱いが，「局落とし」等といった対応がマニュアル化されているために，復旧は比較的スムーズであった．

　1998年のNTT回線事故で復旧上とくに問題となったのが，NTTがユーザーに専用線の経路を教えないために，ユーザー側の対応が遅れたことである．事故発生後，ユーザーはまずどの回線が障害を起こしているかを把握するために，一つひとつの回線をチェックすることに追われた．もちろんこれに対してユーザー側の対策がないわけではない．たとえば，銀行のATMは常にどこが正常に動いているかをモニターしており，それによって回線障害によって被害を受けた場所が想像できる．しかし航空管制のように，さまざまな種類の機器が複雑に絡んでいて，しかも広域的に分散して被害が出る場合，ユーザー側のモニターにも限界がある．復旧対応をスムーズにするために，NTTはユーザーの使っている専用線がどの経路を通っているかユーザーに公開すべきであろう．実際，事故後，航空や公安といった重要回線については公開されるようになったようである．

　こうした問題は安全性に関する組織間の齟齬として一般化できる問題である．それぞれの組織内では十分な検討がなされているが，組織間の連携が不十分なために両者をまたがるネットワークで問題が発生するのである．これは昨今ネットワークが巨大化複雑化し互いの依存性を高めてきたことを背景にしてい

る．また通信の自由化で複数のキャリアが競合する状況もこの問題につながる．たとえば，輻輳時にも優先的に接続される災害時優先電話の制度があるが，通話が複数の通信事業者をまたがる場合，優先扱いが消えてしまうといった問題が存在した．これも今回の問題と同様に組織間の離齬として考えられる問題である．

今後情報化がますます進展する中で，こうした問題はさまざまなところで発生しうる．しかしその中でも安全性に関わる事項は重要であり，安全性に関しては，組織間での情報の十分な交換・公開が必要であろう．

(3) システムの障害度

1984年の世田谷ケーブル火災事故では，幹線ケーブルに収容された一般公衆回線と専用回線がともに被災し，一つの電話局管内の全域で全面的に通信が途絶するという深刻な障害が発生した．また，運悪く，被災地域内に全国のオンラインシステムの中核となる銀行の事務センターが位置していた．そのために，ビジネスや市民生活に多大の被害を生じることになった．これに対し，1998年の回線事故では，障害箇所が一部の専用回線だけに限定されていたために，被害の範囲も特定の業種やユーザーにとどまった．また，東淀川局を経由しない専用回線を利用するユーザーには被害が及ばなかった．もし障害の規模，発生場所，障害の範囲が大きければ，被害もより大きなものになっただろう．

事故がどのような時間帯，曜日，季節に起こり，障害がどのくらいの期間にわたって継続するかということも，事故による被害，社会的影響の大きさを規定する重要な要因となる．この点についても，世田谷ケーブル火災事故と比べると，NTTの回線事故の障害度はかなり低かった．世田谷ケーブル火災では，回復までに最長20日間ほどかかったが，今回の事故では，当日中に障害の復旧が終わっている．これが，被害の拡大を最小限にくい止めることができた大きな原因となっている．また，事故当日が平日であったこと，システムユーザーの企業，機関での繁忙期と重ならなかったことも，被害が少なくて済んだ原因

の一つと考えられる．ただし，一部の銀行では，月末の決済日に近かったために，緊急の対応を迫られるケースもみられた．また，証券取引所でも，もし仮に一秒を争うデリバティブ取引の回線に被害が及んでいたとしたら，もっと深刻な被害が生じた可能性もある．

(4) システムのネットワーク依存度

ユーザーである企業や公共機関の業務，サービスがNTTなどコモンキャリアのネットワークにどの程度依存しているかという点も，ネットワーク事故の被害を大きく左右する要因となる．いわゆるオンライン化，ネットワーク化が進展するにつれて，企業や公共機関は外部ネットワークとの相互接続性を高めるようになっている．これによって，業務効率の増大，生産性の向上，在庫の減少，顧客サービスの向上，人件費の節減など大きなメリットを享受することができる．その半面，ネットワーク事故に対する脆弱性が著しく増大していることも確かである．

ネットワーク依存度は，業務サービスの中でネットワーク利用の占める比率が高いことだけではなく，ネットワークに障害が起きたときに，それに対する代替手段となり得るような非ネットワーク的資源・サービスがどの程度利用できるかという点にも規定されている．銀行のケースでは，オンライン回線が途絶しても，窓口対応とか文書によるファックス連絡などの代替手段があったため，被害は少なくて済んだ．また，警察・消防の場合には，巡回パトロールの強化によってある程度の代替が可能だった．しかし，航空管制の場合には，航空機との通信という業務の特殊的性格のために，非ネットワーク的な対応は本来難しい．このような場合には，無線や衛星波の活用を含めて，情報通信ネットワークにおけるバックアップを万全なものにしておくという対応が是非とも必要になる．

ネットワーク依存度は，後述するバックアップ度や復旧対応度と同様に，ある程度コントロールが可能な要因である．それゆえ，マニュアル対応，人海戦

術，物流作戦など，非ネットワーク的資源の活用という旧来の代替的手段を確保，整備しておくことが肝要である．

(5) ユーザー企業の社会的重要性

一般に，ネットワークユーザーが，そのネットワークを使って行う業務や，その提供するサービスのもつ社会的重要性が大きければ大きいほど，ネットワーク事故によって生じる被害の程度も大きなものになる．ここで「重要性」という場合には，一般市民の生命・財産の安全がどの程度危険にさらされるか，あるいはシステム障害が社会的にどの程度の影響を及ぼすかという程度を意味している．

NTT回線事故で被害を受けたネットワークユーザーのうち，もっとも重要性の高いシステムは，何といっても航空交通管制だろう．もし飛行中の航空機と管制官との間の通信連絡が途絶するような事態になったとしたら，航空交通は大混乱に陥り，重大事故の発生にもつながりかねないからである．2番目に重要度の高いシステムは，警察・消防の110番，119番受付だろう．これも，市民の生命・安全に直接関わる重要度の高い公共サービスである．3番目に重要度が高いのは，銀行・証券などの金融サービスだろう．この事故では顧客側に重大な被害が及ぶことはなかったが，システム障害の程度如何によっては，手形不渡りによる倒産といった重大な経済的被害に結びつく可能性もあるからである．

システムの社会的重要度が被害の大きさを規定する重要な要因であることから，ネットワークキャリアであるNTTでも，重要度に応じて緊急対応やバックアップの確保等における優先順位をつけている．しかし，警察・消防ではネットワークの二重化が完全ではなく，NTTとの連絡や事前の経路情報などに関する事前の情報公開も不十分だった．重要度の評価，順位づけについても，明確で客観的な基準がつくられていたとは言い難い．ユーザーシステムの社会的重要度の評価基準の確立と，それにもとづくバックアップ体制，緊急対応マ

ニュアル，組織間の連携，情報公開といった面での改善が望まれるところである．

(注)
(1) 関東大震災のあと，東京大学の末廣教授はボランティア学生とともに「東京罹災者情報局」を設置し，離ればなれになった被災者の安否情報を収集し，提供したといわれている（廣井，1987）．
(2) 発信者は，現在の状態について「無事です／被害があります／自宅にいます／避難所にいます」というメニューから選択し，任意で100文字以内のコメントを入れることができる．メッセージの登録件数は，1携帯番号当たり10件までで，メッセージの保存時間は最大72時間までとなっている．メッセージの確認は，ドコモの携帯電話だけでなく，EZweb，ボーダフォンライブなど同業他社の携帯電話やインターネットからでもアクセス可能である．
(3) RCAGのための対空通信施設は三国山周辺には岡崎，平田（島根県），土佐清水などにある．さらに串本，伊丹にもあるがこれは山影などの不感地帯対策用である．これらの施設は全国に41ヵ所あり，同一地域を二重三重にカバーしている．そのため一つが使用不能になっても対空通信を確保できるようになっていた．しかし，突然何の前触れもなく回線が切れてしまったために，しばらくの間，他局の波も利用できなかった．これはどの周波数に変更するという交信ができなかったためと考えられる．そのため，三国山周辺の3セクタに通信の空白域を生じ，飛行計画の変更を余儀なくされたのである．
(4) 公衆網迂回措置とは，警察本部の専用回線が使えなくなったときにとる応急措置のことで，110番にかかってきた通話をNTTが自動的に一般加入回線の特定の電話番号（空き番号）に振り替え，そこを通じて110番の受付台につなげるという緊急措置のことをいう．
(5) 署落ちとは，一般からの110通報を専用線集約装置から大阪府警本部につなぐかわりに，最寄りの警察署に接続する措置のことをいう．NTTの新システムがある地域では，コマンド操作で自動的に署落ちに切り換えられるが，旧システムで完全自動化していないところがかなりあり，そこでは現地の電話局へ出かけていって，マニュアルで切り換え操作をしなければならない．このため，署落ちが完了するまでにかなりの時間がかかった．ただし，今回のように公衆網迂回措置をとっていない緊急の状況であれば，もっと迅速に署落ち対策をとっただろうと思われる．
(6) 事故発生直後でも，タイミングよく受けられる回線もいくつかあった．雑音や無音の異常状態の中で，間隙を縫ってたまたま正常に着信できた通話もあった．午後1時30分頃，堺市で殺人事件が発生，110番通報があったが，この通報は，生きている回線経由で正常に受信された．

参考文献

朝日新聞社編，1996，『阪神・淡路大震災誌』，朝日新聞社

電気通信総合研究所，1985，『世田谷電話局ケーブル火災による電話不通に関する調査研究』

平塚千尋，1996，「マルチメディア時代の災害情報」『放送学研究』46号，pp. 75-106.

廣井脩，1987，『都市災害の情報問題　その1』東京大学新聞研究所

廣井脩，1996，「阪神・淡路大震災と災害情報」，東京大学社会情報研究所編『1995年阪神・淡路大震災調査報告—1—』pp. 9-34.

金田泰，1995，「阪神大震災—情報ボランティアとコンピュータ・ネットワーク」http://www.jeton.or.jp/users/kanada/shinsai/home.html

金子郁容・VCOM編集チーム編著，1996，『つながりの大研究：電子ネットワーカーたちの阪神淡路大震災』NHK出版

川端信正・廣井脩，1996，「阪神・淡路大震災とラジオ放送」東京大学社会情報研究所編『1995年阪神・淡路大震災調査報告—1—』pp. 157-237.

金融情報システムセンター編，1998，『平成11年版　金融情報システム白書』財政詳報社

毎日新聞大阪本社・毎日放送報道局編，1995，『ドキュメント　希望新聞：阪神大震災と報道』毎日新聞社

松崎太亮，1995，「インターネットと8㎜ビデオは何を記録し伝達したか」『ニューメディア』6月号，pp. 22-27.

三上俊治，1982，「災害警報の社会過程」東京大学新聞研究所編『災害と人間行動』東京大学出版会，pp. 73-107.

三上俊治・中村功・廣井脩・福田充，1999，「高度ネットワーク社会の脆弱性」『東京大学社会情報研究所調査研究紀要』13号，pp. 117-152.

三木康弘，1996，『震災報道いまはじまる』藤原書店

未来工学研究所，1996，『情報化社会のアキレス腱—東京世田谷電話局における通信ケーブル火災の社会的・経済的影響—』

中村功，1995，「かつてない激しさで電話が輻輳」『ニューメディア』4月号，pp. 38-39.

中村功・廣井脩，1996，「兵庫県南部地震時の携帯電話の役割と問題点」東京大学社会情報研究所編『1995年阪神・淡路大震災調査報告—1—』pp. 121-144.

中村功，2004，「安否情報と情報化の進展」廣井脩編『災害情報と社会心理』北樹出版，pp. 75-101.

日本電信電話株式会社，1998，「大阪・東淀川ビル故障原因及び今後の対策について」

ニフティサーブ，1995，「阪神淡路大震災・ニフティサーブ対応レポート」ニフティ

株式会社
日本新聞協会研究所「阪神大震災と報道：新聞は非常時こそ不可欠」『新聞研究』1995年6月号，pp. 60-67.
NTT東日本，2004,「NTTグループの災害対策」2004年度情報通信学会シンポジウム「安否情報をどう伝えるか？」報告資料
小田貞夫・平塚千尋・廣井脩他，1995,「阪神大震災・放送はどう機能したか」『放送研究と調査』5月号，pp. 2-49.
小田貞夫，1996,「災害情報の伝達と放送メディアの役割」『放送学研究』46号，pp. 33-56.
小田貞夫，2004,「災害とマス・メディア」廣井脩編『災害情報と社会心理』北樹出版，pp. 102-122.
Pauchant, TC., Mitroff, I.I., Weldon, D.N. and Ventolo, G.F., 1990, "The ever-expanding scope of industrial crises: a systemic study of the Hinsdale telecommunications outage," *Industrial Crisis Quarterly*, 4, pp. 243-261.
Pauchant, T.C., Mitroff, I.I. and Ventolo, G.F., 1992, "The dial tone does not come from God! how a crisis can challenge dangerous strategic assumptions made about high technologies: the case of the hinsdale telecommunication outage," *Academy of Management Executive*, Vol.6, No.3, pp. 66-79.
Perrow, C., 1984, *Normal Accidents: Living with High-Risk Technologies*, N.J.: Princeton University Press.
城生良麿，1995,「ケーブルテレビは強い：地域ニーズに徹し情報を流す」『ニューメディア』4月号，pp. 30-32.
多田信彦・馬場始三，1996,「WIDEスナップショット『第1回インターネット防災訓練』報告」UNIX Magazine，1996年3月号，pp. 121-130.
高梨成子，1995,「本格的な登場をみた『情報ボランティア』の活躍」『ニューメディア』4月号，pp. 35-37.
高野孟編，1995,『GO EQUAKE：パソコンネットが伝えた阪神大震災の真実』祥伝社
東京大学社会情報研究所，1996,『1995年阪神・淡路大震災調査報告―1―』
運輸省航空局監修，1998,『数字で見る航空1998』航空振興財団
東京電気通信局，1985,『世田谷電話局とう道内火災事故復旧記録』1985年3月
WIDEプロジェクト，1996,「第1回インターネット災害訓練報告」
http://www.iaa.wide.ad.jp/report96/
吉岡英一編，1996,『マルチメディアと危機管理システム』中央経済社
郵政省電気通信局電波部航空海上課監修，1993,『航空通信入門』電気通信振興会

4章 地域社会とニューメディア

1. 地域社会情報システムの構造と機能

地域社会とはなにか

　われわれにとってもっとも身近な社会の一つとして，日常生活の拠点となっている地域社会あるいはコミュニティがある．ただし，ひとくちに「地域」「コミュニティ」といっても，その範囲はさまざまである．向こう三軒両隣を中心とする近隣地域，町内会，自治会の範囲，学校区，商店街，スーパー，デパート，公園，遊園地などの消費・レジャー生活圏，市町村，都道府県などは，いずれも居住者にとっての「地域社会」である．現代の社会においては，こうした多様な「地域」が重層的に存在しているのである（蓮見，1991）[1]．

　地域社会あるいはコミュニティについて，最初に本格的な理論を展開したのは，アメリカの社会学者マッキーヴァーである．彼はコミュニティを「村とか町，あるいは地方や国とかもっとも広い範囲の共同生活のいずれかの領域」を指す概念として定義した．そして，その特性として，「コミュニティは，本来的に自らの内部から発し，活発かつ自発的で自由に相互に関係し合い，社会的統一体の複雑な網を自己のために織りなすところの人間存在の共同生活」であると規定した（MacIver, 1917=1975）．これは，「特定の共同関心の追求のために明確に設立された社会生活の組織体」であるアソシエーションと対比される概念規定である．マッキーヴァーは後に，コミュニティ概念を再検討し，コミュニティの基本的要素として，「地域性」（locality）と「コミュニティ意識」（community sentiment）の2つをあげている（MacIver, 1949=1973）．そして後者は，「われわれ意識」（分割不可能な統一体にともに参加しているという共有の感覚），「役割意識」（相互交換が行われる社会的場面での果たすべき役割についての意識），「依存意識」（物への依存および他人との心理的依存）という

3つの要素から成り立っているとした.

このように，コミュニティあるいは地域社会の概念は，歴史的には「地域性」と「共同性」を必須の要素として規定されてきたのである．しかし，近年における都市化の進展とともに，地域社会における「共同性」は次第に希薄化し，「共同体」的秩序の解体が指摘されるようになった．他方では，インターネットなどバーチャルなサイバー社会の進展とともに，地域性をもたない新しい「コミュニティ」が生成しており，コミュニティ概念は大きく変質しつつある（詳しくは6章を参照）．本章では，あくまでも従来の「地域性」を保持したコミュニティすなわち「地域社会」に対象を限定して，そこでの社会情報システムの構造と機能について検討を加えたい．

地域社会は，開放的でオートポイエティックな社会システムとして捉えることができる．それは，国家あるいは国民社会という全体社会システムの中では部分システムの一つである．新睦人（1986）は，システム論的な立場から，地域社会を次のように定義している．「地縁を契機として相互に直接・間接に関連しあう人々およびその集合体の拡散的な利害関心を，日常的かつ持続的に充足する生活場面としての部分社会システムである」（新睦人，1986, pp. 227-243）．そして，その特性を，① 関係契機の「地縁性」（同じ土地に居住し，活動していることで成員同士が結びついている），② 生活事実の「日常性」（反復性の高い持続的な生活過程が営まれている），③ 目的や関心における「拡散性」（成員の多様な利害関心を日常的に充たすことがシステムの目的となっている），④ 生活の場としての「拠点性」（共同生活を営むために，人々がつねに回帰する場となっている），⑤ 規模と機能の「部分性」（社会と個人を媒介する中間的な位置にある）の5つの軸にまとめている．

近年では，都市化の進展とともに，こうした地域社会システムの特性も，大きな変容を遂げつつある．1950年代後半以降の高度経済成長の中で，日本の人口は都市へ集中し，いわゆる都市的な生活様式が地域社会全般に浸透していった．すなわち，それまで家族内や隣近所同士で相互扶助や自給自足のもとで行

われていた各種の活動を外部の専門，商業サービスに依存するようになり，「専門家・専門機関による共通・共同問題の専門的な共同処理」という都市的生活様式が普及していったのである（倉沢，1977；川本，1992）．また，東京や大阪などの大都市圏では，いわゆるベッドタウンと呼ばれる近隣の府県からの通勤者が増え，こうした周辺都市では，新のいう「地縁性」「日常性」「拠点性」といった地域社会の伝統的特性も薄れつつある．

このような都市化の過程で，かつての地域性と共同性によって特徴づけられた「コミュニティ」は崩壊しつつあり，住民相互の新たな紐帯，帰属意識の強化を通じて，地域社会の再興が，いま求められている（松原，1978）．そうしたコミュニティ再生の一つの鍵を握っているのが，ニューメディアの導入と活用を軸とする，地域社会情報システムの新たな展開である．

地域社会情報システムの構造

ひとくちに「地域社会システム」といっても，実際には，自分が住んでいる町内を中心とする「近隣生活圏」，日頃ショッピングをする商店，スーパー，デパート，飲食店，遊戯施設などを中心とする「購買・レジャー圏」，学校・幼稚園・保育園などの「通学圏」，職場を中心とする「通勤圏」，各種の行政サービスの単位である「行政圏」など多様な下位システムが重層的に複合して，地域社会システムを構成しているというのが実態である．

こうした地域社会システムの重層的な構造を図式的に示すと，図4.1のように表すことができるだろう．自分の住んでいる場所を★印であらわすならば，まず行政区域として，居住者の属する町内会（または自治会）という末端地域社会組織があり，その上に市町村があり，さらにその上に都道府県というもっとも大きな地方自治体がある．そして，それぞれの行政区域と部分的に重なり合う形で，日常生活が営まれる最小の地域社会システムとして「近隣生活圏」があり，それよりも広い範域にまたがる形で「購買・レジャー圏」「通学圏」「通勤圏」が重層的に広がっているのである．

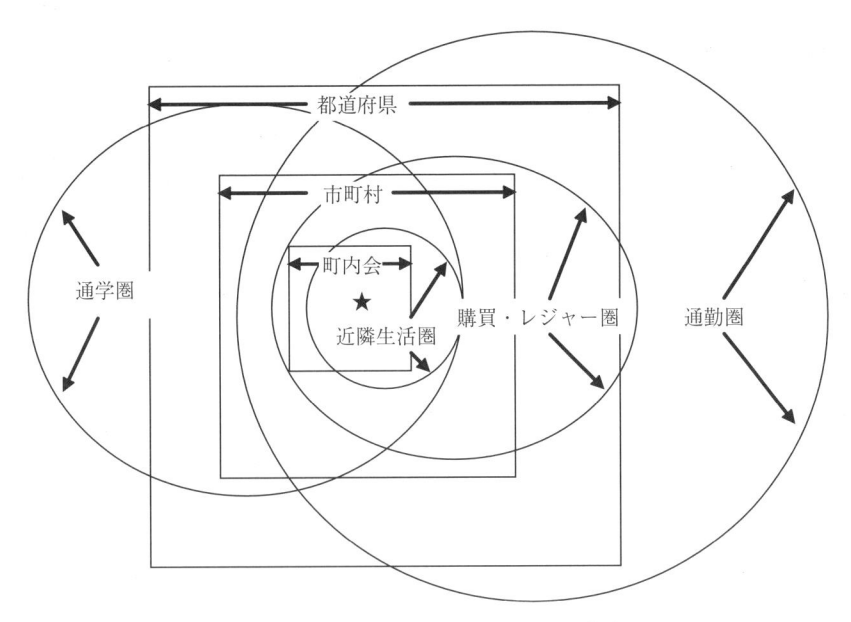

図4.1 地域社会システムの重層構造

　地域社会情報システムはその中でどのように位置づけることができるだろうか．齋藤ら（1999）によれば，地域社会情報システムとは，「一定の地域社会をカバレッジとする種々のコミュニケーション・メディアを要素とするネットワーク」である．そして，地域メディアとしては，① 一定の地理的空間に生活する人々を対象としたコミュニケーション・メディア（自治体広報，地域ミニコミ誌，タウン誌，CATV など），② 活動や志向の共通性・共同性を自覚する人々を対象にしたコミュニケーション・メディア（サークル誌，各種運動体機関誌，パソコン・ネットワークなど），③ 一定の地理的空間に生活する人々を対象としたスペース・メディア（公民館，図書館，公園，ひろばなど），④ 活動や志向の共通性・共同性を自覚する人々を対象としたスペース・メディア（クラブ施設，同窓会館，研修所など）をあげている（齋藤，1999；竹内，1989）．
　ここには，テレビのローカル放送，地方紙，フリーペーパー，折り込み広告，ラジオ，コミュニティ FM など重要な地域メディアが欠落しているが，これ

らを含めた地域メディアの特性，内容，機能を検討する場合には，それらが対象とする地域社会システムの範囲と特性，利用者の属性や情報ニーズなどを合わせて考慮する必要があろう．

いまシステムの範域特性に注目し，それを基準として地域メディアをリストアップしてみると，次のようになる．

(1) 行政圏をカバーする地域メディア
- 町内会（自治会）…回覧板，掲示板，会報，会合，防災（広報）用同報無線，電話連絡網など
- 市町村…広報紙，CATV，コミュニティFM，地域紙（郷土紙）など
- 都道府県…広報紙，テレビ・ラジオのローカル放送，地方紙（県紙）など

(2) 購買・レジャー圏をカバーする地域メディア
- 日常生活圏…新聞折り込みチラシ，フリーペーパー，コミュニティFM，地域紙，タウン誌，CATVなど
- 広域生活圏…新聞，テレビ，ラジオ，雑誌の記事・番組・広告など

(3) 通学圏，通勤圏をカバーする地域メディア
- 通学圏…教育機関の広報メディア，校内放送・掲示板，父母会などの会報，会合など
- 通勤圏…社内報，会議，社内放送・掲示板など

これらの地域メディアは排他的なものではなく，実際にはターゲットとする受け手はしばしば重複しており，また多様である．さらに，最近では，インターネット（ホームページ，掲示板，PCメール），イントラネット（グループウェア），携帯電話（メール，情報サイト）などのデジタルメディアが，(1)から(3)のいずれにおいても，重要な地域メディアとして活用されるようになっている．

地域社会情報システムの機能

地域社会情報システムは，地域での日常生活，買い物・レジャー，通勤・通

学など多様な地域生活を支える重要な社会的基盤（資源）であるがゆえに，多様な機能を果たしている．松原（1978）は，生活の各機能的な場面に対応するメタフィジカルな側面での情報体系（ここでいう地域社会情報システム）の整備が必要だとして，パーソンズ社会学理論のいわゆる AGIL 図式に照らして，5種類の基本的欲求に対応する情報体系を指摘している．すなわち，

① A（Adaptation：経済的・環境適応的行為）に対応する「経済情報」（流通情報，物価・消費者情報，就業情報など）

② G（Goal Attainment：政治的・目標達成行為）に対応する「政治・行政情報」（議会情報，政治的イッシューに関する情報，行政施策の内容普及など）

③ I（Integration：社会的・統合的行為）に対応する，集団活動を活発化させるための「社会情報」（組織からの呼びかけ，グループ・メンバーへの連絡，集団間の情報交換など）

④ L（Latent Pattern Maintenance：教育・文化的，内面水準維持的行為）に対応する「教育・文化情報」（社会教育情報，地域文化に関する情報など）

⑤ R（Relaxation：余暇的・リラクゼーション的行為）に対応する「余暇情報」（行楽案内，道路・交通機関の情報，体育，レクリエーション施設利用の情報など）

このうち，AとRは「購買・レジャー圏」，Gは「行政圏」，Lは「通学圏」をそれぞれエリアとする地域社会情報システムの機能にほぼ対応すると考えられる．松原は，これに加えて，「公害情報」「保安情報」「防災情報」をあげているが，これは対応する機能に関していえば，第6番目の要件として追加すべき機能かもしれない．そこで，ここでは新たに，

⑥ S（Safty and Security：安全・安心な生活環境を維持する行為）に対応する「防災・防犯情報」「環境・公害情報」「医療・健康・福祉情報」「事件・事故・災害情報」

を加えた形で整理しておくことにしたい．このSは主に「日常生活圏」をエリアとする地域社会情報システムの主要機能と考えることができる．[(2)]

2．地域情報へのニーズと地域メディアの利用状況

地域情報の定義

　地域情報については，さまざまな形で定義がなされている．たとえば，船津（1999）によれば，地域情報とは，第1に，ある情報を地域という観点から切り取り，意味づけし，解釈し，また新たに創造した情報であり，第2に，地域に密着した地域の情報，人々にとって身近な情報であり，第3に，地域社会の抱える問題を明確に把握し，また人々のニーズに応える情報を表している（船津，1994）．また，林によれば，地域情報とは，地域社会を含んだ日常生活における生活者の行動および関心に関わるいっさいの情報のことを意味している（林，1999）．

　本章の記述に則していえば，地域情報とは，重層的に構造化された地域社会システムの構成員が，その地理的範域内でさまざまな生活機能（AGILRS）を充足させる上で必要とする情報，ということになろう．

　地域情報の具体的な内容あるいは類型については，本章で採用した6分類以外にも，さまざまな提案がなされている．たとえば，林（1999）は，① 地域において賛否や是非を伴う情報としての地域問題（争点）情報，② 日常生活において便益や実益を伴う情報としての地域生活（便益）情報，③ 地域にかかわる知識・教養・趣味（歴史，習俗，芸術，芸能，行事，宗教，娯楽）などの情報としての地域文化情報，④ 地域に関係する事件・できごと・催し・予兆などの情報としての地域イベント情報に大別している．

　また船津は，地域情報の内容を基礎的レベル，派生的レベルの2つに分けた上で，基礎的な地域情報として，① 身近なこと，② 地域産業，③ 地域行政，④ 地域災害（特殊ケース）をあげ，派生的な地域情報として，① 地域医療，② 地域福祉，③ 地域文化，④ 地域教育をあげている．

地域情報へのニーズ

それでは,地域社会に居住する人々は,日々の生活の中で,どのような地域情報にどの程度の関心ないしニーズをもっているのだろうか.そして,それらの地域情報ニーズを充足させるために,どのような地域メディアを利用しているのだろうか.これらの点を明らかにするために,関連調査のデータを検討してみることにしたい.

まず最初に紹介するのは,筆者の参加する「ニューメディア研究会」(代表:川本勝)が札幌市(北海道),高知市(高知県),日野市(東京都)で行った調査である.この調査では,地域情報を「保健,医療,福祉に関する情報」「学校,教育に関する情報」「防犯,防災対策に関する情報」「地域の交通情報」「市の行政に関する情報」など13項目に分け,それぞれについてどの程度関心があるかを4段階尺度で答えてもらった.図4.2はその結果を示したものである(川本編,2003).

どの地域でも比較的関心が高い地域情報は,「保健,医療,福祉に関する情

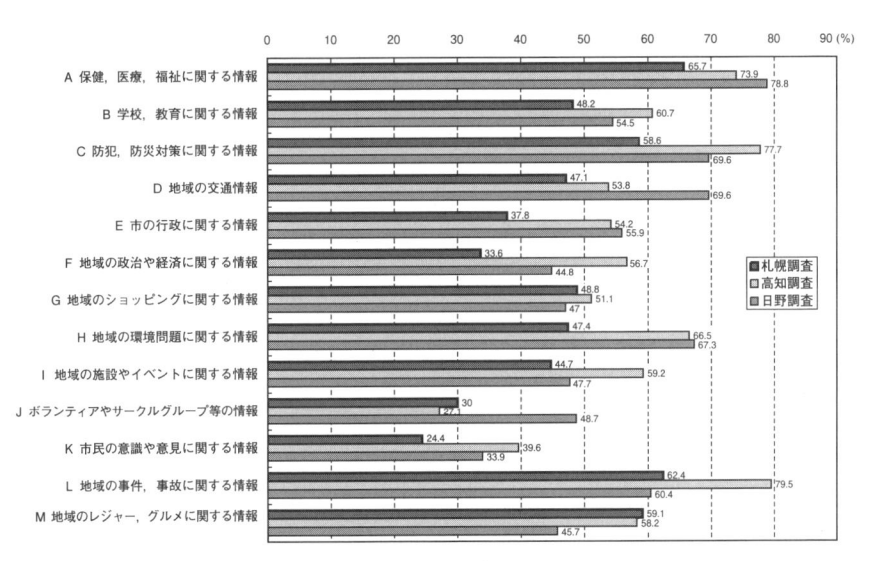

図4.2 地域情報への関心度(札幌,高知,日野)

報」「地域の事件，事故に関する情報」「防犯，防災対策に関する情報」「地域の環境問題に関する情報」であった．これは，先の機能的な地域情報分類からいえば，S（地域住民の安全・安心に関わる情報）にほぼ該当する項目であることがわかる．

　次に紹介するのは，NHK放送文化研究所が2003年10月に全国7府県で実施した住民調査である(4)．この調査では，地域情報の範域を「居住地域」（住んでいる町内とその周辺），「買い物・レジャー地区」（県内，県外を問わず，大きな買い物やレジャーなどでよく出かける地区），「県全体」（自分の住んでいる県全体）の3つに分け，それぞれについて異なる情報項目を設定して，4段階尺度で関心の程度を聞いている．これは本章の地域社会システム図式でいえば，「市町村レベルの行政圏（近隣生活圏を含む）」「購買・レジャー圏」「都道府県レベルの行政圏」にほぼ対応すると考えられる．

　調査結果をみると，まず居住地域の情報については，各県とももっとも関心が高かったのは「お天気について」で，これに続いて「病院や診療所，福祉施設について」「ゴミの収集について」「震災時の避難方法について」「事件・事故について」への関心が比較的高かった．この結果は，「お天気情報」をのぞけば，ニューメディア研究会の調査結果とほぼ対応している．次に，買い物・レジャー地区の情報についてみると，各県とももっとも関心が高かったのは「お天気について」「事件・事故について」という基本ニュース情報であった．それに続いて高かったのは，「おいしいと評判の飲食店について」「行楽地・観光地について」「話題のお店について」などショッピング，レジャー関連の情報であった．また，県全体の情報については，各県とも「お天気について」「事件・事故について」「病院や診療所，福祉施設について」への関心がもっとも高く，これに続いて「交通情報について」「行楽地・観光地について」「防災・防犯対策について」「教育や福祉の動きについて」などといった県レベルの交通，施設，行政関連情報への関心が比較的高いという結果が得られている（中野・照井，2004）．

このように，地域社会システム全体としてみた場合には，天気情報，事件・事故情報，安全・安心情報など地域生活の基礎的な情報やニュースへの関心が高いが，これを生活機能別のサブシステムのレベルに分けてみた場合には，さらに機能別の個別化された地域情報への高い関心がみられるという調査結果が得られている．将来的には，生活機能別に異なる地理的範域を設定した上で，よりきめ細かな地域情報ニーズの実態を調査研究することが一つの課題となるだろう．

地域メディアの利用状況

それでは，地域に暮らす人々はこれらの情報をどのようなメディアから入手しているのだろうか．図4.1の地域社会システムに対応する形で，① 居住地域（町内会，近隣生活圏，市町村レベル）の地域情報，② 買い物・レジャー圏，③ 都道府県レベルの地域情報に関わる地域情報について，前記NHK調査のデータをもとに，メディア利用の実態をみておくことにしたい．[5]

① 居住地域の情報に関するメディア利用

「病院・福祉施設・診療所」や「小中高・幼稚園・保育園」など居住地域の公共施設に関する情報の入手メディアとしては，各府県とも「広報紙」「隣近所，知人の話」がよく利用されている．これに次いで多いのは，「家族の話」や「地元紙」（大阪・千葉を除く地域）である．また，「ゴミの収集」や「震災時の避難」に関する情報では，「広報紙」と並んで「回覧板・掲示板」が主要な入手メディアとなっており，家族や近所の人からの話など口コミがこれに続いている．

日常生活が営まれる町内を中心とする狭い範囲の居住地域では，「広報紙」「地元紙」「回覧板・掲示板」「看板・広告チラシ・ビラ」あるいは口コミなどの身近なメディアが，地域情報の情報源として重要な役割を果たしていることが示されている．

② 買い物・レジャー地域情報の入手メディア

買い物・レジャー圏に関する地域情報のうち,「評判の飲食店」と「行楽地・観光地」に関する情報では,各府県とも「隣近所や知人の話」を「民放テレビ」から入手する割合が高くなっている.「評判の飲食店」については,「タウン誌系」メディアや「看板・チラシ・ビラ」の利用も比較的多い.これに対し,「行楽地・観光地」に関する情報の場合には,とくに大阪府と千葉県で「インターネット」の利用度が比較的高くなっているのが注目される.こうした大都市圏では,タウン誌よりもインターネットの方がレジャー関連情報の情報源としてよく活用されているという傾向が伺える.逆に,大都市圏以外の5地域では,民放と並んで「地元紙」が情報源として比較的よく利用されている.

③ 県全体の情報の入手メディア

県という大きな地域社会システムに関する情報の入手メディアをみると,「事件・事故」に関する情報では,大阪府や千葉県などの大都市圏では,「全国紙」「民放テレビ」「NHKテレビ」などのマスメディアの利用率が圧倒的に高くなっており,それ以外の県では,全国紙のかわりに「地元紙」の利用率が高くなっている.「事件・事故」情報については,身近な居住地域や買い物・レジャー地区の場合にも,情報源としてテレビや新聞などのマスメディアへの依存度が高いという共通の傾向がみられる.これは,事件・事故のニュースがもっぱら報道機関(専門のジャーナリズム組織)に依存しているためと思われる.

「教育や福祉の動き」「美術館・図書館・資料館」に関する情報の場合には,広報紙がもっともよく利用されているほか,大都市圏以外の地域では,地元紙も重要な情報源となっている.また,「教育や福祉の動き」に関しては,大阪府と千葉県では「全国紙」も比較的よく利用されている.これに対し,「病院・福祉施設・診療所」に関する情報では,居住地域と同様に,広報紙と並んで「隣近所・知人の話」や「家族の話」などの口コミも比較的よく利用されている.

表4.1 地域情報別にみた利用メディア（%）

居住地域の情報

情報項目		大阪府	千葉県	広島県	長野県	鹿児島県	岩手県	徳島県
病院・診療所・福祉施設	地元紙	9	10	26	37	31	29	30
	広報紙	44	45	33	41	37	45	35
	回覧板・掲示板	15	15	10	20	17	19	8
	家族の話	31	29	26	29	28	24	29
	隣近所・知人の話	43	42	37	39	40	31	38
ゴミの収集	地元紙	5	4	5	9	11	9	13
	広報紙	49	53	46	53	49	57	54
	回覧板・掲示板	49	53	51	54	48	47	32
	家族の話	21	21	19	20	25	18	20
	隣近所・知人の話	20	20	20	24	22	18	20

買い物・レジャー圏の情報

情報項目		大阪府	千葉県	広島県	長野県	鹿児島県	岩手県	徳島県
評判の飲食店	週刊誌・雑誌	18	20	11	16	11	11	14
	民放テレビ	27	30	23	25	25	26	16
	タウン誌系	17	22	24	16	22	16	23
	インターネット	14	17	9	10	9	6	9
	看板・チラシ・ビラ	19	20	19	22	21	21	18
	家族	27	21	19	21	22	19	20
	隣近所・知人の話	49	38	44	45	45	44	42
行楽地・観光地	週刊誌・雑誌	19	23	13	18	12	11	16
	全国紙	22	18	6	11	4	6	7
	地元紙	6	4	20	25	29	23	26
	NHKテレビ	11	13	13	13	13	13	12
	民放テレビ	27	29	25	27	25	26	20
	タウン誌系	12	15	21	15	20	16	19
	インターネット	22	25	13	17	10	9	13
	隣近所・知人の話	23	21	22	24	27	26	25

県全体の情報

情報項目		大阪府	千葉県	広島県	長野県	鹿児島県	岩手県	徳島県
事件・事故	全国紙	65	61	29	28	15	23	11
	地元紙	17	21	54	64	64	54	71
	NHKテレビ	50	50	55	57	57	54	54
	民放テレビ	60	55	59	59	62	58	49
	ラジオ	11	11	13	16	20	18	10
	隣近所・知人の話	13	14	15	16	14	12	14
教育・福祉	全国紙	32	23	11	11	7	9	4
	地元紙	7	11	32	42	44	34	47
	NHKテレビ	23	16	26	31	30	26	27
	民放テレビ	23	14	24	26	28	26	19
	広報紙	34	42	30	33	33	35	29
	回覧板・掲示板	10	12	11	13	11	11	6

出典：NHK放送文化研究所調査（中野・照井, 2004）をもとに作成。

以上みたように，比較的狭い範囲の居住地域では，広報紙，回覧板，口コミなど伝統的で身近なメディアが比較的よく活用されているのに対し，買い物・レジャー地区になると，民放テレビ，タウン誌からインターネットに至るまで，多様なメディアが使われていること，県全体の地域情報については，新聞やテレビなどのマスメディアや広報紙への依存度が高いこと，など異なる特徴がみられる．その一方で，「事件・事故」情報，「病院・診療所」など公共施設に関する情報では，地域社会システムの違いをこえて，メディア利用パターンに共通性がみられる．

3．地域メディアの歴史的展開と現状

新　聞

(1) 地方新聞の生成と発展

　わが国でニュース報道メディアとして本格的に新聞が発行されたのは，1868（明治元）年だったが，廃藩置県の行われた1871年には，大阪，京都，名古屋，金沢など地方の中核都市でも新聞が発行されるようになった（『京都新聞』『大坂日報』『新潟新聞』など）．1872年以降になると，さらに多くの地方紙が続々と発刊されている（1873年『長野新報』，1874年『秋田魁新報』など）．そして，1880年前後には各県に少なくとも1紙以上発行されるようになり，地方紙は地域情報を伝える主要メディアとしての地位を確立していった．

　地方紙が発展するにつれて，地方紙は次第に特定の政治的立場を明確にし，いわゆる政論新聞として機能するようになった．けれども，日本の帝国主義的政策が強まるにつれて，政府の言論統制が強まり，それが地方紙の消長にも大きな影響を与えることになった．

　1938年，国家総動員法が公布されると，新聞用紙の割り当て制限が始まり，小規模な地域紙が消えていった．さらに，1939年から40年にかけて，政府は「新聞事業令」を公布して地方紙の統廃合を進めた．これによって，1942年までに全国の新聞の統廃合が完了し，1県1紙体制が完成することになった[6]．こ

れは，地域情報チャンネル一元化を通じて国家権力による言論統制をしやすくするための方策であった．

(2) 戦後の地方紙の展開

敗戦後，占領軍の総司令部（GHQ）は，民主化政策の一環として，用紙割り当てなどを通じて地方新聞の育成をはかった．その結果，地方紙の数は戦時中にくらべて大幅に増加した．ただし，1県1紙体制は戦後も継続され，1950年代から60年代を通じて，いわゆる「県紙」や「ブロック紙」が地方紙の中核メディアとして大きく発展し，弱小の地域紙は次第に淘汰されていった．

1960年代以降，朝日，読売，毎日などの全国紙は新聞製作の電子化を進めたが，この動きは地方紙にも波及し，1968年『佐賀新聞』がCTS（全面写植システム）を導入したのを皮切りに，全国各地の主要地方紙でも新聞製作の電子化を進め，地方紙制作における情報化が急速に進展した．2004年10月現在，日本新聞協会加盟の日刊紙は120紙，発行部数の合計は7,036万部に達している．

(3) 地域情報入手メディアとしての新聞

テレビやインターネットが普及した21世紀の今日においても，地方紙や全国紙は地域情報の入手メディアとして重要な役割を果たしている．前記NHK調査によると，全国紙はお天気や事件・事故などのニュース情報，県全体の政治・経済関連情報を知るためによく利用されている．また，地元紙は県レベルの地域情報を得るための情報源として，他のどのメディアよりもよく利用されているという結果が得られている．ニューメディア研究会の調査をみても，学校・教育，保健・医療・福祉，防犯・防災，地域政治・経済，事件・事故に関する情報を入手するメディアとして，新聞は広報紙やテレビ放送と並んでもっともよく利用されているという結果が得られている．

テレビ

(1) テレビローカル放送の展開

テレビ放送は1953年に開始されて以来50余年と，歴史は比較的新しい．当初は東京，大阪，名古屋，札幌，仙台，広島など大都市を中心に放送が開始されたが，1957年には全国各地に置局され，NHKと並んで民放も全国ネットワーク化を進めた．

テレビ放送を通じた地域情報の提供については，1969年の放送法改正で「地方向け放送番組を有するように」という規定が設けられた他，民放については設立当初から地域社会に密着した放送活動が要求されていたが，実際には地方局の自主制作番組制作能力の低さから，テレビのローカル放送局は東京や大阪のキー局に番組コンテンツを大幅に依存せざえるを得ないという状況が長く続いている．

1960年代から70年代にかけて，民放の全国系列化が進むにつれて，東京への一局集中化が進んだ．また読売，朝日，毎日，産経，日経などの全国紙が民放と資本提携することによって，地方のVHF民放テレビ局は東京のキー局や全国紙の「地方代理店」のような従属的地位におかれるようになった．その結果，民放ローカル局による地域情報の自主制作，情報発信機能はきわめて脆弱な状態が継続することになったのである（美ノ谷，1998）．その中にあって，KBS京都など広域エリアの独立UHFテレビ局では，1985年，「市民のためのKBSをめざす実行委員会」を発足させ，市民参加による番組づくりなど，地域密着型の番組編成，制作を試みたところもあり，地域メディアとしてのローカル放送のあり方に一石を投じた（柳澤，1996）．

(2) 地上デジタル放送と地域情報

21世紀に入って，地域情報発信の新しい担い手として注目されているのが，地上デジタル放送である．2003年12月に東京・大阪・名古屋で19局が地上デジタル放送を開始した．総務省が2004年12月に発表した開局ロードマップによれ

ば，2004年12月時点での地上デジタル視聴可能世帯数は約1,800万世帯（約38％），2005年12月には2,700万世帯（57％）に達すると予想されている．地上デジタル放送の特徴は，① 高精細なハイビジョン放送で，高品位な画像と音声を楽しむことができる，② データ放送，インターネットとの連携などで多様な情報を提供できる，③ 携帯電話，PDAでのテレビ放送受信が可能になる（ユビキタス放送の実現），④ 字幕放送などで聴覚障害者にやさしい，⑤ 電子番組ガイド（EPG）で番組選択が容易などの点にある．また，データ放送機能を使えば，地域ごとのきめ細かい地域情報や災害情報などを提供することが可能である．

総務省が実施した地上デジタル放送に関するアンケート調査でも，地上デジタル放送に期待する内容として，「地域情報や災害情報の充実」が第2位を占めるという結果が得られた．利用者からみて，地上デジタル放送の利用意向が強い地域情報や地域行政サービスとしては，① 住民票などの電子申請，② 各種届け出書類の取得，③ 電子投票，④ 公共施設情報，⑤ 交通規制・渋滞情報，⑥ 医療機関情報などがある（総務省，2003）．

実際に，岐阜県岐阜市では，地上デジタル放送を活用して，行政情報提供や公共施設予約に関する申請手続等のサービスの実証実験を実施している（2004年2月から同年3月まで）．参加家庭は151世帯であった．実験の結果，1日当たりアクセス数は平均23世帯だったが，高齢者一人暮らし世帯の1日当たり利用率が22.6％ともっとも高いという興味深い傾向がみられた．地上デジタル放送は，テレビを使い慣れている世代のデジタルデバイド解消に役立つ可能性もあることをこの事例は示唆している．

(3) 地域情報入手メディアとしてのテレビ

地域住民の側から，地域情報入手メディアとしてのテレビをみると，テレビは一部の情報をのぞくと，地元紙や広報紙に比べると必ずしもよく利用されているとはいえない．前記NHKおよびニューメディア研究会の調査によると，

テレビがもっとも重要な情報源となっている地域情報は,「お天気」「事件・事故」「防犯・防災」「交通情報」「行楽地・観光地情報」などである.これに対し,「学校・教育」「病院などの公共施設」「ゴミ収集,震災時の避難」「地域のお店」に関する地域情報については,広報紙,地元紙など他の地域メディアにはるかに及ばない.

今後普及が進むと期待される地上デジタル放送がこうした地域情報をどれだけきめ細かく提供し,住民の情報入手メディアとして機能するようになるのか,今後の動向が注目される.

自治体広報

(1) 自治体広報の歴史的展開

戦後,自治体広報は都道府県レベルの地域情報を伝達するメディアの中心的な地位を占めるようになった.その背景には,GHQの広報政策が深く関わっていた.[7]

1947年,GHQは各都道府県に対し,県行政の民主的な運営を推進するために,知事室にPRO（Public Relations Office）を設置し,「行政施策について正確な情報を県民に提供し,県民自身にそれを判断させ,県民の自由な意志を表明させることに努める」よう指導した結果,1950年までに全都道府県に広報組織が誕生した（的石,1982）.そして,50年代末までに全国約1,500もの自治体で広報紙が誕生するに至っている（日本広報協会,2002）.

このように占領軍からの外圧で導入された自治体広報であったが,50年代に入ると,地方自治財政の悪化,広報理論・技術の未成熟,GHQの政策転換などを背景として,自治体広報は一時期停滞を余儀なくされた.しかし,1960年代に入ると,① 行政の膨張と情報量の増大,② 町村合併と都市化による地域社会の変容,③「開発」をキーワードとする地域振興の要請,④ 行政運営の転換と革新自治体の登場などの内在的要因を背景として,再び自治体広報が再び脚光を浴び,次第に全国市町村に浸透してゆくようになった（井出,1967）.さ

らに，1970年代に入ると，全国各地で公害，環境汚染，地域開発などを契機とする住民運動が頻発し，それとともに自治体行政への住民参加の要求が強まり，それまでの「お知らせ型」「解説型」の一方通行的な広報から，双方向コミュニケーション，市民参加型の「広報広聴」へと比重が移っていったのである（東京大学新聞研究所，1981）．

この基調は現在でも変わっていない．しかし，自治体広報の現状をみると，依然としてお知らせ，告知的な広報がほとんどであり，地域住民との対話やコミュニケーションが不足している，情報公開が不十分である，といった問題点が指摘されている（前坂，2001）．

(2) 自治体「広報紙」の発行状況と利用実態

現在，自治体広報の手段として活用されているメディアは，(1) 印刷メディア（広報紙，広報誌，新聞紙面，パンフレット，チラシ，本，ポスター），(2) 視聴覚メディア（テレビ，ラジオ，写真，映画，CD，DVD），(3) 空間メディア（集会，説明会，懇談会，行事・イベント，施設見学会），(4) ネットワーク系メディア（ホームページ，メールマガジン，電子会議室）など多様である．このうち，中心的メディアとなっているのは，定期的に発行される「広報紙」である．ここでは，広報紙の発行状況と利用実態を簡単に紹介しておきたい．

日本広報協会「市区町村広報広聴活動調査」によると，広報紙の発行頻度は，「月1回発行」が74％でもっとも多い．広報紙の配布方法としては，約81％が自治会（町内会）経由で，約6％が新聞折り込みで配布されている．しかし，近年，自治会加入者の減少によって，全世帯配布を原則とする広報紙が住民全体に行き渡らなくなってきている自治体の事例も見受けられる．未加入世帯には郵送したり，公共施設などにおいて直接取りに来てもらうなどの方法で対処しているのが現状である．広報紙の届かない家庭向けの広報が今後の課題となっている．また，最近では，自治体ホームページ上で広報紙を掲載する自治体も増えており，全体の66％にも達している．

```
□ 札幌市
■ 日野市
□ 高知市
```

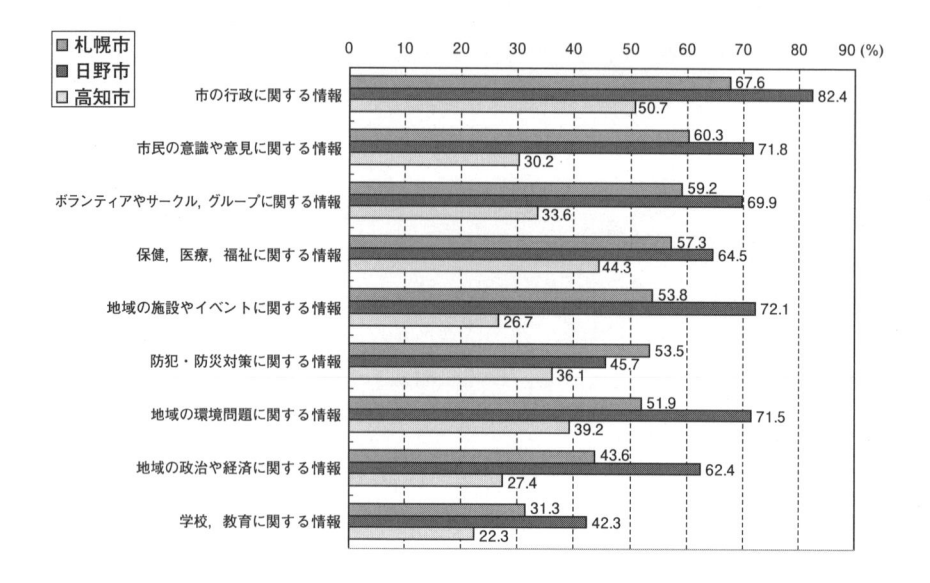

項目	札幌市	日野市	高知市
市の行政に関する情報	67.6	82.4	50.7
市民の意識や意見に関する情報	60.3	71.8	30.2
ボランティアやサークル，グループに関する情報	59.2	69.9	33.6
保健，医療，福祉に関する情報	57.3	64.5	44.3
地域の施設やイベントに関する情報	53.8	72.1	26.7
防犯・防災対策に関する情報	53.5	45.7	36.1
地域の環境問題に関する情報	51.9	71.5	39.2
地域の政治や経済に関する情報	43.6	62.4	27.4
学校，教育に関する情報	31.3	42.3	22.3

図4.3　広報紙が情報源として役立っている割合（3つまで回答可）

出典：「ニューメディア研究会」調査（2000～2002年実施）

「ニューメディア研究会」の調査によれば，各種の地域情報を入手する手段としての広報紙の利用割合は，図4.3に示すようになっている．日野市では，どの情報に関しても広報紙の利用率が他の地域にくらべると高くなっている．3地域とも，広報紙の利用率がもっとも高いのは「市の行政に関する情報」である．また，日野市と札幌市では，「市民の意識や意見に関する情報」を得る情報源として，広報紙を利用する率がこれに次いで高くなっている．この他に，広報紙から入手する割合の比較的高い地域情報としては，「ボランティアやサークル，グループに関する情報」「保健，医療，福祉に関する情報」「地域の施設やイベントに関する情報」などがある．

このように，広報紙は地域情報を提供するメディアとして，情報化，多メディア化が進んだ今日でも重要な役割を果たし続けているのである．

フリーペーパー

(1) フリーペーパーの現況

フリーペーパーとは,「特定の読者を狙い,無料で配布するか到達させる定期発行の地域生活情報紙誌で,イベント,タウン,ショップ,求人求職,住宅・不動産,グルメ・飲食店,ショッピング,演劇,エステ・美容,レジャー・旅行,各種教室など多岐にわたる生活情報を記事と広告で伝える」(日本生活情報紙協会,2000)ものをいう.

山中(2001)によれば,フリーペーパーを発行目的別に分類すると,次の6種類があるという.

(1) 地域広告の獲得を主な目的とした生活情報紙
(2) 特定のマーケット開発を主な目的とした絞り込み型の情報紙
(3) 電話,テレビ,インターネットなど他のメディア情報を柱とすることで地域広告の獲得を図るメディアミックス型の情報紙
(4) 新聞社系など,本紙の拡充支援を主な目的としたサービス情報紙
(5) 企業,地域団体が地域コミュニケーションを主な目的としたコミュニティ情報紙

現在,わが国で発行されているフリーペーパーは727紙,総部数1億2000万部以上(日本生活情報紙協会,2002年「第2回全国フリーペーパー実態調査」)に上っており,新聞とチラシに次ぐ,まさに第3のコミュニティ紙媒体にまで成長している.

フリーペーパーの配布方法としては,戸別配布(ポスティング),新聞などへの折り込み,組織を通じての配布,店頭や街頭でのラック設置や手渡し,郵送などさまざまである.発行頻度は,週刊,隔週刊,月刊が多いが,日刊,季刊のものもある.

フリーペーパーの歴史は,1954年,地域情報紙として発行された週刊の「東急沿線新聞」から始まったといわれている.この頃から,地域の新聞販売店がミニコミ紙を発行し始めた.翌1955年には,日本初の日刊フリーペーパーであ

る「滋賀報知新聞」が創刊されている．また，1959年には，本格的な広域配布のフリーペーパーとして，「アパートウィークリー The KEY」（首都圏の公団：3月創刊），「団地新聞」（福岡市：4月創刊）が発行されている．

現在首都圏で流通している代表的なフリーペーパーとしては，hot pepper，R-25（いずれもリクルート発行），リビング東京（サンケイリビング新聞社発行），Well（ライフウェル発行），L'ala pado（ラーラぱど：株式会社ぱど発行），apple（アップルウェイ発行）などがある．

(2) フリーペーパーの地域的機能

「地域情報紙」としてのフリーペーパーは，地域社会をマーケットとし，地域住民とダイレクトに結びついているがゆえに，重要な地域的機能を果たしている．山中（2001）によれば，フリーペーパーの地域的機能には，① 地域密着メディアとしての標的市場の設定機能，② タウン紙としての地域社会への貢献機能という2つの側面があるという．

フリーペーパーがとらえるエリアマーケットとしての地域社会の性格は，① その土地（地形，歴史，風土など）そのものがつくり出す要因，② そこに住む人によって作り出される要因，③ 交通や行政による要因に規定され，その違いによって，地域社会の中に多様なテーマ・コミュニティが形成され消費者集団が形成される．フリーペーパーはこうした細分化されたコミュニティに応じた生活情報を伝達する．その際に，スポンサーである企業は配布エリアのコミュニティ特性をみながら，標的市場を設定することになる．

フリーペーパーのもう一つの地域的機能である「タウン紙」としての機能は，フリーペーパーが単に広告を掲載するだけではなく，地域文化の紹介，地域のイベントや催しの告知・後援・開催，地域の緑化・美化運動，環境保護の推進，企業の地域社会活動の伝達・報道などを通じて，地域社会に貢献していることである．たとえば，大坂府富田林市を中心に13万部を発行する「シティ・ジャーナル」は，「生活者の立場から，社会・文化・福祉などについての提言」

し,「新聞発行やイベント開催を通じて,行政を含めた地域振興活性化を促進する」という目的で紙面づくりをして,府民相互の文化交流の促進と,地域文化の振興に貢献している(山中,2001).

このように,フリーペーパーは,新聞の折り込みチラシやタウン誌,ミニコミなどとともに,日刊新聞,雑誌など既存の活字メディアを補完し,地域で生活する人々のニーズにマッチしたタイムリーで新鮮な情報を伝達し,地域社会の活性化に貢献するという重要な役割を果たしているのである.

ケーブルテレビ

(1) 地域メディアとしてのケーブルテレビ

ケーブルテレビ(CATV)は,もともと山間辺地でのテレビ難視聴を解消する目的でつくられた.その第1号は,1955年4月にNHKの協力により群馬県伊香保温泉で設立された共同受信(共聴)施設であった.その後,テレビの普及とともに,この種のCATVは全国各地で設立され,施設数は1960年には1,000を超え,1972年には1万を突破するに至った.2004年9月末における自主放送を行う許可施設のケーブルテレビ加入世帯数は1,726万世帯,普及率は34.7%となっている.

ケーブルテレビは当初,難視聴解消を目的として,その地域で受信できる放送電波の「区域内再送信」だけを行っていたが,その後,空きチャンネルを利用して,他地域の在来テレビ電波をキャッチして再送信する「区域外再送信」を行ったり,地域に密着した情報を独自に制作,提供する「自主放送」チャンネルを設けるなど,多チャンネル化をはかるCATVが次々と現われた.このうち,「自主放送」チャンネルのことを,現在では「コミュニティ・チャンネル」と呼んでおり,ここからエリア内の地域情報を提供していることから,地域メディアとしてケーブルテレビの役割が注目を浴びるようになった.

最近では,地域において隣接するケーブル事業者同士,あるいは電子自治体との間でネットワークを通じて連携し,サービスエリアをこえて番組を提供,

交換するという「広域連携」も増えている．たとえば，富山県では「富山県ケーブルテレビ協議会」参加13事業者が，「いきいきネット富山」のネットワークを整備し，番組交換，県議会生中継を実施している．また，佐賀県では「NetComさが推進協議会」参加10事業者が，県の整備した光ファイバー・ネットワークを利用して，ローカルコンテンツを提供するという試みを始めている（総務省，2004）．

(2) **ケーブルテレビから提供される地域情報**

ケーブルテレビを通じて提供される独自の地域情報としては，コミュニティチャンネル（地域情報チャンネル）で放送される，さまざまなコミュニティ番組，パブリックアクセス番組を通じて地元の団体や個人が発信する情報などがある．その例として，鳥取県米子市にある中海テレビ放送の番組を紹介しておこう．

中海テレビ放送（株）は，鳥取県米子市と境港市をエリアとするCATVで，1984年に設立された．1989（平成元）年11月1日に放送を開始し，現在，米子市内，日吉津村，境港市の約1万8,000世帯が加入している．

加入者に対する放送サービスは，地上波の再送信チャンネル，自主制作のコ

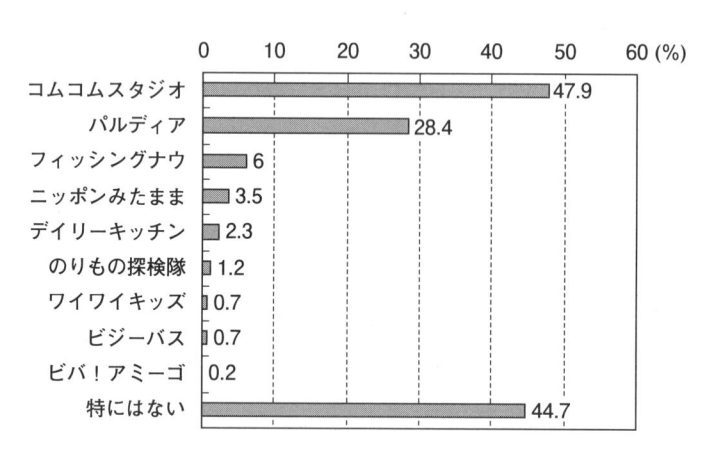

番組	視聴率(%)
コムコムスタジオ	47.9
パルディア	28.4
フィッシングナウ	6
ニッポンみたまま	3.5
デイリーキッチン	2.3
のりもの探検隊	1.2
ワイワイキッズ	0.7
ビジーバス	0.7
ビバ！アミーゴ	0.2
特にはない	44.7

図4.4 中海テレビのコミュニティ番組の視聴状況（複数回答）

ミュニティ（地域情報）・チャンネル，映画，ニュース，音楽など専門チャンネルを合わせて43チャンネルが提供されている．中海テレビ放送の最大の特徴は，多チャンネルサービスに加えて，自主制作のコミュニティ・チャンネルを4つ持っている上に，その一つがわが国でも珍しい「パブリックアクセス・チャンネル」であり，それが市民に開放されているという点である．筆者が現地調査した2002年当時，中海テレビでは，「コミュニティ・チャンネル」「イベントチャンネル」「パブリックアクセス・チャンネル」「テレビ伝言板，災害情報チャンネル」という4つのコミュニティ・チャンネルを放送していた．こうしたコミュニティ番組を視聴者はどのように見ているのだろうか．

筆者らが中海テレビ加入者に対して行った調査(8)では，「コミュニティ・チャンネル」をほぼ毎日見ている人が約6％おり，週1日以上見ている人の割合は約24％と，ほぼ4人に1人に達していることがわかった．また，コミュニティ番組で放送されている番組をあげて，ふだんよく見ているものをいくつでも選択してもらったところ，図4.4のような結果が得られた．もっともよく見られている番組は「コムコムスタジオ」と「パルディア」の2つである．

これらの番組のうち少なくとも一つを見ている人を「コミュニティ番組視聴者」と考え，その属性上の特徴を検討してみた．性別で比較してみると，女性

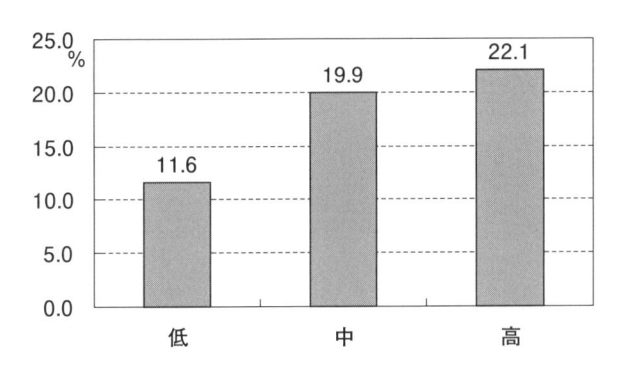

図4.5　地域活動への参加度×中海テレビのコミュニティ番組視聴

よりも男性のほうにコミュニティ番組視聴者が多く，年齢的には30代から40代にかけての層が比較的多くなっている．学歴との関連をみると，高学歴の人ほどコミュニティ番組を見ている割合が高く，学校や大学に在学中の学生，生徒の視聴率がとくに高いという特徴がみられる．

　人々の地域との関わり方もまた，コミュニティ番組の視聴に影響を与えているようである．図4．5は，地域活動や団体活動への参加の程度とコミュニティ番組視聴有無との関連を示したものである．地域活動への参加度の高い人ほど，コミュニティ番組を視聴する割合が高くなるという興味深い関連がみられる．

(3) パブリックアクセス番組

　パブリックアクセス番組というのは，「一般市民が一定のルールによって自主的に企画・制作した放送番組」（津田・平塚，2002）のことをいう．もともと，1970年代にアメリカのケーブルテレビ局で始まったものである．当時，アメリカでは市民運動が活発化し，その中で市民からの情報発信要求が強まった．これを受けて，1971年，ボストンの公共放送局 WGBH が『キャッチ44』という市民企画・制作番組を放送したのが始まりとされている．翌1972年には，アメリカ連邦通信委員会（FCC）がケーブルテレビ事業者に対し，パブリックアクセス番組の提供を義務づける規制を行い，これ以降，地方自治体がケーブルテレビ事業者との間でフランチャイズ契約を交わして，パブリックアクセス・チャンネルの提供を義務づけるようになった．アメリカでは，全米で約2,000のアクセスチャンネルがあり，そのうち54％が一般市民の企画・制作する「パブリックアクセス・チャンネル」である（1992年，全米コミュニティメディア連合調べ）[9]．

　中海テレビでは，設立当初から市民みずから作る住民参加テレビ番組の放送を事業目的の一つに掲げ，アメリカの先例にならって，コミュニティ・チャンネルの一つを市民に開放したパブリックアクセス・チャンネル（PAC）として

提供してきた．そして，PACを自主的に運営する主体として，中海テレビの呼びかけにもとづいて，「中海テレビPAC番組運営協議会」が1992年に設立された．主な構成メンバーは，米子を中心とする地域の医師会，青年会議所，教育委員会，商工会議所，公民館，老人クラブ，各種ボランティア団体，趣味のサークルなどである．平成15年5月現在で36団体が協議会に参加している．

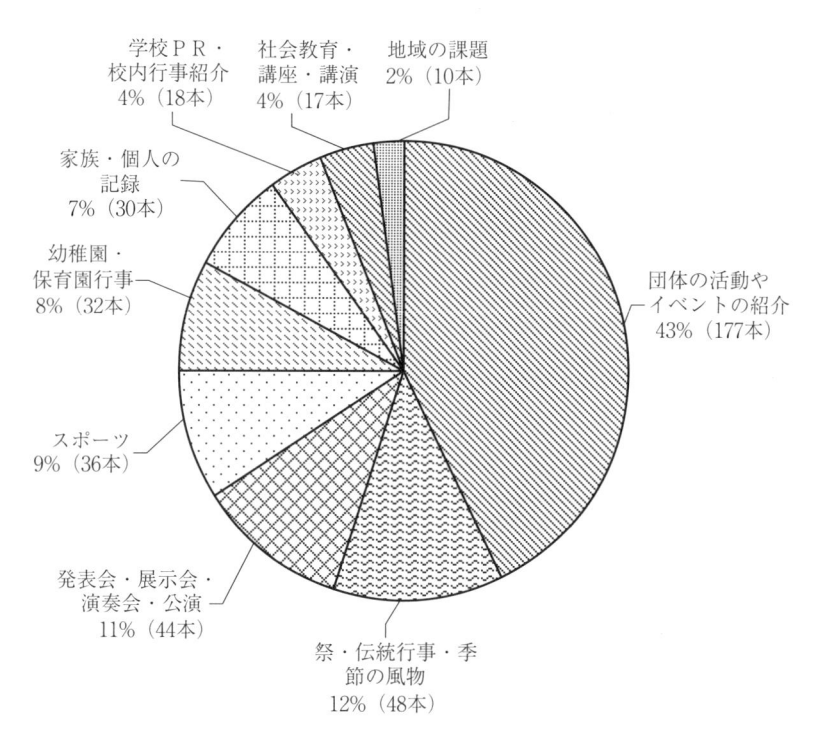

- 学校PR・校内行事紹介 4%（18本）
- 社会教育・講座・講演 4%（17本）
- 地域の課題 2%（10本）
- 家族・個人の記録 7%（30本）
- 幼稚園・保育園行事 8%（32本）
- スポーツ 9%（36本）
- 発表会・展示会・演奏会・公演 11%（44本）
- 祭・伝統行事・季節の風物 12%（48本）
- 団体の活動やイベントの紹介 43%（177本）

図4.6　PACの番組内容（金澤・平塚，1997より）

PACの基本理念は，次の2つである．

○地域の文化・経済・スポーツ団体，学校あるいは個人一人一人が，各活動，その他何でも自由に発表・PRする場を設ける．
○市民のつくる番組を通して，地域コミュニケーションの輪を広げ，生活の

向上,また地域社会の経済・文化・教育発展を目指していく.

　市民や団体は,だれでも番組企画を立てて中海テレビに申し込めば,PACから一定の時間枠を与えられて放送することができるようになっている.放送開始された平成4年11月から平成13年12月までの10年間に放送されたPACの番組数は757本(中海テレビ提供資料をもとにカウント)に達している.

　放送される作品の内容は多彩である.金澤・平塚の調査(1997年)によると,内容分類は図4.6に示すとおりである.青年会議所,公民館などの団体の活動やイベントの紹介番組がもっとも多く,祭・伝統行事・季節の風物の紹介,発表会・展示会・演奏会,スポーツ関連がこれに次いでいる.

　こうした内容のPACに一般の市民はどの程度参加しているのだろうか.また,PACの番組をふだんどの程度視聴しており,これをどのように評価しているのだろうか.筆者らが2002年に実施した調査では,これらの点についての設問をいくつかつくり,答えてもらった.

　まず,PACへの参加状況をみると,中海テレビ加入者の中でこれまでにPACに出演したことがある人は5%,番組に協力したことがある人は3.5%となっている.内訳をみると,出演だけした人が3.7%,番組協力だけした人が2.3%,出演と番組協力を両方した人が1%となっている.したがって,PACの番組制作に協力ないし出演した人は,加入者全体の7%ということになる.この数値は,PACが市民参加型のコミュニティ・チャンネルとして着実に根づき始めていることを示すものといえよう.

　PAC参加経験者の属性を性別にみると,出演または協力の経験がある人は女性の4.7%に対し,男性は9.6%であり,男性の方が多い.年齢別にみると,30代が11%ともっとも高く,40代が9.9%でこれに続いている.逆に50代は3.4%でもっとも低くなっている.学歴との関連も強く,大学・大学院卒の高学歴層では14%の加入者が参加経験をもっているのに対し,短大・高専卒では3.5%,高卒レベルでは5.6%とかなり低くなっている.世帯年収との関連をみると,年収が1,500万円以上の高額所得層で参加率が27.4%と突出している.また,職

種別にみると,専門・技術職の15.9％がもっとも高く,販売・サービス職の10.9％,事務職の9.6％がこれに続いている.逆に,学生で参加経験のある者は皆無であり,主婦の参加率も3.2％と低いレベルにとどまっている.このように,PAC参加経験者は属性的にみるとやや不均等な分布を示しているように思われる.今後より幅広い階層の市民に参加を広げていくためには,技術面,経済面のサポートを含めた対策が必要となろう.[10]

コミュニティFM

(1) コミュニティFMの生成と展開

コミュニティFM（コミュニティ放送）とは,区市町村をエリアとする小出力（原則として20W以下）のFMラジオ放送のことをいう.1992（平成4）年1月,放送法施行規則が一部改正され,これまでの県域放送に加えて,市町村をエリアとするコミュニティ放送が制度化されたものである.最初に開局したのは,函館の「FMいるか」で,1992年12月に放送開始している.

はじめの頃は,1桁台の開局で推移していたが,1995年1月の阪神・淡路大震災でコミュニティFM,ミニFM局が災害支援で活躍したことをきっかけに

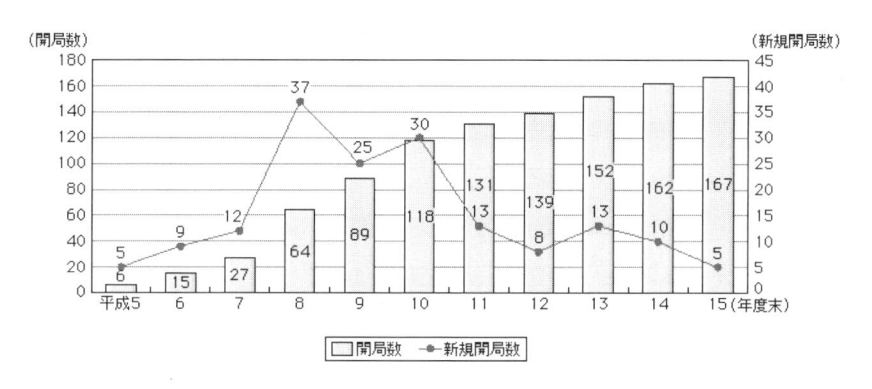

図4.7 コミュニティFMの開局数推移（1993～2003年）

出典:『平成16年版 情報通信白書』

全国的に注目を集め，1996（平成8）年から1998（平成10）年にかけて開局ラッシュを迎えることになった．2003年3月現在，全国のコミュニティFMは167局に達している（図4.7）．

(2) コミュニティFMの現状

コミュニティFMのカバーする放送エリアは，区市町村程度の比較的狭い地域である．1994年には1自治体1波制限が緩和されたとはいえ，実際に同一区市町村に2局以上存在するケースは，帯広市，札幌市，高松市，宮崎市の4つのみである（小内，2003）．

船津衛が1998年に実施した全国コミュニティFM107社を対象とする調査（郵送法によるアンケート調査，回収率73.8％）によると，コミュニティFM放送設立の理由としては，「災害情報の提供」がもっとも多く，「地域情報の提供」「地域の活性化」がこれに次いで多かった（船津, 1999）．「情報の発信」「地

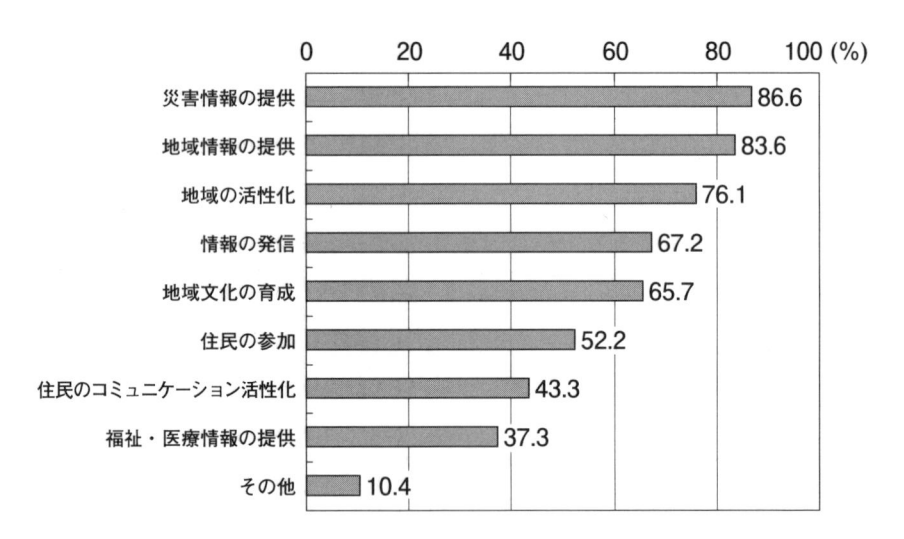

項目	%
災害情報の提供	86.6
地域情報の提供	83.6
地域の活性化	76.1
情報の発信	67.2
地域文化の育成	65.7
住民の参加	52.2
住民のコミュニケーション活性化	43.3
福祉・医療情報の提供	37.3
その他	10.4

図4.8　コミュニティFM放送の設立理由（N=107）（船津, 1999をもとに作成）

域文化の育成」「住民の参加」がこれに続いている．また，コミュニティFM放送が地域社会との関連で重視していることも，「身近な情報の提供」が圧倒的に多く，ついで「地域文化の育成」が多くなっている．

コミュニティFMの現状を把握するために，いくつかの放送局の事例を紹介しておきたい．

① FMいるか（函館市）

FMいるかは，わが国最初のコミュニティ放送局として知られている．正式名称は「はこだてFM」といい，1992年12月に開局した．放送エリアは，函館市全域，上磯町，大野町，七飯町，戸井町をエリアとしている．エリア内の世帯数は約15万世帯である．放送時間は，朝7時から夜10時までの毎日15時間で，100％自社制作の生放送を基本にしている．放送内容は，「街角ラジオ」をキャッチフレーズに，地域の情報である函館の天気概況全般，道路交通情報，イベントや催しのお知らせ，観光案内，夜景の状況などを，音楽を効果的に流しながら，定期的かつタイムリーに放送している．

② FM三角山（札幌市）

FM三角山は，1997年に開局した札幌市内のコミュニティ放送局である．西区および隣接区の一部の約43万世帯をエリアとしている．この放送局では，開局の当初から単に地域情報を提供するだけではなく，住民参加を積極的に取り入れている．だれでも，情報を伝えたい人，話をしたことがある人，話すべき人はマイクの前へ，をコンセプトにしている．人気番組としては，「三角山モーニング」（リクエストとレポートで構成），「ポカポカ」（主婦向けの情報番組），「タウンボイス：あなたが主役」（住民参加型の番組），「三角山広場」（さまざまな立場の人が集まったトーク番組）などがある．

FM三角山のスタジオには，喫茶店が併設されている．いつでも住民が気軽にスタジオを訪問し，番組に参加することができるようになっており，放送局が地域住民の交流の場ともなっている．また，放送内容の一部はインターネッ

トを通じて全国に向けて放送されており，地域情報の外部に向けての発信にも早くから取り組んでいる．

③ エフエム入間（埼玉県）

エフエム入間放送は，阪神・淡路大震災をきっかけとして，入間市と地元企業が共同出資して1996年に設立された．放送エリアは入間市を中心に，隣接の数市もカバーしている．設立当初の従業員は5名，契約パーソナリティが13名で，これに広報紙で募集した市民50名がボランティアのスタッフとして参加している．2002年時点では，ボランティアスタッフはさらに増えて，年間約200名が登録されているという（塚本，2002）．このように，エフエム入間放送では，ボランティアがコミュニティFMを支えているという点に大きな特徴がみられる．

塚本の調査によると，市民ボランティアが参加している番組を大別すると，① ボランティアスタッフだけで企画・制作している番組，② 大学のサークルなどのグループが企画，制作している番組，③ 技術やアシスタントなど番組の一部にボランティアが参加している番組，の3種類に分けられるという．そして，時系列的に番組時間数をみると，① のボランティアだけで企画・制作する番組の比率が次第に高くなっていることがわかった．これは，ボランティア市民が経験を積むうちに，メディアリテラシーを向上させてきたことを反映しているものと思われる．ただし，市民ボランティアの企画・制作による番組の放送時間数そのものは，次第に減少する傾向がみられ，番組制作への市民参加の拡大に一定の限界があることを示唆している．

(3) コミュニティFMの課題と展望

コミュニティFMは，ケーブルテレビと並んで，市町村レベルの狭いエリアで身近な地域情報をリアルタイムに伝達するのに適した地域メディアである．また，地域住民が自ら番組を企画制作することによって，住民相互の交流をはかったり，外部に向けて情報発信するなど，パブリックアクセスの手段として

も活用されている．さらに，インターネット放送を活用することによって，地域情報を広く全国あるいは世界に向けて発信する可能性も秘めている．しかし，同時にさまざまな課題を抱えていることも事実である．

第1に，コミュニティFMは県域放送局にくらべると，ローカルスポンサーの獲得が難しく，自治体広報予算に依存するなど，厳しい経営状況におかれている局が多く，約半数のコミュニティFM局が赤字経営の状態である（小内，2003）．人件費を節約するために，従業員の数は少なく，多くをボランティアスタッフに頼っているというのが実情である．コミュニティFM放送局が地域メディアとして自主制作能力を高めるには，経営基盤の安定化が大きな課題といえる．

第2に，住民参加の拡大と，そのためのメディアリテラシーの育成が今後の課題としてあげられる．先にみたように，半数以上のコミュニティFMでは，設立目的として「住民の参加」をあげており，エフエム入間の例にみるように，市民による企画・制作番組も多く放送されている．しかし，当初の熱気とは裏腹に，年月を経るにしたがって，番組制作に参加する市民の固定化，熱意の減少といった問題が生じている．今後は，単にパブリックアクセスの機会を提供したり，設備を開放するだけではなく，より多くの市民が抵抗感なく気軽に参加できるような仕組みをつくってゆくことが必要だろう．

第3に，地域情報の発信メディアとして，インターネットをどう活用してゆくかという点も，今後の重要な課題といえる．坂田（2003）が北海道内のコミュニティFM 8局に対して行った調査によれば，実際にインターネット放送をしているコミュニティFMの多くは，地域以外への情報発信手段としてインターネットを活用するというコンセプトで放送しているわけではない．それにもかかわらず，当初予想されなかった地域外からのレスポンスがあり，インターネット放送を通じて，コミュニティFMが電波放送とは異なる文脈をもったリスナーを獲得する可能性が示唆されている．現状では，著作権や番組の質，スタッフ不足など多くの問題があると思われるが，地域発のインター

ネット放送がもつポテンシャルをどうのばしてゆくのか，今後の展開が期待される．

電子自治体
(1) 電子自治体とは

電子自治体とは，インターネットなどを利用して，高度に電子化されたサービス，業務をオンラインで市民に提供する自治体のことをいう．2000年4月，地方分権推進一括法が施行され，それまでの中央集権的なシステムから地方の自主的な意思決定を基本とする分権型のシステムへと大転換がはかられることになった．それに伴って，住民のニーズに即応する効率的な自治体行政の必要性が高まっている．政府が中心になって進められているe-Japan構想と「電子政府」「電子自治体」計画は，こうした時代の要請にこたえるものとして位置づけられている．

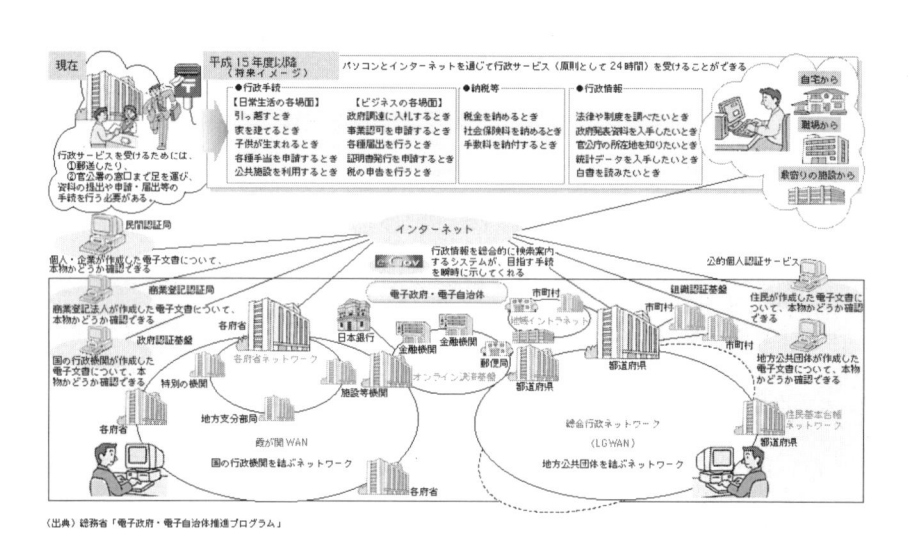

図4.9　総務省「電子政府・電子自治体推進プログラム」
出典：『平成16年版　情報通信白書』

2000（平成12）年11月，高度情報通信ネットワーク社会形成基本法（IT基本法）が成立し，2001年1月から施行された．これは，5年以内に世界最先端のIT国家となることをめざした国家戦略で，e-Japan構想といわれるものである．その基盤となるのは，「総合行政ネットワーク」（LGWAN）と呼ばれる，政府，自治体を相互接続する高度情報通信ネットワークである．2004（平成16）年までには，すべての地方公共団体が参加し，自治体相互のコミュニケーションの円滑化，情報の共有による行政サービスの高度化，効率化をめざしている．

(2) **電子自治体の機能**

電子自治体に期待されている機能は，次の4つである．

① **高度情報ネットワーク基盤の整備による，国・自治体間の情報共有，高度利用，行政事務の効率化**

LGWANの整備により，2004（平成16）年には，国と地方自治体との間で電子的な情報交換等が可能となった．これにより，安全確実な電子メール・電子文書交換や情報共有，多様な業務支援システムの共同利用が可能になり，公的個人認証サービスや共同アウトソーシングのネットワーク基盤として活用することができる．総務省では，国・地方を通じた業務の手順をパターン化して自動化するシステム（連携ワークフロー）および国・地方で共有すべき文書・データの連携を可能とするシステム（連携文書管理システム）の開発を進めている．また，電子自治体システムの構築にあたっては，共同アウトソーシング方式により，当初受注した企業以外の中小企業でも新たな参入を可能にするなど，IT関連地場産業の新規需要の創出を図るとしている（総務省，2004b）．

② **インターネット広報**

電子自治体に期待される2番目の機能は，自治体から地域住民あるいは外部に向けて，必要な情報を提供，発信する機能である．住民向け情報提供は，従来の広報紙が担ってきた機能であるが，インターネットでは，単に情報を発信するだけではなく，電子メール，電子掲示板，入力フォーム，マルチメディア

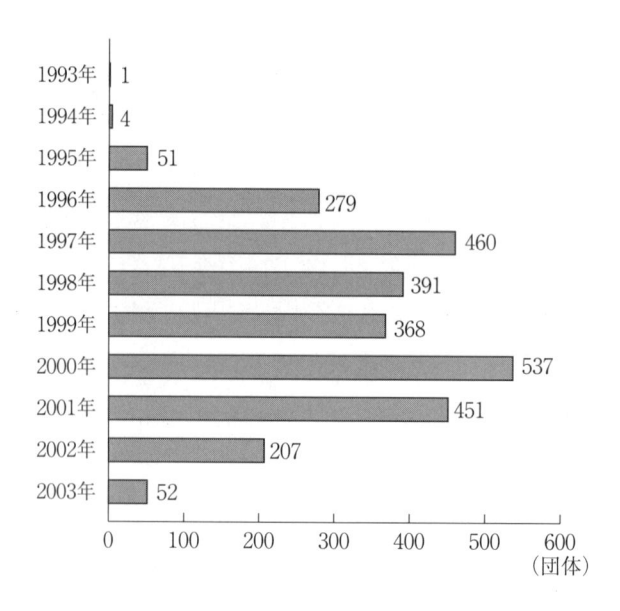

年	団体数
1993年	1
1994年	4
1995年	51
1996年	279
1997年	460
1998年	391
1999年	368
2000年	537
2001年	451
2002年	207
2003年	52

図4.10　自治体ホームページの開設時期（日本広報協会調査）

機能などを活用して，映像や音声を入れた，カラフルでインタラクティブな広報を実現することができる．NHK放送文化研究所が2004年2月～3月に全国47都道府県および3,158市町村に対して行った郵送アンケート調査（39都道府県，1,653市町村から回収）によると，地域情報発信で今後重視したいメディアとして，「ホームページ」をあげた自治体が，都道府県95％，市町村80％とトップを占め，「広報紙」という回答（都道府県72％，市町村57％）を大きく上回った（鈴木，2004）．

　日本広報協会の調査によると，2002年11月時点で，全国3,240市区町村のうち3,073団体（96.5％）がホームページを開設している（日本広報協会，2003）．自治体ホームページの開設時期をみると，1997年と2000年にピークがあることが分かる．広報主管課がホームページを担当している区市町村が全体の62.9％を占めている．これは，自治体のホームページを広報媒体として位置づけてい

るところが多いことを示している．ちなみに，同調査によると，66％の自治体は広報紙をホームページに掲載している．また，議会中継の模様，観光情報，お祭りなどのイベントを映像で提供している自治体も計370団体あり，インターネット広報は多様化しつつある．

③　住民に対する行政サービスの電子化

電子自治体の第3の機能は，住民に対する各種の行政サービスや行政手続きを電子化，オンライン化し，住民サービスの向上をはかることにある．その代表的なものは，電子申請とオンライン施設予約である．

電子申請とは，行政機関の窓口に行かなくても，インターネットや携帯電話などを使って，オンラインで申請書のダウンロード，本人確認の電子認証，申請手続き，手数料などの支払いを行うことができる仕組みのことをいう．日本広報協会の調査によれば，2002年11月の時点で，インターネット上で申請書などのダウンロードを提供している自治体は1,098団体（35.7％）に上っている．また，岡山市，藤沢市などでは，インターネット上で電子認証による申請手続きを実現している．

オンライン施設予約は，インターネット，携帯電話，地上デジタル放送などを通じて，各種施設，サービスの予約をオンラインで行えるサービスである．日本広報協会の調査によると，インターネット上で施設などの利用申し込みができるところは418団体（13.6％）に上っている．

④　住民参加とコミュニケーション

電子自治体の4番目の機能は，インターネット上の電子掲示板，電子会議室，メーリングリスト，ブログ，電子投票システムなどを活用して，パブリックコメントなど住民からの意見聴取，住民とのコミュニケーション，市民参加を促進することである．自治体ホームページのコンテンツをみると，2002年11月時点で電子掲示板や電子会議室を開設している自治体は871団体（前年比20％増）に上っている．また，2001年11月には電子投票法案（地方公共団体の議会の議員及び長の選挙に係る電磁的記録式投票機を用いて行う投票方法等の特例

に関する法律案）が可決され，2002年6月には，岡山県新見市でわが国初の電子投票による選挙が実施されている．

　自治体による電子会議室開設の事例としては，藤沢市の「市民電子会議室」，札幌市の「ｅトークさっぽろ」などが有名である．藤沢市では，市民公募による運営委員会を中心に，慶應義塾大学（SFC）や藤沢市産業振興財団と共同して1997（平成9）年2月から市民会議室の実験を開始，2001（平成13）年4月から本格稼働している．会議室には2種類がある．「市役所エリア」では，まちづくりや行政課題について市役所と市民が意見交換をしている．もう一つの「市民エリア」は，市民が自主的に運営しており，子育てに関する悩みや不安をテーマとした会議室や障害者，支援者が互いに助け合うなど，ネットワーク上で共通テーマのもとにコミュニティを形成している．札幌市の「ｅトークさっぽろ」は，最初は子育てメーリングリストの実験として始まり，政策研究電子会議室を経て，2000年度から本格的にスタートした（榎並，2003）．市政情報の地域社会における共有化をはかるとともに，市民・企業・行政のパートナーシップによる政策形成のための場を実現するために設置された．その過程で，一部の市民から会議室で他人を中傷誹謗する発言が繰り返され，会議室を一時閉鎖するという混乱もあったが，市役所と市民，地元企業を結ぶコミュニケーションのツールとして，電子会議室を活用しようとする先駆的な試みとして評価できる．

　しかし，廣瀬（2003）も指摘するように，すでに電子会議や電子掲示板を設置している自治体でも，ほとんど書き込みがなく，開店休業の状態が続いているところが少なくないというのが実情である．前記の札幌市「ｅトークさっぽろ」も2005年4月現在，インターネット上でのサービスは提供されていない．

(3) 電子自治体の課題と展望

　1980年代に始まった地域情報化は，政府の全国総合開発計画と連動しながら，国主導の形で進められ，情報通信基盤の全国的な整備という「情報開発」をテ

コとした地域振興策として位置づけられてきた（大石，1992他）．1990年代に入ると，インターネットやマルチメディアなどを軸とするIT革命が始まり，産業振興のみならず，政治，社会，文化システム全般の共通社会基盤（インフラストラクチャ）として，高度情報通信ネットワークの整備が国家の最重要課題の一つとなり，今日の「電子政府」「電子自治体」を中核とする新しい地域情報化へと大きく転回することになった．その中で，地方分権化という時代の流れを受けて，電子自治体には，従来のような中央からの一方向的な情報伝達だけではなく，地域住民の個別ニーズに即応した，住民主導型の行政サービスの提供，双方向機能を活用した市民とのコミュニケーション，住民参加の促進，などの役割が期待されている．これらを実現するために解決すべき問題点や取り組むべき課題は少なからずあることも確かである．

　まず第1に，電子ネットワーク上でのサービス提供における情報セキュリティを万全なものとし，利用者のプライバシーや個人情報の保護，ネットワーク犯罪やシステム悪用の防止をはかることが必要である．そのためには，電子認証システム，情報漏洩や不正アクセスを防止するファイウォールの開発など技術的な対策に加えて，これに対応する法制度の整備，サービス提供者と利用者の守るべきルールの徹底など，ハードおよびソフトにわたる対策が必要とされている．

　第2に，地域住民のニーズとマッチした地域情報やサービスが，使いやすいフォーマットで提供されているかどうか，という問題がある．廣瀬（2003）によると，自治体のホームページには，① 観光・物産型（対外的な情報発信を主眼とし，域外の人に対して地域の観光情報や物産などをPRすることを目的とするホームページ），② 情報提供型（市民に向けて豊富な情報提供をすることを目的とするホームページ），③ 双方向型（住民とのコミュニケーション基盤としてホームページを位置づけているもの），の3種類があるという．実際には，観光・物産型のホームページが少なくないが，在来の広報紙をただ電子化しただけの「お知らせ」型ページにすぎないところが多く，更新頻度も少な

い．これでは，住民の情報ニーズにこたえることはできないだろう．情報提供型のホームページでは，生活便利帳のホームページを基本として，「子育て」「医療」「教育」など，生活機能別の構成で詳細な情報を提供する自治体も増えており，そのような電子自治体が住民からもよく利用されている（横須賀市，柏崎市，札幌市など）．このように，電子自治体で提供する行政サービスは，あくまでも住民の日常生活の視点に立って構築されることが必要である．

　第3に，電子自治体は，市民の声を行政に反映させる場，住民が必要な情報に自由にアクセスできる場，住民同士が自由に交流できる場であることが望ましい．つまり，物理的な施設でいえば，公園や広場のような地域社会内の空間（ローカルコモンズ）を電子空間上に構築することが，電子自治体には求められているのである．その実例は，神奈川県大和市の電子会議室「どこでもコミュニティ」に見ることができる．大和市では，市民のニーズ調査をした結果，「行政の情報を公開すること」と「市民の声を行政に反映すること」が市民の求めるものであることがわかり，それに基づいてインターネット上の電子会議室がつくられた．そして，市民1,000人と市職員1,400人が参加するメーリングリストが運用され，両者の情報共有化がはかられているという（榎並，2003）．こうした情報交流の活発化は，地域社会の活性化にも大きく貢献することだろう．

　第4に，電子自治体には，地域メディアのポータルサイト的な機能を持たせることがのぞましい．すでに述べたように，コミュニティFM，フリーペーパー，ケーブルテレビなど市町村レベルの範域をエリアとする地域メディアは，住民のニーズに即応するきめ細かな地域情報を日々提供しているが，その地域性ゆえに経営上さまざまな問題も抱えている．インターネットのポータルサイトのように，電子自治体がこうした多様な地域メディアへのリンクを提供し，これらの地域メディアが提供する地域情報コンテンツを掲載することによって，ふだん市民が接することの難しい地域メディアをより有効に活用し，地域生活をより豊かにすることが可能になるものと期待される．

(注)

（1） 蓮見によれば，資本主義的商品流通が拡大し，広い範囲での人や物の交流が行われるようになって以降，近隣・町内や村落・学校区・市町村・都道府県・首都圏など，さまざまな地域社会が併存し重層するようになった．それゆえ，「地域社会という概念は，人々の社会活動の地域への投影の結果生じる地域的共同性の中から恣意的にとりだされた操作的な範域という性格を強めてゆくことになった」と述べている（蓮見，1991）．

（2） 地域社会情報システムや地域メディアの機能については，このほかにも，①地域関連情報の提示，②地域社会の統合性の推進，③アクセスと参加の保障（竹内・田村，1989），①情報伝達や環境監視機能，②指令や動員機能，③帰属意識を生み出す機能（林，1999）などの分類がある．

（3） 本調査の概要は次のとおりである．①札幌調査：2000年4月〜5月実施．札幌市中央区，西区，南区の16歳以上70歳未満の男女600名を無作為抽出．有効回収（率）441名．②高知調査：2001年4月〜6月実施．高知ケーブルテレビ放送エリア内の16歳以上70歳未満の男女779名を無作為抽出．有効回収（率）480名．③東京調査：2002年3月〜4月実施．日野市内の16歳以上70歳未満の男女860名を無作為抽出．有効回収（率）502名．ニューメディア研究会の調査実施メンバーは次の7名である：川本勝，三上俊治，八ツ橋武明，竹下俊郎，御堂岡潔，古川良治，大谷奈緒子．

（4） 本調査の概要は次のとおりである．①調査時期：2003年10月，②調査実施府県：岩手県，千葉県，長野県，大阪府，広島県，徳島県，鹿児島県．③調査対象：16歳以上の960人×7府県，④標本抽出：住民基本台帳から層化2段無作為抽出，⑤有効回収（率）：5,151人．

（5） NHK調査では，地域情報の種類が，居住地域情報20項目，買い物・レジャー地区情報13項目，県全体情報19項目と多数にのぼっているが，本章ではスペースの関係でその一部のみを紹介している点をお断りしておきたい．詳しくは中野・照井（2004）を参照のこと．

（6） 1934年に1,200紙あった日刊紙は，戦争末期の1943年には166紙まで減少している（東京大学新聞研究所，1981）．

（7） 「広報」ということばは，戦後 Public Relations（PR）ということばがわが国に導入されたとき，それに対応する訳語として登場した．このことばは，本来は公衆に対する情報伝達と同時に，公衆からの情報フィードバック（広聴）を含む概念（双方向コミュニケーション）として把握すべきものであるが，広聴を含まない情報伝達・提供活動だけの狭い意味で広報をさし，「広報・広聴」と呼ぶ場合もある（井出，1969）．本書では，広義の広報概念を採用している．

（8） 本調査の概要は次のとおりである．①調査地域：米子市，②調査対象：

米子市在住の20歳〜69歳の男女819人，③調査時期：2002年11月30日〜12月20日，④標本抽出：加入者（提供名簿），非加入者は選挙人名簿から無作為抽出，⑤調査方法：留置調査法，⑥有効回収数：819．調査結果の詳細は，三上（2003）を参照のこと．

（9）アメリカのケーブルテレビでは，次の3種類のアクセスチャンネルを提供している．①パブリックアクセス・チャンネル（Public Access Channel：地域住民が自由に制作，発表できる），②エデュケーショナルアクセス・チャンネル（Educational Access Channel：地域の学校や大学が教育用に利用できる），③ガバメンタルアクセス・チャンネル（Governmental Access Channel：エリア内の市町村，郡などの自治体が利用できる）．児島・宮崎（1998）によれば，全米各地を横断するNPO全国組織「コミュニティメディア連合」（NFLCP）からも支援を受けているという．

（10）嶋根（1998）は，中海テレビのPACをヒアリング調査した結果にもとづき，パブリックアクセス・チャンネルが解決すべき問題点ないし課題として，①市民の映像表現を可能にする社会的サポート体制の充実，②市民の自己表現によって提供される番組の質が，市民のメディア機器利用の能力に大幅に依存しており，現在ではそれが必ずしも高くないこと，③PACを用いて社会的・政治的主張を行っていくためのルールづくり，異なる主張を受け入れるだけの社会的寛容さという土壌づくりの必要性，④ケーブルテレビ局の側でせっかくPACを開設しても，視聴率がそれほど高くないという問題，を指摘している．

参考文献

新睦人，1986，「地域社会システム」新・中野『社会システムの考え方』（有斐閣新書），有斐閣

榎並利博，2003，『電子自治体・実践の手引』学陽書房

蓮見音彦，1991，「現代地域社会論」蓮見音彦編『地域社会学』サイエンス社，pp. 3-43

林茂樹，1999，「地域情報メディアと地域コミュニケーション」船津衛編著『地域情報と社会心理』北樹出版，pp. 30-54

廣瀬克哉，2003，「自治体ホームページを検証する―市民とのコミュニケーション機能は活かされているか―」『月刊自治研』11月号，pp. 26-34.

船津衛，1994，『地域情報と地域メディア』恒星社厚生閣

船津衛，1999，『地域情報と社会心理』北樹出版

井出嘉憲，1967，『行政広報論』勁草書房

岩崎正洋編，2004，『eデモクラシーと行政・議会・NPO』一藝社

情報化推進国民会議事務局編，2003，『電子自治体入門』NTT出版

金澤寛太郎・平塚千尋, 1997,『パブリックアクセス・チャンネルのコミュニケーション構造の調査』, 平成8年度広島市立大学特定研究費一般研究報告書

川本勝, 1982,「地域情報とメディア」竹内郁郎編『現代マスコミュニケーション論』有斐閣, pp. 323-351

川本勝, 1992,「変容する地域社会」倉沢進・川本勝編著『社会学への招待』ミネルヴァ書房, pp. 80-116

川本勝編, 2003,『地域情報化と社会生活システムの変容に関する実証的研究』平成11年度～14年度科学研究費補助金研究成果報告書

児島和人・宮崎寿子編, 1998,『表現する市民たち―地域からの映像発信』NHKブックス

小内純子, 2003,「コミュニティFM放送局の全国的展開と北海道の位置」『社会情報』(札幌学院大学) 12巻2号, pp. 1-14.

倉沢進, 1977,「都市的生活様式序説」磯村英一編『現代都市の社会学』鹿島出版会, pp. 19-29.

MacIver, R.M., 1917=1975, *Community: A Sociological Study*, Macmillan and Co. 中久郎・松本通晴訳『コミュニティ』ミネルヴァ書房

MacIver, R.M. and Page, C., 1949=1973, *Society: An Introductory Analysis*, New York: Farrar & Rinehart. 若林敬子・武内清訳「コミュニティと地域社会感情」松原治郎編『コミュニティ』現代のエスプリ68, 至文堂

前坂俊之, 2001,「新しい広報の在り方と手法―インターネット広報」『市政』4月号, pp. 27-31.

松原治郎, 1978,『コミュニティの社会学』東京大学出版会

的石淳一, 1982,『自治体行政の新展開』第一法規

三上俊治編, 2003,『21世紀情報社会のメディアエコロジーに関する基礎研究』平成12年度～14年度科学研究費助成研究報告書

美ノ谷和成, 1998,『放送メディアの送り手研究』学文社

中野佐知子・照井大輔, 2004,「地域情報に関する意識と行動」『放送研究と調査』2004年7月号, pp. 2-29；8月号, pp. 14-55；9月号, pp. 14-27.

日本広報協会, 2002,「平成12年度・市区町村広報広聴活動調査」
http://www.koho.or.jp/research/databank/h12.html

日本広報協会, 2003,「平成13年度・市区町村広報広聴活動調査」
http://www.koho.or.jp/research/databank/h13.html

日本広報協会, 2004,「平成14年度・市区町村広報広聴活動調査」
http://www.koho.or.jp/research/databank/h14.html

日本生活情報紙協会, 2000,「フリーペーパーってなに？」
http://www.jafna.or.jp/freepaper_1.html

大石裕, 1992,『地域情報化―理論と政策』世界思想社

大石裕・吉岡至・永井良和・柳澤伸司，1996，『情報化と地域社会』福村出版
齋藤吉雄編著，1999，『地域社会情報のシステム化』御茶の水書房
坂田謙司，2003，「コミュニティFMによるインターネット放送―インターネット時代における地域メディアの新しい展開」『マス・コミュニケーション研究』62号，pp. 134-147.
嶋根克己，1998，「ケーブルテレビ局の挑戦―米子中海テレビ」
総務省，2004a,「ケーブルテレビの現状」
　http://www.soumu.go.jp/joho_tsusin/pdf/031114_cable.pdf
総務省，2004b,『平成16年版　情報通信白書』
鈴木祐司，2004,「地域情報の高度化と放送デジタル化の進展」『放送研究と調査』10月号，pp. 12-35.
竹内郁郎・田村紀夫編著，1989,『新版・地域メディア』日本評論社
田中淳，1999,「地域情報の特質」船津衛編著『地域情報と社会心理』北樹出版
都市生活環境研究会編，1974,『自治体の広報・広聴』ぎょうせい
東京大学新聞研究所編，1983,『テレビ・ローカル放送の実態』東京大学出版会
東京大学新聞研究所編，1981,『地域的情報メディアの実態』東京大学出版会
富永健一，1986,『社会学原理』岩波書店
塚本美恵子，2002,「コミュニティ放送への市民参加」『文化情報学』第9巻第2号，pp. 47-63.
津田正夫・平塚千尋編著，2002,『パブリック・アクセスを学ぶ人のために』世界思想社
山中菜莉，2001,『新・生活情報誌―フリーペーパーのすべて』電通
柳澤伸司，1996,「地域メディアとジャーナリズム」大石裕他『情報化と地域社会』福村出版，pp. 169-206.

5章　メディア・グローバリゼーションと文化変容

18世紀以降の産業革命，情報通信革命によって，地球規模の大量かつ迅速な人口移動とコミュニケーションが可能になった．その結果，国境をこえた経済的，政治的，文化的な交流が活発化し，グローバリゼーション（Globalization）が着実に進展した[1]．それに伴って，従来の国家を単位とする社会情報システムよりも大きな「グローバル社会情報システム」とも呼ぶべきシステムが生成，発展しつつある．この新しいシステムは，地球全体で唯一の閉じた社会システムとして機能しているわけではなく，多数の競合的な社会情報システムとして存在し，それらの間で多様なメディア・エコロジーを展開しつつ，動態的に進化を続けるような，オートポイエティックな開放システムとして把握できる．

本章では，こうしたグローバル社会情報システムの生成と展開のプロセスを，「メディア環境のグローバル化＝メディア・グローバリゼーション」「国際的な情報フローの実態」「メディア・グローバリゼーションがローカルな文化に及ぼす影響」という3つの側面から検討し，メディア・エコロジーの視点から総括することにしたい．

1．メディア・グローバリゼーションの現状と問題

1980年代までの状況

19世紀初めまで，メディアシステムの発展はもっぱら地域または国内のレベルにとどまっていた．「グローバルメディア」（Global Media）が本格的に登場したのは，国際通信社が成立した19世紀の半ば以降である[2]．

20世紀に入ると，映画産業の発展とともに，ハリウッド製作の映画が世界各国に輸出されるようになり，映像系のグローバルメディアが登場することになった．

第2次世界大戦後は，「情報の自由な流れ」（free flow of information）を標榜するアメリカ政府の主導の下に，多国籍企業が広告やキャンペーンの媒体としてグローバルメディアの発展を促進した．ハリウッドの映画産業が世界の映画マーケットを支配し，アメリカ3大TVネットワークの番組が大量に輸出され，アメリカ中心のメディア・グローバリゼーション，文化のアメリカ化が急速に進行した．

　このような状況の中で，アジア，アフリカなどの第三世界から，欧米中心の国際的な情報流通に対して不満の声が強く出されるようになった．1960年代までに，アジア，アフリカの植民地がほとんど独立し，第三世界でのメディア利用が活発化する中で，先進諸国との情報格差の解消を求める声は一段と強まった．1960年代から70年代にかけて，通信衛星が次々と打ち上げられ，これを活用して，第三世界が一気に先進諸国との情報格差を縮める機会が訪れた．

　一方，国際連合，ユネスコ，国際通信連合（ITU）では，第三世界の国々が多数派を占めるようになり，グローバルメディアについての議論が活発に行われるようになった．そして，非同盟諸国を中心に，情報流通の南北格差を縮め，「情報とコミュニケーションに関する新しい世界秩序」（New Word Information and Communication Order；略称NWICO）を求める運動が展開された．この運動の中心となって活動したのは，ユネスコである．1976年，ユネスコはグローバル・コミュニケーションの現状と問題点を調査するために，マクブライド委員会を設置し，1980年に報告書をとりまとめた（マクブライド委員会，1980＝1980）．この報告書をもとに，ユネスコはグローバルな情報通信を是正すべきだとする宣言を採択した．

　しかしながら，NWICO運動やユネスコの努力は，具体的な行動計画に欠けていたことなどもあり，アメリカや西欧諸国を動かすだけの力をもたず，単なるスローガンに終わった．逆に，先進諸国からは強い反発を受けることになった．1985年には，アメリカとイギリスがユネスコを脱退し，それとともに，ユネスコの影響力も大きく低下することになった．

一方，アメリカや先進諸国の多国籍企業は，グローバルマーケットへのメディア進出をより強力に進め，グローバルメディアにおける先進諸国の比重はいっそう増大する結果となった．IMFや世界銀行が多国籍企業に多くの財政的支援を与えた．

　1980年代以降，多国籍企業がグローバルマーケットで積極的に展開するにつれて，グローバルな情報通信ネットワークに対する需要も急激に増大し，これがグローバルメディアの発展を促進した．通信衛星ネットワークを使って，アメリカのCNN，MTV，ESPNなどの専門放送サービスが世界各国に輸出されるようになった．また，ハリウッド製映画の輸出額は，1987年から1991年にかけて11億ドルから22億ドルへと倍増し，音楽ソフトの輸出額も同様に倍増した．

1990年代以降の状況

　1990年代に入ると，メディア・グローバリゼーションの動きはさらに加速されることになった．その背景には，① メディア・コングロマリットと呼ばれる巨大な資本力をもった多国籍企業（Transnational Corporations; TNCs）の台頭，② グローバルマーケットにおける規制緩和と市場開放（貿易自由化）の流れ，③ デジタル衛星放送やインターネットなどIT技術の飛躍的発展という3大要因があった．

　メディア・コングロマリットとは，新聞，テレビ，映画，音楽，マルチメディアなど，いくつもの異なる巨大メディア市場にまたがって資本を所有したり，経営を行っているようなメディア多国籍企業のことをいう．たとえば，2004年現在，メディア・コングロマリットの実態は，表5.1のようになっている．このうち，代表的なメディア・コングロマリットであるタイムワーナー，ニューズ・コーポレーション，ウォルト・ディスニー，バイアコムの4社の概要をみておこう．

　タイムワーナーは，『タイム』『ライフ』『フォーチュン』などの雑誌出版で知られるアメリカの出版企業「タイム」社（創業1922年）が，1989年にワー

ナー・コミュニケーションズ社と合併してできたメディア・コングロマリットである．ワーナー・コミュニケーションズ社は，映画製作で知られるワーナーブラザーズ社を母体として，全米のケーブルテレビ経営なども行っている映像メディア企業である．この両者が合併することによって，メディア・コングロマリットが誕生したのである．さらに，1996年には，24時間ニュースネットワークで知られるCNNやTNT，TBSなどの人気ケーブル専門チャンネルを保有するテッド・ターナーの資本を買収し勢力を拡大した．タイムワーナーでは，この他に，有料映画チャンネルのHBO，インターネットのウェブサイト「パスファインダー」なども運営しており，出版から映像，インターネットまでを網羅する巨大なメディア産業の雄として君臨している．さらに，2000年1月には，全米大手のインターネット・サービス企業である「アメリカオンライン」（AOL）と合併して「AOLタイムワーナー」となり，世界最大のメディア・コングロマリットとしての地位を揺るぎないものとした．その後，2003年には社名を再度「タイムワーナー」に変更して現在に至っている．

　ニューズ・コーポレーションは，もともと，1950年代にオーストラリアで地方新聞社を経営していたルパート・マードックが創設した企業である．その後，ロンドンの新聞社を買収し，1976年には『ニューヨークポスト』紙を買収するなどグローバルなメディア・コングロマリットとして着実な成長を続けた．さらに1985年にはハリウッドの名門制作会社「20世紀フォックス」を買収，1989年にはイギリスの衛星放送「BスカイB」を買収するなど，放送・映画産業にも進出した．これと並行して，全米主要都市のテレビ局を次々と傘下におさめ，アメリカ第4のネットワークであるフォックス・ネットを買収するに至った．また，1994年には香港を本拠とする「スターテレビ」を買収，日本でもデジタル衛星放送「JスカイB」（1998年にパーフェクTVと合併して「スカイパーフェクTV」となる）を始めるなど，世界規模のメディア事業展開を進めている．

表5.1　世界の主要なメガメディア

企業名	テレビ	映画	新聞・出版	音楽・その他
タイムワーナー（Time-Warner）（アメリカ）	CNN, TBS, TNT Cartoon Network HBO	ワーナーブラザーズ	Time, Fortune LIFE, etc.	ワーナー・ミュージック, AOL
ニューズ・コーポレーション（News Corporation）（オーストラリア）	Fox, BスカイB Fox Cable Star TV	20世紀フォックス	The Times（英）New York Post Harper Collins	Twentieth Century Fox Records
ウォルト・ディズニー（Disney）（アメリカ）	ABC, ESPN ディズニーチャンネル	ディズニー映画（Disney Picture）	Disney Press Hyperion Press Disney Comics	ディズニーランド
バイアコム（Viacom）（アメリカ）	CBS Viacom Cable Showtime Movie Channel MTV, VH1 SciFi Channel Nickelodeon	パラマウント映画（Paramount Picture）	Simon & Schuster Pocket Books Free Press Macmillan	Blockbuster（レンタルビデオ）Famous Music
ビベンディ＝ユニバーサル（フランス）	カナルプリュス（フランス）	MCA Universal Pictures USA Network	Houghton Mifflin Vivendi Universal Publishing Larousse	Universal Music Deutsche Grammophn Geffen A&M
ソニー（SONY）（日本）		Tri-Star Pictures Sony Pictures		Sony Records Epic Tri-Star Music

　ウォルト・ディズニーは，ミッキーマウスなどのアニメ映画で大ヒットをとばした「ウォルトディズニー・プロダクション」がもとになっているが，1955年にはロサンゼルス郊外にディズニーランドを開園し，さらにはケーブル専門チャンネル「ディズニーチャンネル」をつくるなど，メディア・コングロマリットへの道を歩み続けた．そして，1995年には，アメリカ3大TVネットワークの一つであるABCを買収し，タイムワーナーに対抗するメディア・コングロマリットとしての地位を不動のものにした．

バイアコム社は，1970年にCBSを母胎とするケーブルテレビ・オペレーター企業としてスタートした．その後，全米のケーブルテレビを次々と買収し，いわゆるMSOの道を歩み，70年代後半には映画専門チャンネル「ショータイム」や音楽専門チャンネル「MTV」を始めるなど，映像・娯楽サービス部門にも進出した．また，地上波テレビ，ラジオ局も次々と傘下におさめ，メディア・コングロマリットとして急速な成長をとげた．さらに，1994年にはビデオ業界大手の「ブロックバスターズ」，また映画制作会社のパラマウントを買収している．そして，UPN（ユナイテッドパラマウントネットワーク）という全米をカバーするテレビ・ネットワークを経営している．1999年にはアメリカ3大テレビネットワークの一つであるCBSを買収した．

　一方，情報通信系の業界においても，世界規模での巨大な「グローバル・キャリア」が台頭し，激しい市場競争を展開している．そして，欧米の主要キャリアをめぐる合併や提携が盛んに行われてきた．これは，市場開放，規制緩和，インターネットをはじめとする国際間の情報流通の激増などが背景にある．また，世界各国で大企業がグローバルにビジネスを展開するようになってきたことも重要な背景要因である．

　とくに1990年代半ば以降，欧米やアジア諸国では，「グローバルアライアンス」と呼ばれる情報通信産業の世界的な合併，提携の動きが活発化している．その中心となっているのは，AT&T（アメリカ），BT（イギリス），DT（ドイツ），FT（フランス），イタリアテレコム，NTTなどである．

　AT&Tは，1984年に分割され，長距離電話会社となったが，1996年の新電気通信法で地域通信事業にも参入できるようになり，市内通信会社のテレポート社を買収したり，ケーブルテレビ業界第2位のTCI社，同第3位のメディアワンを買収するなど，通信だけではなく，ケーブルテレビ事業にも参入し，メディア・コングロマリット化への道を歩んでいる．また，グローバルキャリアをめざして，1993年にKDD，シンガポールテレコムなどとともに，「ワールドパートナーズ」という企業連合体を結成した．その後，イギリスのBTとの

間で,国際事業,携帯電話事業などで提携関係を結び,新しい企業連合の構築に乗り出している.

イギリスの巨大テレコム企業であるBTは,1993年,アメリカの長距離通信会社MCIへの出資をきっかけとして,両社の合弁事業「コンサート」を設立し,多国籍企業向けの通信サービスを開始した.1996年にはMCIの買収計画を発表したが,97年にはこの計画を白紙に戻した.その後,98年にAT&Tとの間で国際合弁事業を立ち上げ,新たなグローバルパートナーづくりに乗り出している.

めまぐるしく続く業界再編の中で,ヨーロッパの巨大キャリアであるDT(ドイツテレコム),FT(フランステレコム),イタリアテレコムなども,グローバルキャリアとして,国際的な競争力確保のために,さまざまな国際的パートナーづくりを競い合っているというのが現状である.これら海外のグローバルキャリアは,外資規制の緩和・撤廃に伴って,わが国の市場にも進出をはかろうとしている.わが国のNTTやNCCなども,こうした世界的な情報通信再編の流れの中で,グローバルな企業戦略の展開を迫られている.

メディア・コングロマリットの第三勢力として,インターネットの分野からの巨大資本の動きにも目が離せない状況である.その代表的な企業として,アメリカオンラインとマイクロソフトをあげることができる.

アメリカオンライン(AOL)は,15ヵ国7言語で事業を展開し,2,000万人以上の会員を有する世界最大のオンラインサービス事業者である.1985年に,現在の会長であるスティーブ・ケースが創業した.電子メールやチャットなどのインタラクティブな通信サービスに力を入れ,とくに使いやすいインターフェイスと低廉な月額利用料金で,1990年代に入ってから急激に売り上げを伸ばした.1998年にリリースされた映画『You Got a Mail』は,主演のメグ・ライアンとトム・ハンクスがAOLの電子メールを通じて結ばれるというストーリーで大ヒットした.1999年度の売上高は48億ドル,純利益が7億6,000万ドルに達する.2000年1月19日,タイムワーナー社と合併し,メディア・コング

ロマリットの一員になった.

マイクロソフトは，1975年にビル・ゲイツが友人とともに設立したコンピュータ・ソフトウェア会社である．1980年，MS-DOSと呼ばれるパソコン用のオペレーティングシステムを開発し，これが大ヒットしたことにより，ソフトウェア業界のリーダーとして大きく発展した．1990年にはWindows 3.0を発表，最初の4ヵ月で100万セットが売れて大成功をおさめた．従業員3万人，売り上げ2兆円，株式時価総額60兆円という，世界最大のソフトウェア会社である．Windowsはパソコン OSのデファクトスタンダードとしての地位を確立し，市場の9割以上のシェアを占め，またインターネットのブラウザであるInternet Explorerも，9割以上のシェアを確保している．

マイクロソフトは，ソフトウェアだけではなく，通信，放送，出版，ネット家電などの分野にも進出し，アメリカオンラインに対抗する総合メディア企業への道を歩んでいる．アメリカオンラインに対抗して，「マイクロソフトネットワーク（MSN）」というインターネット接続事業を始めた他，1996年には，3大TVネットワークの一つであるNBCと折半出資で24時間ニュース放送局MSNBCを設立している．また，CD-ROM，DVD-ROM版のマルチメディア百科事典『エンカルタ』を発売，インターネットと連動したオンライン出版事業にも乗り出している．さらに，米国内でAT&Tによる大手CATVの買収に参加したり，日本でもタイタス・コミュニケーションズ（東京）の買収に乗り出すなど，ケーブル通信サービスへの進出もはかっている．

このように，アメリカを中心とする先進諸国では，通信，放送，インターネット関連の企業が次々と合併を繰り返し，巨大な総合メディア企業へと発展しており，メディア・グローバリゼーションにおいてますます大きな役割を果たすようになっている．

2．グローバル社会情報システムにおける情報フローの実態

それでは，こうして発展しつつあるグローバル社会情報システムにおいて，

実際にどのような情報がフローとして流通しているのだろうか．この点について，「国際的なニュース報道の流れ」「ハリウッド映画の国際流通」「日本製テレビ，アニメ，映画の国際流通」という3つの面から検討してみよう．

国際的な情報の流れとその規定要因

　伊藤（1999）によれば，従来の研究を総括すると，国際的な情報・文化の流れは，先進国から低開発国へ，強大国から弱小国へ，自給自足型の国から対外依存型の国へ，「中心国」から「周辺国」へ，人口の多い国から少ない国へと向かう傾向がみられるという．たとえば，日本新聞協会研究所が1984年に米国と共同で，日本，アメリカなど世界14ヵ国の新聞を内容分析した結果によると，日本の新聞に載った国際ニュースのうち，アメリカに関する報道が44％を占め，他の国についての報道を大きく引き離していた．これに対し，アメリカの3紙平均でみた日本に関する報道量は国際ニュース全体のわずか8.7％であり，これはイギリス（12.9％），ソ連（10.9％），イスラエル（10.4％）に次いで第4位であった．これと同じ不均衡な流れは，日本と中国の間にもみられた．すなわち，日本の3紙における中国報道の量は国際ニュース全体の11.1％で2位を占めていたのに対し，中国2紙における日本報道の量は6.7％で第5位にとどまっていた．伊藤は調査結果を総括して，「日本からのニュース報道の流れを世界的規模でみると，米，中，ソ3大国からは入超，英，仏，西独との間では均衡，そして世界のその他の国々に対しては日本側の出超となっている」と結論づけている（伊藤，1988）．

　その後の研究では，1992〜93年にNHK放送文化研究所がアメリカのマンスフィールド太平洋問題研究センターと共同で行ったニュース報道の日米比較調査がある（Mansfield Center for Pacific Affairs, 1997）[3]．それによると，調査対象となった日本のTVニュースのうち，アメリカまたは日米関係について伝えたものは1,121項目（13万2,876秒）あったのに対し，アメリカのTVニュースで日本または日米関係について伝えたものは92項目（1万805秒）にとどまっていた．つまり，日本のアメリカ報道量：アメリカの日本報道量はおよそ

■ 日本の国際ニュース　■ アメリカの国際ニュース

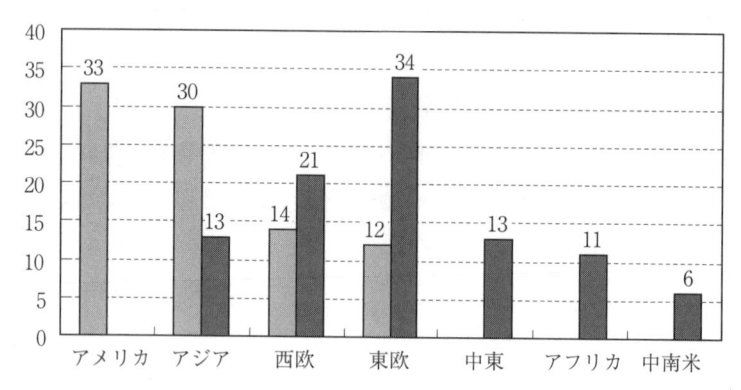

図5.1　国際ニュース：地域別外国ニュース報道量ランキング（単位：%）

アメリカ 33 / アジア 30, 13 / 西欧 14, 21 / 東欧 12, 34 / 中東 13 / アフリカ 11 / 中南米 6

12：1という大きな格差を示していた（河野・原・斎藤，1994）．同じ調査で，国際ニュースの中での地域別外国ニュース報道量を測定しているが，図5.1のように，日本の国際ニュースの中ではアメリカが33％と第1位を占めているのに対し，アメリカの国際ニュースの中では，ヨーロッパの比重が圧倒的に高く，日本を含むアジアはその半分以下にとどまっている．

伊藤（1988）によれば，国際間のニュース報道の流れの量と方向を規定する要因としては，「地理的な近さ」「文化的な近さ」「強力な国際通信社，マスメディアの存在」「他国の政治・経済・技術・軍事への影響」などがあり，日本の場合には最後の要因がニュースの流れを規定する唯一かつ最大の要因だという．日本の場合には経済力と技術力，それに伴う政治的影響力の高さが，他国におけるニュース報道量を大きく規定していると考えられる（伊藤，1988，1999）．

ハリウッド映画の国際流通

世界の映画市場において，ハリウッド映画の占める比重はきわめて高い（菅谷・中村，2002）．図5.2は，欧米主要国と日本の映画市場におけるアメリカ映画の比率を示したものである．いずれの国でもアメリカ映画が興行収入全体

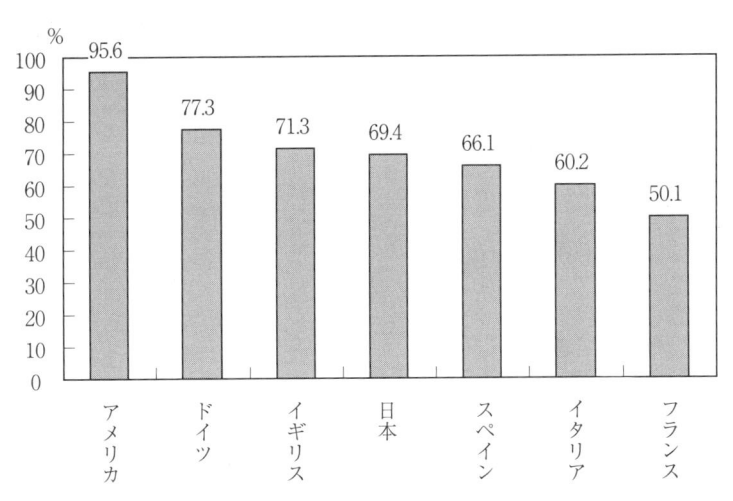

図5.2 欧米と日本の映画市場におけるアメリカ映画の比率（2002年）

アメリカ 95.6、ドイツ 77.3、イギリス 71.3、日本 69.4、スペイン 66.1、イタリア 60.2、フランス 50.1

出典：Centre National de la Cinèmatographie (CNC)

の5割以上を占めていることがわかる．ハリウッド映画の制作と配給（流通）を支配しているのは，「メジャー・スタジオ」と呼ばれる少数の配給会社である．そのほとんどがグローバルに活動する多国籍メディア・コングロマリットの傘下にある．

しかも，これらのメディア・コングロマリットの多くは，映画産業だけではなく，ネットワークテレビ，ケーブルテレビ，ホームビデオなどの企業をも所有して，いわゆる「ウィンドウ戦略」[4]を用いて，世界中に数多くの映像作品を輸出し，巨額の利益を得ているのである．

次に，日本の映画市場におけるハリウッド映画の流入状況をみておこう．

日本からみたテレビ番組の国際流通

ICFP（国際コミュニケーション・フロー研究プロジェクト）がNHK放送文化研究所と協力して1980年，1992年，2001年に行った「テレビ番組国際フロー」調査によると，わが国のテレビ放送番組全体に占める輸入番組の比率は

きわめて低いこと，輸入番組の大半をアメリカ製テレビ番組が占めること，日本からのテレビ番組の海外輸出がアニメを中心に近年大幅に増えていること，などの傾向が明らかになっている（川竹・杉山・原，2004）[5]．

図5.3　日本からの輸出番組（時間量）

出典：川竹・杉山・原（2004）をもとに作成

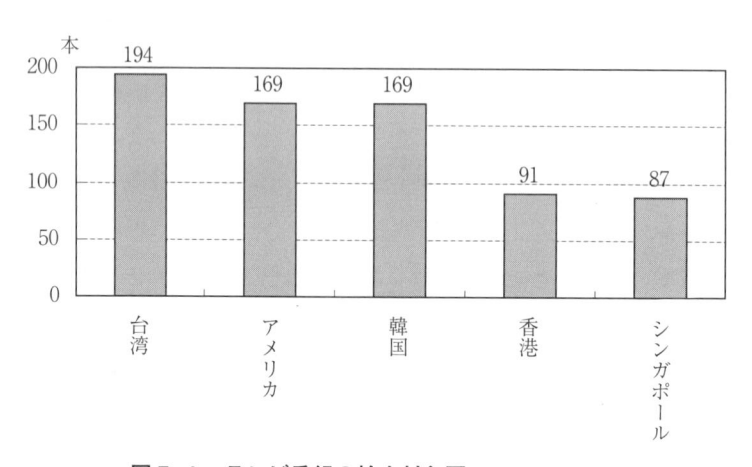

図5.4　テレビ番組の輸出対象国ベスト5（本数）

出典：川竹・杉山・原（2004）をもとに作成

テレビ番組の輸出状況をみると，図5.3に示すように，過去20年間で輸出番組は大幅に増えている．海外に輸出される番組の過半数（59%）はアニメだが，ドラマ・バラエティ番組も36%とかなりの比率に達している．これは，台湾・韓国などアジア諸国での人気を反映したものである．輸出先をみると，第2位のアメリカを除く，台湾，韓国，香港，シンガポールなどアジア地域が上位を占めている（図5.4）．番組ジャンルでみると，欧米向けの輸出番組の大半はアニメであるのに対し，アジア向けの番組ではアニメだけでなくドラマやバラエティも多いという特徴がみられる．

　一方，輸入番組の状況をみると，日本のテレビ番組（地上波アナログ，全国ネットワーク）の中に占める外国制作番組の割合は，全放送時間のわずか4.9%にすぎないという調査結果が得られている．この数値には過去20年間ほとんど変化はみられない．輸入番組のほとんどはアメリカ制作であり，他の国からの輸入はごくわずかである（図5.5）．

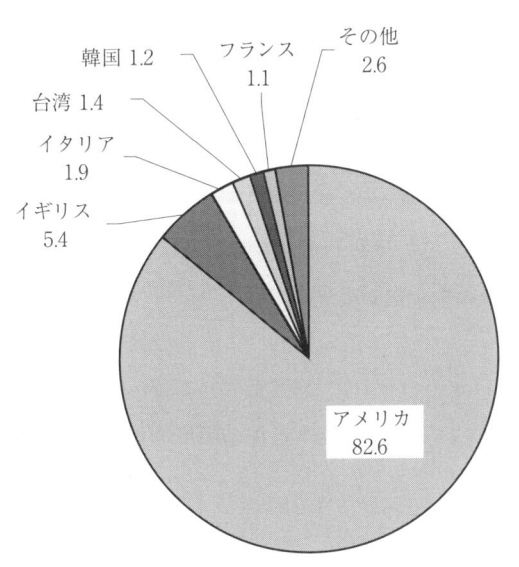

図5.5　輸入番組の制作国別比率（単位：%）
出典：川竹・杉山・原（2004）をもとに作成

輸入される番組でもっとも多いのはドラマ（25.6％）で，映画（23.8％），アニメ（18.8％）がこれに続いている．このように，輸入番組の制作国，番組ジャンルにはかなりの偏りがみられる．

3．メディア・グローバリゼーションと文化変容

「タイタニック」などハリウッドで制作された映画が次々と世界的にヒットし，異文化社会に広く受け入れられるのは何故なのか？　逆に，「ポケモン」などの日本のアニメや任天堂のテレビゲームが世界中の子供たちの間で流行し，子供の文化を変えているのは何故なのか？　メディア・エコロジーの視点からみても，こうした現象はきわめて興味深い研究テーマといえる．そこで，本節では，そのために参考になる先行研究や事例を紹介し，今後の研究課題と方法論について検討を加えることにしたい．

国際コミュニケーションに関する3つのモデル

モハマディ (1991) は，1960年代以降の国際コミュニケーション研究において，(1) コミュニケーションと発展（communication and development），(2) 文化帝国主義（cultural imperialism），(3) 文化多元主義（cultural pluralism）いう3つの知的パラダイムが順次中心的位置を占めてきた，と指摘している．

「コミュニケーションと発展」モデルは，1960年代に提唱されたモデルで，途上国の発展を阻害する要因を探求する目的で行われ，「教育制度の改革」やコミュニケーション・メディアの導入による「伝統的価値観の変革」といった政策提言を生み出した[6]．しかし，第三世界からは，先進諸国の観点に偏っている，歴史的視点を欠いている，第三世界の従属的地位を強化するものだ，としてきびしい批判を浴びることになった．

「文化帝国主義」モデルは，グローバルな資本主義企業による世界市場の支配構造に注目し，文化的生産物（ソフトウェア）の流通とメディア技術の移転が，第三世界の発展を助長するのではなくむしろ先進諸国への従属を強化し，

真の発展を妨げてきた，と批判する．そして，真の発展は先進諸国の文化のコピーではなく，第三世界のすぐれた伝統文化にもとづく，内発的かつ自己選択的なものでなければならない，と主張する．[7]

「文化多元主義」モデルは，現実のグローバルな文化状況，メディア環境が，文化帝国主義モデルの前提とする以上に多元的なものであり，グローバルメディアが伝統文化に及ぼす影響も，それほど大きなものではない，という認識に立ち，文化的多元主義を標榜する．オーディエンスによる記号解読における主体的，能動的な交渉と抵抗のプロセスを重視する「カルチュラル・スタディーズ」は，文化多元主義モデルとは若干異なる研究視座をもっているが，文化帝国主義を批判し，オーディエンスによる能動的な受容過程をミクロに研究するという点では共通点が多く，またメディア・グローバリゼーション研究への貢献も大きいことから，多元主義モデルと密接に関連している[8]．

以下では，「文化多元主義」ないし「カルチュラル・スタディーズ」の視点から行われたテレビ番組の国際的流通と受容に関するいくつかの実証的研究をとりあげ，メディア・グローバリゼーションと文化的影響の問題を検討することにしたい．

「ダラス」（Dallas）は世界各国でどのように受容されたか

リーベスとカッツ（Liebes and Katz, 1990）は，世界的に成功を収めたアメリカ製のドラマ「ダラス」を素材として，調査研究を行った．「ダラス」は世界的に史上空前の大ヒットとなった．リーベスとカッツらは，エルサレム在住のアラブ人たち，モロッコ出身の住民たち，最近ロシアから到着したばかりの人々，キブツに住むイスラエル人2世たちといっしょにこの番組を毎週見たあと，集まった家族や友人たちと番組についての座談会を行った．そして，これらの会話の記録を，アメリカのロサンゼルスと東京での，これとパラレルな会話記録と比較した．調査の結果，これら異なる文化集団に属する人々は，「ダラス」を多義的に解釈し，異なる仕方で受容し，異なる充足を得ていることが

わかった.

　インタビューの結果,ドラマの見方として,「現実投影的なフレーミング (referential framing)」(ドラマのストーリーや登場人物をオーディエンス自身の生活経験に投影しながら,リアルなものとして解釈する),および「批判的なフレーミング (critical framing)」(番組をフィクション,美的な投影物として批判的に見る) という2つの類型に分けられることがわかった.「モロッコ人」「アラブ人」には現実投影的な見方をする人が多かったのに対し,「ロシア人」には批判的な見方をする人が多かった.「アメリカ人」や「キブツメンバー」の見方は,両者の中間だった.また,日本人は,視聴状況が異なっていたが,批判的な見方をする人が圧倒的に多かった.もう一つの知見は,いっしょに見ている人たちが相互援助的な解釈と評価のプロセスを通じて海外ドラマを自文化の中に取り込んでいることだった.こうした視聴中の会話を通じて,共通の理解,解釈,評価を形成し,結果的にはグループ内の文化を形成,維持,再生産していたのである.

日本のテレビドラマは世界各国でどのように受容されているか

　次に紹介するのは,日本製のテレビドラマが,異なる文化圏において実際にどのように受容されているのか,というテーマに関する実証的調査研究である.ここでは,1980年代に制作され,世界50ヵ国に輸出され好評を博したNHKの連続ドラマ「おしん」と,1990年代にヒットした民放系のトレンディドラマ「東京ラブストーリー」を中心に,異なる文化圏での受容の実態を事例研究をもとにみることにしたい.

(1) 世界は「おしん」をどう見たか？

　1983年に制作されたNHK朝の連続ドラマ「おしん」は65％という高視聴率を記録するほどの人気番組となった.約100年前の日本を舞台として,主人公のおしんが極貧から身を起こして成功と繁栄を築くまでの波瀾万丈の生涯を描

いた「根性もの」ドラマである．この番組は，NHK エンタープライズを通じて，中国，香港，シンガポール，タイ，マレーシア，イラン，オーストラリア，ベルギー，メキシコ，ブラジルなど世界59カ国に輸出されている（2002年現在）．

「おしん」は日本で月曜から土曜までの毎日，計49週間放送された．この番組をきっかけにおしんブームが全国的に起こった．主役の女優である小林綾子や田中裕子は国民的アイドルになった．岡本プロデューサーによれば，おしんの成功の秘訣は，単なるメロドラマではなく，こうした教育的な価値のゆえだという．変化の激しい現代にあって，こうした伝統的価値が見直されているのだというのである．

「おしん」は1984〜85年に日本で放送されたあと，中国でも1985年に，1週間に2回，1回当たり90分の長さで放送され，かつてない高視聴率を記録した．北京では，この番組が始まると，街から人影が消えたといわれている．シンガポールでは，あまりに人気が高かったので，再放送までされている．タイでは，この番組が始まるまで，新聞には日本に対して批判的な論調が多かった．しかし，1984年11月にこの番組の放送が始まると，視聴率は平均17％に達した．調査によれば，視聴者はおしんを見て，困難な問題にぶつかったときに，どのように努力と忍耐で問題を解決するかを学んだと答えている．また，20世紀初頭のタイと日本が同じような状況にあったという点で共感を覚える人が多かった．タイでは，「おしん」ということばが「忍耐」を意味する日常用語として使われるようになったという．

ヨーロッパでの「おしん」に対する反応は，ベルギーで実施された2つの研究でもっともよく知ることができる．牧田徹雄がブリュッセルで実施した調査によると，ベルギーでこのドラマが成功した理由には2つあるという．一つは，女性の生涯を描いたこと，2つ目は，100年前の日本とベルギーのライフスタイルの類似性にあるという．

イランでは，「おしん」は「故郷を離れて幾年月」（"Years Away From Home"）というタイトルで，1987年11月から，イラン国営テレビで計168回放

送され，最高70％もの視聴率を獲得した．イランでは，1978～79年の（ホメイニによる）イスラム革命以来，テレビとラジオの役割が国家指導者によってきわめて重要視されており，宗教的，政治的なプロパガンダの手段としてフルに活用されている．テレビ番組のすべての内容は，それがイスラムの宗教原理に沿ったものかどうか厳格にチェック，検閲されている．コマーシャルは禁じられている．アメリカやヨーロッパのテレビ番組は追放され，ハリウッド製の映画も滅多に放映されない．その中にあって，イラン語に吹き替えられた日本製の番組が，イランでは輸入番組の中では高い比率を占めている．これは，日本の衣装，行為，映画内容がイランの文化と共通点をもっていることから，イランの伝統文化に抵触しないということが，その背景にあるといわれている．

イランのコミュニケーション研究者であるモウラナは，「おしん」が放送されていた1989年，イランのテレビ視聴者（16都市在住者から無作為抽出した184世帯）を対象とするアンケート調査を実施した（Mowlana and Mohsenian 1990）．調査の結果，次のようなことがわかった．

- 対象者の94％が，おしんを少なくとも1回以上見たと答えていた．57％の人がこの番組をいつも見ていると答えている．
- おしんを見ている人は，すべてのデモグラフィック属性にわたっており，学歴，年齢，社会経済的地位との関連はみられない．
- 61.4％の人が，視聴中になんらかの感情的反応を経験したと答えた．こうした感情的反応としては，怒り，むせび泣き，叫び，笑い，悲しみなどが含まれている．

また，視聴中に，いっしょに見ている他の人が感情的反応を示したと答えたのは，25.5％だった．また，8.1％の人は，自分自身が泣いてしまったと答えている．また，感情的に動かされた人を見て共感を覚えたという人も，11.4％いた．

モウラナは，さらに，イランと（おしんの時代における）日本のおかれていた社会条件の類似性が，おしん人気を支える重要な要因であったという指摘を

行っている．調査において「おしん」の描かれていた20世紀初頭の日本社会が1980年代のイランの社会状況と似ているかどうか，という設問に対し，実に72.1％の人が「似ている」と回答した．調査当時のイランは，イラクとの戦争のために経済的に非常に困難な状況におかれていたのである．ただし，この回答を視聴者のデモグラフィック属性と関連させると，興味深い関連がみられた．学歴の低い人たちの間では，高学歴の人々に比べて，日本社会と似ているという回答率が高かった．また，高齢者の場合，若い人たちにくらべて，似ているという回答率が高いという傾向がみられた．

視聴者に，ヒロインのおしんの少女時代と，彼ら自身の幼少時代とを比べてもらったところ，85％の人は，おしんと彼女の義理のお母さんとの間の嫁姑関係はイランの家庭でも広く見られると答えている．同じく，79.8％の人は，おしんの子供時代は，イランでも同じようなケースが多くみられると答えている．

「おしん」に関する調査研究でモウラナが見い出したのは，少なくともイランの視聴者は，「ダラス」の視聴者のように，自分たちの手に入らない世界（大富豪のライフスタイル，永遠の青春，強大な権力）に引きつけられるのではなく，むしろ，おしんのように，自分たちの伝統的な文化と類似したものに対して，より強い関心をもつという事実だった．そうした類似した境遇への共感が，イランの視聴者を「おしん」に引きつけたのである．

(2) 東アジアでブームを引き起こした「東京ラブストーリー」

1990年代以降，衛星放送，ビデオ，ケーブルテレビ，VCDなどのニューメディアの普及，地元メディア産業による積極的な販売促進活動，各国政府の輸入規制緩和政策などに伴って，日本のアニメ，テレビ番組などが大量に東アジア地域に流通し，日本のポピュラー文化がアジアで一大ブームを引き起こすに至った（岩渕，2001；石井，2001）．なかでも，1992年に香港のスターテレビで放送開始された「東京ラブストーリー」は，台湾など東アジア諸国で若い世代を中心に絶大な人気を博し，若者の文化にも大きな影響を及ぼした．

「東京ラブストーリー」は，1991年1月から3月までフジテレビ系列で放送

されたトレンディ・ドラマである（1話50分，計11回）．アメリカ帰りの自由奔放さとひたむきさを合わせ持つ行動派の女性リカと，優しいが不器用なサラリーマンの男性カンチ，その親友で奔放な女性関係をもつ若き医師の三上，日本的な慎ましさと受動的な性格をもち，三上とカンチの間で揺れながらも，次第に三上に惹かれてゆく里美，という4人の若者の間で，東京という現代的でファッショナブルな大都会を舞台に繰り広げられる青春純愛物語である．

　岩渕（2001年）は，台湾国立政治大学学生による調査，視聴者へのインタビューなどの資料をもとに，台湾で「東京ラブストーリー」がどのように受容されたのか，ドラマの人気がどのような要因に規定されていたかを分析している．それによると，台湾の若い女性視聴者にとって，主人公のリカは，「強烈に魅力的なキャラクター」として受けとめられており，「彼女への心理的一体感がドラマ人気の大きな要因となっていた」という．岩渕自身のインタビューでも，「自信にあふれ自立したリカは現代の望ましい女性の生き方として肯定的に受容されており，なかでも開放的，積極的かつ一途な恋愛態度は，多くの若い視聴者にとって共感と賞賛の対象であった」という知見が得られている．アメリカのドラマにくらべると登場人物の容姿や肌の色が自分たちに似ていること，人間関係や男女のつきあい方が似ていること，現代都市の生活空間を舞台にしていること，視聴者と同じ目線から登場人物を「等身大」で描いていること，などが台湾の若い視聴者たちに文化的近接性と親しみを感じさせ，ドラマをより「リアル」なものと受けとめ，登場人物との一体感を高める作用をもたらしたと思われる．

　ただし，「東京ラブストーリー」がこうした文化的近接性という要因だけで人気を博したわけではなかった．このドラマには，登場人物の家族がほとんど登場せず，ドラマの展開にも家族との関係はほとんど絡んでこない．これは，台湾のような家族関係が緊密な社会とは文化的にも非常に異なっている．また，女性の献身，貞節といった伝統的価値観が強く根付いている台湾の社会文化状況からみても，「東京ラブストーリー」の主人公たちの生き方はやや異質である．

それにもかかわらず，あるいはそれゆえにこそ，台湾の若い女性たちは，「私はリカのようには大胆かつ勇敢にはなれない」が，「私がなりたいまさしく理想の女性像」として，強い情緒的一体感を呼び起こしたのだと考えられる（岩渕，2001）．台湾の視聴者にとって，「東京ラブストーリー」は，日本のすぐ後を追って豊かな社会に向かって急速に発展しつつある資本主義社会の台湾という時代状況の中で，明日の自分たち自身を映し出す鏡として，強い共感と情緒的一体感をもたらしたとも考えられるのである．

「冬のソナタ」の日本での大ヒットと韓流ブーム

韓国では，日本の大衆文化が段階的に解禁となる1998年以前から，非合法な形で日本からビデオテープ，衛星放送，VCDなどを通じて，日本のテレビ番組が韓国に流入し，韓国でのテレビ番組制作にも大きな影響を与えたといわれる．リー・ドンフー（2004）によれば，1990年代には韓国のテレビ局で日本の番組を模倣する行為が広範に行われていたという．たとえば，韓国で最初のトレンディ・ドラマといわれる「嫉妬」（1992年）は「東京ラブストーリー」を模倣したとの疑惑が取りざたされた．また，MBCのテレビドラマ「青春」（1998年）は，日本のドラマ「ラブ・ジェネレーション」を真似ているとして放送が中止されている．

しかし，1990年代を通じて，アメリカや日本のテレビ番組技術を積極的に導入し，政府の積極的な業界支援政策の推進，日韓メディアの共同制作の経験などを通じて，韓国のテレビ番組制作能力は飛躍的に向上し，韓国発の映画やテレビドラマが逆にアジア諸国に輸出され，「韓流」ブームを巻き起こしていった．[9] そのような流れの中で日本に輸入され，大ヒットを生み出したのが，KBS制作のテレビドラマ「冬のソナタ」だった．

「冬のソナタ」は，韓国KBSが制作し，2002年1月から3月まで放送され，平均視聴率23.1％を記録した．日本では，2003年4月から7月まで，NHK衛星（BS）第2で毎週木曜日の夜10時から日本語吹き替えで放送された．平均

視聴率は1.1％と低かったが，口コミで話題が広がり，番組終了時にはNHKに多数の問い合わせや再放送リクエストが寄せられた．その結果，同年12月にはBSで再放送され，同時にDVD版も発売され，一部の週刊誌でも話題として取り上げられた．

このドラマの人気が爆発するきっかけとなったのは，2004年4月からNHK総合チャンネルでの再放送が決まり，それに合わせて，主演俳優のペ・ヨンジュンが来日したことである．4月3日のペ・ヨンジュン来日時には，女性を中心に5,000人ものファンが空港に駆けつけ，これがテレビのワイドショーや週刊誌などでも大きく報じられて，「冬ソナ」ブームに一気に火がついたのである．NHK総合テレビで4月から毎週土曜午後11時10分に再放送された「冬のソナタ」は，視聴率が次第に上昇し，最終回には関東地区14.4％，関西地区16.7％という高い数値を記録した（毛利，2004）．DVDや「冬ソナ」関連本もベストセラー並みの売れ行きを示した他，ペ・ヨンジュンの眼鏡，髪型，マフラーが流行ったり，韓国語学習熱が高まったり，ドラマのロケ地をめぐる韓国ツアーが話題を呼ぶなど，ブームは大きな広がりを示している．2004年11月時点で，「冬ソナ」のもたらした経済効果は2,300億円にも上るとの推測もある．

「冬のソナタ」のあらすじは次の通りである．ペ・ヨンジュン演じる男子高校生チュンサンと，チェ・ジウ演じる女子高校生ユジンは初恋をするが，同じくユジンを一途に愛する幼なじみで同級生サンヒョクとの間で三角関係となる．チュンサンの突然の交通事故死でいったんはサンヒョクと婚約したユジンだったが，10年後，実は事故から生還して別の記憶を埋め込まれた「ミニョン」と名乗るチュンサンと再会し，新たな愛が芽生える．両親の不倫など複雑な家族関係に苦しみながら，再び別れを決意したユジンとチュンサンだったが，最後には交通事故の後遺症で失明したチュンサンと偶然の再会を果たし，結ばれるというラブストーリーである．

なぜ2004年という時点で，「冬のソナタ」という韓国の純愛ドラマがこれほどの人気を集め，ブームといえるほどの社会現象を生み出したのだろうか？

このドラマを視聴したのは，どのような人々であり，彼らはドラマをどのように受容し，またどのような文化的な影響を受けたのだろうか？　NHK放送文化研究所が実施した世論調査（三矢，2004），研究者によるインタビュー調査（毛利，2004），関連番組に寄せられた視聴者の反応（高野・山登，2004），日韓関係をめぐる歴史・文化・社会的背景の分析（岩渕，2004）などをもとに，この点を検討してみたい．

　NHKが2004年4月と6月に実施した全国個人視聴率調査によると，NHK総合テレビで再放送された「冬のソナタ」を比較的よく見ていたのは，放送開始直後の4月には50代以上の中高年女性だったが，6月の調査では30代，40代の女性にまで広がっていることがわかった．また，NHKが9月1日～10日に全国の15～79歳の男女1,289人に対して実施した「冬のソナタに関する世論調査」（以下，「NHK冬ソナ調査」と略記）によると，「冬のソナタ」の放送を知っている国民が90％ときわめて高いこと，このドラマを実際に見たことがある人は，国民全体の38％に達することがわかった．男女年層別にみると，男性よりも女性のほうが視聴経験率は高く，とくに50代と40代の女性では，過半数が見たことがあると答えている．「冬ソナ」人気が中高年の女性に支えられているという一般的な指摘が調査データによっても裏づけられている．

　それでは，このドラマのどんな点が中高年女性を中心とする日本の視聴者を引きつけたのだろうか？　NHK冬ソナ調査では，「冬のソナタ」の魅力はどういうところにあるかを複数選択式で質問しているが，回答がもっとも多かったのは，「ストーリー」（62.9％）であり，「音楽」（51.4％），「演じている俳優」（50.4％）がこれに続いていた．具体的にいえば，初恋の人をいつまでも想い続け，度重なるアクシデントや思いがけない出来事，家族や友人との軋轢などの障害に直面しながらも，ひたむきで誠実な愛を貫く，という純愛のストーリーが，多くの女性の心を捉えたのである．「冬のソナタ」のストーリーは，1970年代に日本で制作された恋愛ドラマとよく似ているといわれるが，「冬のソナタ」に感動した日本人視聴者の多くは，かつてのテレビドラマにあって現

代のドラマには失われているものへの郷愁，あるいは，自分自身の若い頃の初恋体験と重ね合わせて見ることによって，大きな感動を受けたのではないかと思われる．実際，「冬のソナタ」を見ての感想でもっとも多かったのは，「最近の日本のドラマでは味わえないような感動があった」（32.0％）であり，「昔はやった日本のドラマのようで，懐かしさを感じた」（27.5％）がこれに続いていた．ドラマの背景に流れる切なく甘美な音楽も，ドラマを効果的に盛り上げ，視聴者を引きつける上で大きな役割を果たした．主役のチュンサンを演じるペ・ヨンジュンと，その恋人ユジンを演じるチェ・ジウの魅力もまた，日本の多くの視聴者を虜にした．ドラマを見て感動した東京在住40歳の既婚女性がNHKに宛てて出した次の投書は，主演俳優への熱い思いをよくあらわしている．

> 主人公のユジンの誠実で純粋でけなげな表情．こういう表情をする日本人など，ここ何年も見たことがないような気がする．……思わずこちらも食い入るようにじっと俳優の表情を見て，感情移入してしまう．……なににいちばんはまったかというと，チュンサン，ミニョンを演じているペ・ヨンジュンさんのあまりの素敵さに，いい年をして，まるで病気のように熱中してしまったのでした．……まるで自分がユジンになって10年も想い続けた初恋の人に会ったような，それ以上に生まれて初めて理想の男性に巡り会えたかのようなときめきに，「いい年をして，ほとんど"おばか"．もう病気だよ」と自分で自分につっこみを入れるほど，大ファンになってしまいました（高野・山登，2004からの引用．文中の……は中略）．

「冬のソナタ」の視聴は，意識面，行動面でどのような影響を及ぼしたのだろうか？　NHK冬ソナ調査では，「冬のソナタ」をきっかけとした韓国文化への接触の有無を尋ねているが，その結果をみると，「冬のソナタ」以外の韓国ドラマを見た，という人が34％（国民全体の13％）でもっとも多く，「映画を見た」人が13％，「本や雑誌を見た」人が12％でこれに続いている．しかし，「韓国料理を食べに行った」「韓国料理を作ってみた」「韓国語を学習するようになった」「韓国旅行に行った」など，実際の行動面での文化的影響は，いずれも4％

以下の低い水準にとどまっていた．ただし，「冬のソナタ」視聴をきっかけとして「韓国のイメージが変わった」人が26％，「韓国への興味が増した」人が22％に達しており，このドラマが日本の視聴者に対し，韓国への関心や評価を高める上で一定の機能を果たしたことを示唆している．とくに戦前の植民地支配時代に教育を受けた高齢世代の中には，韓国に対する偏見の混じった差別的イメージを持つ人もいたが，「冬のソナタ」を見続けるうちに，そうした歪んだイメージが崩れると同時に，過去の不幸な歴史を反省する中で，一種の贖罪意識を抱くようになった視聴者もいた．「冬のソナタを見終わったとき，すっかり韓国に対する考え，思いが変わっていました．過去のいろいろなこともあり，申し訳ない気持ちもあり，韓国にいままで行こうと思ったこともありませんでしたが，近いうちに一度行ってみたいと思っています」という60歳女性の感想は，そうした意識変化をあらわしている（高野・山登，2004）．

　このように，「冬のソナタ」は，中高年女性を中心に多くの日本人の心を捉え，韓国（文化）に対する意識面でも一定の影響を及ぼし，「韓流」ブームを巻き起こすことになった．こうしたブームの背景には，いくつかの歴史的・社会文化的な要因があったと考えられる．

　ブームをもたらした第1の要因として，1998年以降の韓国の日本大衆文化開放政策と，2000年ワールドカップを契機とする日韓文化交流の進展をあげることができる．その中で，日韓共同制作の映画，テレビ番組などが作られた他，『シュリ』『猟奇的な彼女』など韓国の映画が日本で相次いでヒットするなど，韓国の大衆文化に対する日本人の関心も次第に高まっていた（毛利，2004；岩渕，2004）．第2の要因は，日本と韓国の文化的な近接性に求めることができる．ちょうど日本のテレビドラマが台湾や中国で，「文化的近接性」のゆえに親近性をもって受け入れられたように，「冬のソナタ」もまた，人物の容姿，外見，ライフスタイル，価値観における近接性のゆえに，とくに中高年の世代を中心に，多大な共感を呼んだものと考えられる．

　「冬のソナタ」ブームをきっかけとして，NHKや民放では，「美しき日々」

など韓国の人気ドラマや韓国映画が次々と放送された他，在日韓国人を主人公とするドラマが放送されたり，韓国文化を紹介する番組が増えるなど，日本のテレビでの韓国の比重が大幅に高まっている．「韓国ドラマ」はいまやアメリカ製ドラマと並んで，ドラマの中で独立したジャンルを形成するまでになっている．こうした「韓流」ブームがいつまで続くのか，今後の動向が注目されるところである．

エスニックメディアの発展——もう一つのメディア・グローバリゼーション

　メディア・グローバリゼーションの動きとして，もう一つ忘れてはならないのは，エスニックメディアの発展である．エスニックメディアとは，「当該国家内に居住するエスニック・マイノリティの人びとによってそのエスニシティのゆえに用いられる，出版・放送・インターネット等の情報媒体」（白水，2004）をさしている．ただし，現実には当該社会の多数派の人間が送り手や受け手として関与することがあり，また主流社会の言語（マジョリティ言語）が用いられることもある，としている．わが国で在日朝鮮人・中国人や日系ブラジル人など外国人労働者向けに発行される現地語の新聞，雑誌，ラジオやテレビの番組などはエスニックメディアの例である．エスニックメディア登場の背景には，経済のグローバル化とそれに伴う人口の国際的移動の活発化という社会的背景がある．

　経済のグローバル化は，とくに発展途上国から先進諸国への労働人口の大量移動を引き起こしている．先進諸国における経済発展とそれに伴う所得水準の上昇，情報通信や交通手段の国際化と高速化，南北間の経済格差の増大，発展途上国における労働力の過剰，外国人定住に対する法的規制の緩和などを背景として，アジア，アフリカ，中近東，中南米などの発展途上国から若年層を中心とする労働力が，アメリカ，ヨーロッパ，日本などの先進諸国に大量に流れ込むという現象が1980年代以降，顕著にみられるようになった．

　わが国でも，1980年代後半以降，ニューカマーと呼ばれる外国人労働者が大

量に日本に来訪し，貴重な労働力として活用されている．とくに，1990年に入管法が改正され，二世，三世までの日系外国人に対しては，選挙権以外はほとんど通常の日本人と変わらない待遇で定住が認められるようになり，これをきっかけとして，日本に定住する日系外国人二世，三世が急増した．なかでも多いのは，日系ブラジル人である．

　法務省入国管理局の調べによると，2004年3月現在，外国人登録者は合計で191万5,000人いる．このうち，韓国・朝鮮が約61万人で全体の32％を占め，以下，中国，ブラジル，フィリピン，ペルー，アメリカと続いている．ブラジル国籍の在日外国人は約27万5,000人である．12年前の在日ブラジル人がわずか415人だったことからすると驚くべき数である．このうち約半分が日本での定住者であり，定住外国人全体の過半数を占めている．定住するブラジル人がこのように多いのは，1990年6月，出入国管理および難民認定法（入管法）が改正されたのが大きな要因になっている．これによって，たとえ外国生まれでも，日系人であることを証明すれば，日本に合法的に長期滞在，就労できる道が開かれた．これ以降，南米からの日系人が大量に日本に「出稼ぎ」（円稼ぎ）にくるようになった．とくに在日のブラジル人が急増し，ポルトガル語によるエスニックメディアへの需要が急速に高まった．そこで，以下では在日日系ブラジル人向けのエスニックメディアを一つの事例として紹介しておきたい．

(1) 新　聞

　出稼ぎで来ている日系ブラジル人の大多数は，母国では高学歴の中産階級出身だが，日本では，自動車関連や電気機器メーカーの下請け工場，建設業などの「きつい，汚い，危険な」3K労働に就いている．彼らが集住している地域は，神奈川県，愛知県，静岡県，東京都，群馬県などであり，ポルトガル語のエスニックメディアもこれらの地域で発生した．出稼ぎで来ている日系ブラジル人の大多数は，日本語の読み書きができないので，日々の生活に必要な情報が十分に得られない状況にあった．そこで，90年頃からこうしたブラジル人労働者のために，ポルトガル語の新聞がつくられるようになった．そのうち，代

表的なものとしては,『インターナショナル・プレス』『ツード・ベン』『フォーリャ・ムンジアル』などがある.

『インターナショナル・プレス』(International Press) は,1991年に日系ブラジル人の村永義男氏が神奈川県で発行した週刊新聞である.2005年1月現在の発行部数は,ポルトガル語版が6万部,スペイン語版が2万5,000部である.ブラジルのニュース,ブラジルの人気雑誌から引用した記事,広告など,日系ブラジル人労働者に必要な情報が掲載されている.『ツード・ベン』(Tudo Ben)は,1993年に創刊された週刊新聞で,発行部数は約3万部である.ブラジル,日本,世界の政治,経済,一般,スポーツ情報をマガジンスタイルで提供している.『フォーリャ・ムンジアル』(Folha Mundial)は,出稼ぎ労働者だった静岡県在住の日系ブラジル人が自分で新聞を始めたもので,発行部数は1万5,000部である.ロイター通信,EFF通信と提携して最新の国際ニュースを伝えている.国内のニュースは中日新聞,東京新聞の協力により在日のブラジル人に関係する事柄を中心に掲載している.その他,スポーツ,レジャー,コミュニケーション,求人情報など多彩な紙面を展開している

(2) テレビ,ラジオ

1980年代から,日系人の多く住む地域では,ブラジル料理店や飲食店などに「ビデオレンタルコーナー」が設けられて,ブラジルのテレビから録画した番組をビデオにして貸し出していた.また,ブラジル人専用のレンタルビデオ店もできた.日系ブラジル人の多く住む静岡,東京,群馬,愛知などでは,ポルトガル語のFMラジオ番組も提供されるようになった.NHKでは,毎日午後6時から10分間,ポルトガル語のニュース放送を行っている.

1996年になると,『インターナショナル・プレス』を母体とするアイ・ピー・シー・テレビジョンネットワーク社(IPC)が,デジタル衛星放送のスカイパーフェクTVを使って,ポルトガル語の有料放送サービス(IPCブラジルチャンネル)を開始した.番組の90％は,南米最大の民放テレビ局「グローボ」(Globo International)の番組で,ニュース,人気ドラマ,音楽,バラエティ,

スポーツなどを放送している．とくに，ブラジルの国技であるサッカーについては，年間50試合以上を放送している．また，日本国内の群馬，静岡，愛知の各支局から送られてくるコミュニティニュースを中心に自主制作している「JORNAL IPC」というローカル情報番組もある．月額利用料金が4,000円と高いにもかかわらず，IPCチャンネルの加入者数は2003年現在で，ポルトガル語チャンネルとスペイン語チャンネルを合わせて4万7,000人にも達している．

ポルトガル語をはじめとするエスニックメディアは，在日の外国人に対して，あるいは日本人に対して多様な役割を果たしていることが各種の研究によって明らかにされている（白水，1999；2004他）．すなわち，①ブラジルなど母国に関する最新のニュースを提供する，②母国の文化を伝え，同国人同士で文化的アイデンティティを高める，③紙面の提供，各種イベントの開催，協賛などを通じて，在日外国人同士のネットワークづくりに貢献する，④在日外国人に対して，母国語による自己表現の場を提供する，⑤日本人に対し，外国人コミュニティの存在を気づかせ，それを通じて多文化共生社会の形成においても重要な役割を果たしている，などである．

4．グローバル社会情報システムのメディア・エコロジー

最後に，メディア・グローバリゼーションが各国の社会情報システムをどのように変化させるかという問題を，メディア・エコロジーの理論モデルを用いて整理しておきたい．

アパデュライ（Appadurai, 1996＝2000）は，グローバルな文化経済システムを，経済・文化・政治の間の複合的，重層的，乖離的な秩序として把握すべきだと主張した．そして，基本的枠組みとして，(1)エスノスケープ（民族・人口の地景），(2)メディアスケープ（メディアの地景），(3)テクノスケープ（技術の地景），(4)ファイナンスケープ（資本の地景），(5)イデオスケープ（イデオロギーの地景）という5つの次元に分けて，人・技術・資金・情報のグローバルな流れ（フロー）における乖離構造を探求すべきだと提唱した．本書の第

1章で概説した社会情報システムの構造は，いわばアパデュライのいう「メディアスケープ」の視点に立って，これを「メディア環境」と「情報行動」に分けた上で，メディアスケープを規定する要因として，「情報技術」「情報制度」「情報経済」「情報文化」からなる「社会情報環境」を措定したものと解釈することができる．そして，グローバリゼーションの時代を迎えた欧米，日本，東アジアの国々では，情報法制度，情報技術，情報経済，情報文化，メディア環境，情報行動の各次元で，図5.6に示すようなメディア・エコロジーのダイナミクスが展開されていると考えることができるだろう．以下では，日本，中国，台湾，香港を含む東アジア地域におけるグローバル社会情報システムを例として取り上げ，1990年代以降，展開されてきたメディア・エコロジーのダイナミクスを概観して，本章の締めくくりとしたい．

(1) グローバル化に伴う社会情報環境の変化

　情報通信技術の進展は，近年におけるグローバリゼーションの最大の推進力になっている．1960年代以降，欧米を中心として通信衛星が次々と打ち上げられ，大量の情報が国境を越えて同時的に流れるようになった．とくに，1980年代以降は，放送衛星や通信衛星を通じてテレビ放送のグローバルな流通が活発化した．欧米のメディア企業は，こうした通信衛星を利用して，積極的に海外市場を開拓していった．たとえば，1980年にアメリカのアトランタで開局した24時間ニュース専門局CNNは，早くも1982年には日本とオーストラリアでニュース提供を開始し，1985年には「CNNインターナショナル」を設立して，アジアやヨーロッパなど世界各国に国際ニュースの提供を開始している（菅谷，2004）．また，香港では地元企業の出資で1991年にアジア38ヵ国をカバーする有料の衛星テレビサービス「スターテレビ」が開始されたが，1993年にはルパート・マードック率いる多国籍メディア企業ニューズ・コーポレーションによって買収された．スターテレビでは，中国，東南アジア，南西アジアなど地域に合わせた番組を提供することによって，放送サービスの「現地化」をはかっている点が大きな特徴となっている（石井，2001）．日本でも1987年にはN

```
┌─────────── グローバル社会情報システム ───────────┐
│              [ 社 会 情 報 環 境 ]                │
│  [情報技術]   [情報経済]    [情報法制度]    [情報文化]  │
│  ・衛星放送   ・需要と供給  ・規制緩和      ・価値観の多様化 │
│  ・デジタル化 ・貿易自由化  ・セキュリティ対策 ・情報リテラシー│
│  ・モバイル通信 ・多国籍企業 ・著作権対策    ・メディア嗜好  │
│  ・インターネット の発展    ・伝統文化保護   ・使用言語    │
│  ・ユビキタス ・電子マネー  ・言論の自由               │
│                                                    │
│          メディア環境のグローバル化               │
│     ┌─制作過程の─┐ ──→ ┌─流通過程の─┐          │
│     │グローバル化│      │グローバル化│          │
│     └──────┘      └──────┘          │
│                                                    │
│          [情報行動のグローバル化]                 │
│  [メディアの選択] [情報内容の選択] [受容・影響過程] │
│  ・衛星放送     ・外国製ドラマ   ・無条件受容    │
│  ・ケーブルテレビ ・外国製ニュース ・選択的受容   │
│  ・インターネット ・ハリウッド映画 ・創造的受容   │
│  ・DVD                        ・無影響       │
└────────────────────────────────┘
```

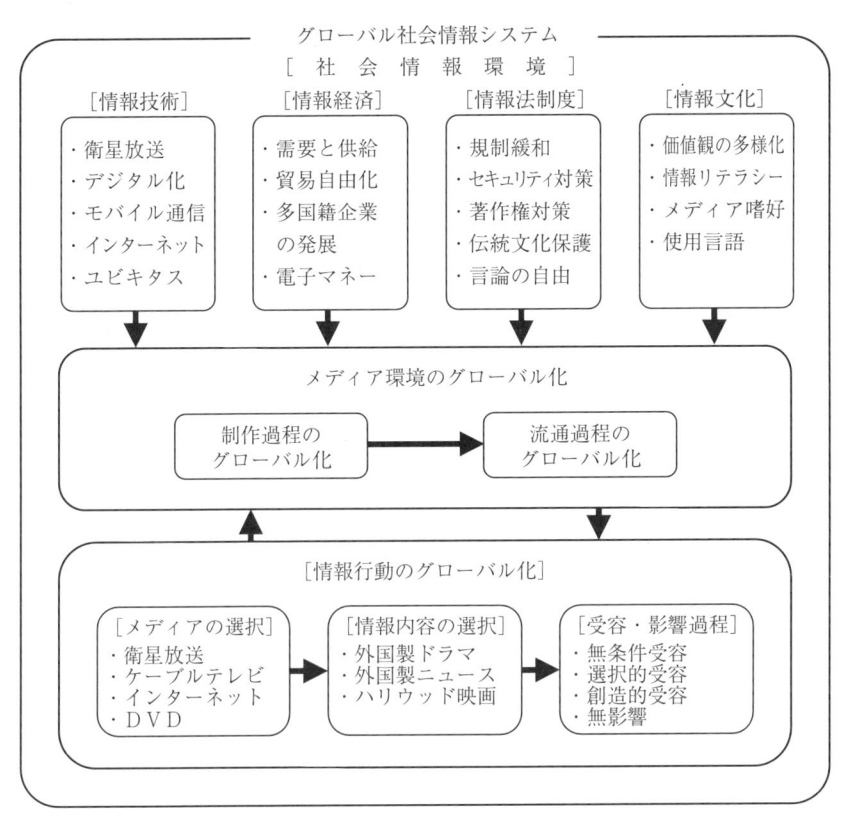

図5.6　グローバル社会情報システムの構造

HKが国内向けに衛星放送サービスを開始したが，この衛星はスクランブルをかけていなかったために，韓国や台湾など近隣諸国でもパラボラアンテナを設置すれば受信でき，国境を越えて日本の番組が東アジア諸国に流れる結果となった．

　東アジアにおけるテレビ番組や映画の相互流通を促進したもう一つの情報通信技術は，ビデオテープやVCDなどのパッケージ系ニューメディア，ケーブルテレビ，インターネットなどのニューメディアであった．韓国や台湾では，1980年代まで日本のポピュラー文化の輸入が法律で禁止されていたため，取り

締まりの網をかいくぐって海賊版のビデオテープやVCDなどを通じて非合法的な形で輸入し販売するという状況が長く続いた．また，台湾では非合法のケーブルテレビを通じて，日本製のドラマやアニメなどのテレビ番組が放送されていた．これは国際的に著作権をめぐる紛争に発展することもしばしばであった．そこで，台湾では1993年に有線電視法（ケーブルテレビ法）が制定され，ケーブルテレビ局が合法化された．同時に，ケーブルテレビ局では番組の著作権問題にも正式に対処するようにもなった．韓国では，日本のポピュラー文化禁止政策がさらに長期間にわたって続けられたが，ようやく1998年になって日本の大衆文化の段階的解放方針が金大中政権によって発表され，1998年10月から2004年1月にかけて段階的に実施に移された．

　日本でも，1994年に放送法が改正され，NHK衛星放送の海外での受信が合法化されることになった．このように，情報通信技術，情報経済市場のグローバル化と合わせるように，コンテンツの輸出入規制が次第に緩和されるようになり，それが東アジア地域での情報流通を促進する役割を果たしている．

　メディア・グローバリゼーションに関連する情報文化要因としては，「価値観の多様化」「情報リテラシー」「使用言語」などの問題がある．ポストモダンの時代状況において，現代人の価値観は明らかに細分化，多様化しており，テレビ，映画，音楽の嗜好も多様化している．また，グローバルな人口移動の急増によって，どの国でも多数の異なる民族が定住するようになっており，それが価値観の多様化を促進している．海外から輸入されるテレビ番組，映画，音楽などはそうしたニーズにマッチするものである．PC，インターネット，ビデオ，VCD，携帯電話などを自由に使いこなす能力，つまり「情報リテラシー」も，メディア・グローバリゼーションを促進する重要な環境変数の一つである．たとえば，韓国では2000年頃からインターネットを通じて，日本のテレビドラマがP2Pサイト等を通して大量に流通していたといわれている（パク・ヨンソン，2004）．これも若い人々が十分なネットリテラシーを持っていたからに他ならない．情報文化のもう一つの要素である「使用言語」もまた，メ

ディア・グローバリゼーションの行方にプラス，マイナス両面の影響を与える．人口，経済のグローバル化に伴って，多数の外国人が国内に定住するようになると，先述したように母国語メディアへのニーズが高まり，日本の場合でいえば，ポルトガル語，中国語，タガログ語，ハングルなどによるエスニックメディアへのニーズが高まる．海外のグローバルメディアは，こうしたニーズを充足する機能を果たしてくれるだろう．

(2) **メディア環境のグローバル化**

グローバリゼーションの進展に伴う社会情報環境の変化は，メディア環境の変化と双方的な関係にある．ここでは，メディア・コンテンツの「制作過程」「流通過程」におけるグローバル化とその帰結を簡単にまとめておこう．

上述した社会情報環境の変化に伴って，メディア制作過程のグローバル化は大きく進展した．1990年代以降，日本のテレビドラマは，香港や台湾などで海賊版ビデオやVCDに字幕付きでコピーされ，香港，中国，韓国，台湾などに大量に出回った．ケリー・フーによると，ドラマ・映画・ショーなどを含むテレビ番組の海賊版VCD製作は，1996〜97年ごろ香港で開始され，香港税関が1999年9月に海賊版取り締まりを始めるまでの間，全盛をきわめたという（ケリー・フー，2003）．日本で放送されたテレビ番組の録画ビデオは即日香港に運ばれ，そこで中国語の字幕をつけてVCDに焼き付けられる．そして，おしゃれでカラフルなデザインのパッケージに入れられて大量に複製，販売される．この間わずか1〜2週間という驚くほどの早さである．こうした複製番組流通とは別に，韓国や台湾では，日本のトレンディ・ドラマをリメイクしたような模倣ドラマが現地で制作されたり，日本との共同制作映画やドラマもつくられ，それを通じてメディア制作のグローバル化が進行している．また，グローバルメディア企業の側でも，スターテレビやCNNのように，各地域の文化に適合したフォーマットとコンテンツを制作し，輸出するという「現地化」戦略を積極的に展開しているケースが増えている．

その結果，「文化帝国主義」理論が想定するような，グローバルメディア進

出によって，世界のポピュラー文化が均質化，画一化し，ローカルな伝統文化が破壊されるといった現状は必ずしも生じておらず，伝統的文化に加えて新しいハイブリッドな文化が育つことによって，文化の多様性が促進されるという結果をもたらしている[10]．また，グローバルメディアの進出によって地元産業が衰退するという危惧が広がる中で，たとえば台湾や香港などでは，むしろ地元の企業が積極的に日本など海外メディアのコンテンツを制作過程に取り込むことによって，番組の質を向上させ，自らの発展をはかっているという現象がみられる（岩渕，2001；リン・ドンフー，2004）．

メディア・コンテンツの流通過程におけるニューメディアの活用は，1980年代以降のメディア・グローバリゼーションを促進する大きな要素となっている．たとえば，台湾では1980年代に非合法な形ではあるが，多チャンネル・ケーブルテレビの普及が進み，多くの家庭では複数の日本専門チャンネルで日本のテレビ番組を手軽に楽しむことができるようになった．また，韓国では2000年以降，インターネットのP to Pサイトを通じて日本のテレビドラマなどが動画ファイルにコピーされ，字幕付きでファンの間で交換されるようになり，韓国における日本のテレビ番組の主要な流通ルートになっているという（パク・ソヨン，2004）．一方，日本製アニメ映画が欧米に輸出される際には，ウォルト・ディズニーやタイム・ワーナーなどの欧米メジャー配給会社が重要な流通手段として使われており，日本，香港，韓国など東アジアのローカルなポピュラー文化がグローバル・メディアの力を借りて世界中に流通するという，興味深いメディア・エコロジーも観察されている．

以上のように，社会情報環境のグローバル化は，メディア・コンテンツの制作過程，流通過程に複雑な形で影響を与え，グローバルなメディア・エコロジーの景観を大きく変えつつあるといえよう．

(3) 情報行動のグローバル化

最後に，メディア・グローバリゼーションに伴って，人々の情報行動がどのように変化し，さらに文化的な影響受けているかという点をまとめておきたい．

海外の映画やテレビを見たいと思ったとき，あるいは海外の情報を入手したいと思ったとき，人々は新聞，雑誌・本，地上波テレビ，BS，CS衛星放送，ケーブルテレビ，DVD，インターネットなどさまざまなメディアの中から選択できるようになっている．筆者も参加する「ニューメディア研究会」（代表：川本勝）が高知市（2001年），日野市（2002年）に行った住民意識調査では，「海外の出来事や動きを知る上で，どのようなメディアが役に立っているか」という設問をしているが，回答結果（複数可）をみると，図5.7に示すように，「NHK・民放のテレビ放送」と「新聞」という回答率がもっとも高くなっているが，「BS放送」「インターネット」といったニューメディアからの情報が役に立っているという回答も一定割合あり，利用メディアの多様化が進みつつあるという実態がうかがえる．[11]

　NHK放送文化研究所の調査（川竹・杉山・原，2004）によると，海外で制作された情報内容をジャンル別にみると，NHK・民放の地上波テレビの場合，輸入番組中に占める比率は「ドラマ」が25.6％でもっとも高く，「映画」（23.8％），「アニメ・人形劇」（18.8％），「ドキュメンタリー」（11.8％）がこれに続いてい

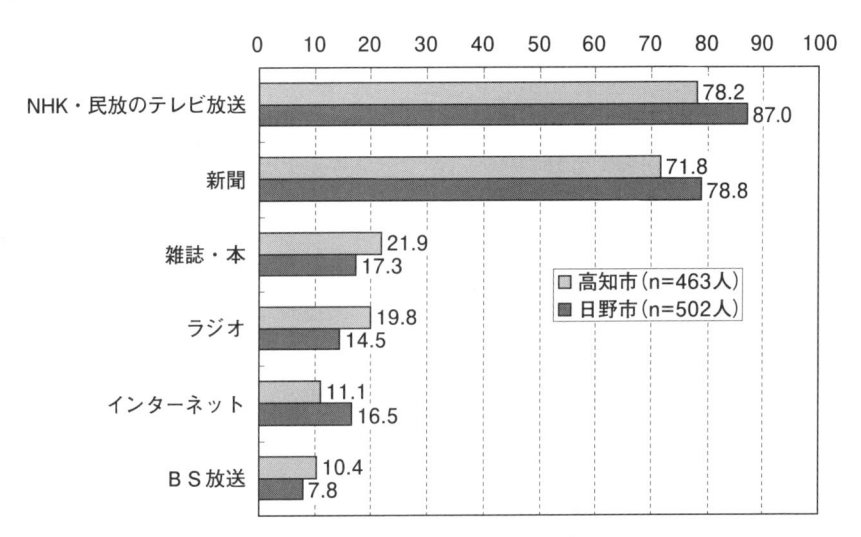

図5.7　海外の出来事を知るのに役に立つメディア（複数回答　％）

NHK・民放のテレビ放送　高知市 78.2／日野市 87.0
新聞　高知市 71.8／日野市 78.8
雑誌・本　高知市 21.9／日野市 17.3
ラジオ　高知市 19.8／日野市 14.5
インターネット　高知市 11.1／日野市 16.5
BS放送　高知市 10.4／日野市 7.8

（高知市 n=463人，日野市 n=502人）

る．多チャンネル・ケーブルテレビやCSテレビ（スカイパーフェクＴＶなど）では，CNN，スターチャンネル，MTV，ESPNなど欧米で制作された「ニュース」「映画」「音楽」「スポーツ」専門チャンネルが視聴可能になっている．また，中国語，ポルトガル語，スペイン語などの外国語で母国のテレビ番組を再送信しているエスニック・チャンネルもあり，多くの在日外国人がこれらを利用している．このように，多メディア化，多チャンネル化の進展とともに，海外制作のコンテンツが容易に入手できる時代が到来したのである．さらに，インターネットからは世界のあらゆる国々で発信される情報にいつでもアクセスすることが可能な状況にある．

　しかし，それが必ずしも人々の利用する情報内容のグローバルに結びついているとはいいがたい．たとえば，「ワールドインターネットプロジェクト」（代表：三上俊治）の2000年全国調査によれば，インターネット利用者がふだんアクセスしているウェブサイトの言語別構成比率を聞いてみたところ，日本語サイトが平均98％であったのに対し，英語サイトの比率は平均6.4％，その他の言語の比率は0.6％にすぎなかった．[12] つまり，インターネットは確かにグローバルな情報を伝えるメディアであるとはいえ，言語の厚い壁に阻まれて，外国語サイトへのアクセス率は低いレベルにとどまっているというのが実態である．

　海外から輸入するコンテンツが視聴者あるいは利用者によってどのように受容され，文化的な影響を及ぼしているか，という点については，いくつかの事例研究でもすでに紹介したように，人々は必ずしも海外からの情報を無批判的に受け入れているわけではなく，自らの関心や価値規範，ライフスタイルなどに照らして，取捨選択したり，再解釈したり，創造的に活用するなど，自律的，能動的な受容をする傾向が一般にみられる．また，「おしん」「東京ラブストーリー」「冬のソナタ」にみられるように，海外の視聴者は自国の視聴者とは異なるメッセージを番組から読みとっており，それぞれの国ごとに異なった文化的影響を受けていることがわかる．これは，「同じ番組からでも，人々は多様な異なる充足を引き出している」という「利用と満足」研究の知見とも一致す

るものである.[13]

(注)

(1) グローバリゼーションとは,「社会的,経済的関係が世界中に広がるために,世界のさまざまな人々,地域,国々のあいだで相互依存性が増大すること」を意味している.この言葉は,1980年代半ばから使われるようになり,1990年代後半以降,急速に人口に膾炙するようになった.グローバリゼーションが近代以降に現れたのか,それとも近代以前から生じていた現象なのか,あるいは1980年代以降のいわゆるポストモダン時代に特有の社会現象として把握すべきなのか,という点については議論の分かれるところである(Robertson, 1992=1997;Giddens, 1990=1993;Waters, 1995).グローバリゼーションのもっとも強力な推進力は,多国籍企業の国境をこえた活動に代表される地球規模の生産,流通の世界的広がりといった「経済のグローバル化」にあるが,経済のみならず,政治的,社会的,文化的な結合の増大もグローバリゼーションと深く関わっている.とりわけ,世界中の人々の間の取引や交流を迅速かつ活発にし,その範囲を世界中に広げる上で,情報通信テクノロジーの発達はきわめて重要な役割を果たしている(Giddens, 2001=2004).

(2) 1850年代に,イギリス,フランス,ドイツのニュース通信社が連合して,Reuters通信社をつくり,ヨーロッパ諸国の新聞社に有料で海外ニュースを提供するサービスを始めた.これに続いて,アメリカでもAP,UPといった通信社が海外ニュースの配信サービスを開始し,これら少数の大手通信社は,主として欧米の裕福な国々を対象として海外ニュースを提供し,グローバルなニュース市場で独占的な地位を築いたという意味で,今日の「グローバルメディア」の先駆者ということができる(Herman and McChesney, 1997).

(3) 日米両国のテレビ報道の内容を体系的にとらえ,数量的に比較するために,1992年9月14日から12月11日までの3ヵ月間に日米で放送された夜のニュース番組(日本はNHKおよび民放4局,アメリカは3大ネットワークおよびCNN, PBS)を録画し,専門のコーダーによって内容分析を行ったものである.

(4) ウィンドウ戦略(windowing)とは,映画がロードショー公開されたあと,著作権の運用期間を少しずつずらしながら,2番館,3番館での上映,ビデオ(DVD)のレンタル・販売,ケーブルテレビのPPV(ペイパービュー)チャンネル,定額有料チャンネル,地上波ネットワークテレビといった異なる映像メディアでの提供を順次許可してゆく流通方式のことをいう.入場料金や利用料金はロードショー公開時がもっとも高く,その後,次第に安くなっていく.それによって,業界全体としての収入の最大化をはかるという営業戦略である(Litman, 1998;菅谷・中村, 2002).

（5） この調査は，ICFP（International Communication Flow Project）と呼ばれ，1980年，1992年，2001年の3回にわたって調査している．日本から発信するフローについては，「日本制作のテレビ番組の輸出」「海外提供」「衛星による直接発信」「外国との共同制作」の各側面について，日本での受信のフローについては，「外国制作のテレビ番組の輸入」「日本制作のテレビ番組の中の外国の要素」「ニュース・ワイドショーの中の外国要素」「CMの中の外国要素」について調査・分析している．

（6）「コミュニケーションと発展（Communication and Development）」理論は，1950年代から60年代にかけて，発展途上国の近代化をはかる上でマスメディアが重要な役割を果たすというラーナー（Lerner, 1958）の主張を発展させたもので，シュラムやラーナーらは，「読み書き能力（リテラシー）の向上がマスメディア利用者を増やし，近代化の原動力になる」として，マスメディアの導入と教育制度の改革を通じて，途上国の伝統的価値観を変革し，近代化を達成すべきことを提言した（Pye, L.W., 1963=1967）．

（7） 文化帝国主義の代表的な唱道者は，ハーバート・シラー（H.Schiller）である．シラーは，ウォラーステインらネオ・マルクス主義者の「世界システム論」や「従属理論」に準拠しながら，近代社会における資本主義の発展，とりわけ多国籍企業のグローバルな政治経済的発展が，イデオロギー的な強制力を伴ってあらゆる国家に浸透し，グローバルな文化へと均質化する作用を果たすと主張した．その結果，周縁部分に位置する第三世界の国々は欧米の先進資本主義諸国の支配下という従属的な立場におかれ，自国の伝統的な文化が破壊されてしまうだろう，というのが文化帝国主義の考え方である．ただし，トムリンソン（Tomlinson, 1991=1997, 1999=2000）が指摘するように，「文化帝国主義」の言説は多様である上，それぞれについて厳しい批判が加えられてきたことも事実である．

（8） カルチュラル・スタディーズ（Cultural Studies）は，1960年代にイギリスのバーミンガム大学でマルクス主義の立場から行われた大衆文化研究に端を発し，1970年代にスチュアート・ホールの「エンコーディング／デコーディング」モデルによって理論的な定式化を与えられ，1980年代以降にエスノグラフィックなテクスト分析を積み重ねることによって方法論的にも発展を遂げた批判的メディア・コミュニケーション研究を総称したものである．吉見が指摘するように，文化的多元論にもとづく実証的メディア研究とは違って，カルチュラル・スタディーズは，「ポスト構造主義を背景に，階級やジェンダー，エスニシティなどをめぐる社会的権力の不均等な配分の中で構造化されているもの」としてオーディエンス（メディア利用主体）をとらえており，学問的には「文化政治学」の領域に位置づけることができる．

（9） 台湾や中国などの東アジア諸国では，日本で「冬のソナタ」がヒットする

以前から，韓国ドラマが輸出され，「韓流」ブームを生んでいた．青崎 (2004) によれば，中国では1997年に，全国放送局の中央電視台が韓国ドラマ「愛が何だって」「星に願いを」などを放送して人気を集めた他，1999年には韓国の音楽アーティストH・O・Tの北京コンサートが大成功し，「韓流」ブームになったという．台湾でも1997年に「星に願いを」が大ヒットし，2000年には「夏の香り」が大ヒットするなど，韓国ドラマがブームになっている．日本の「冬ソナ」ブームの場合と同様に，「秋の童話」のロケ地巡りツアーで訪韓した台湾観光客は10万人に達したという（青崎，2004）．

(10) 先進諸国のテレビ番組を自国に取り込む方法にはさまざまな異なるパターンがあり，それが文化的多様性と質的向上もたらす結果になっている．たとえば，S.L. リーによれば，香港で海外の番組を取り入れるやり方には，4つの異なるパターンがあるという．

  1) Parrot Pattern（オウムのものまねパターン）
    輸入番組をすべてそのまま模倣する場合．クローン効果．
  2) Amoebae Pattern（アミーバ的パターン）
    内容はそのままだが，形だけ変える（ゲームショーなど）
  3) Coral Pattern（珊瑚のパターン）
    形態はそのままだが，内容を変える（海外の音楽に自国語の歌詞をつける，など）
  4) Butterfly Pattern（蝶々のパターン）
    海外からの輸入ものとはわからないくらいに，改変して取り入れる場合（リメイク）

アジアの映画には，とくに蝶々パターンの作品が非常に多い．こうした影響は，必ずしも悪いとはいえず，アジアの作品を質的に向上させる上で貢献している，とグーナセケラは述べている（Goonasekera, 1997）．

(11) 高知市調査の概要は次の通りである．①調査対象の抽出方法：ケーブルテレビ加入者250人，ケーブルインターネット加入者249人を高知ケーブルテレビ加入者名簿から無作為抽出，住民基本台帳からケーブル非加入者280人を無作為抽出．②調査実施期間：2001年4月～6月．③調査方法：訪問留置法，④有効回収：463人．日野市調査の概要は次の通りである．①調査対象の抽出方法：住民基本台帳から2段階無作為抽出，②調査実施期間：2002年3月～4月，③調査方法：訪問留置法，④有効回収：502人．

(12) 「ワールドインターネットプロジェクト」2000年調査の概要は次のとおりである．①母集団：全国12歳～74歳の男女，②計画標本数：3,500人，③標本抽出法：層化二段無作為抽出法，④調査方法：専門の調査員による訪問留め置き式回収法，⑤調査時期：2000年10月～11月，⑥有効回収数：2,555票（回収率73%）．調査実施主体は通信総合研究所および東京大学社会情報研究所で

ある.調査の企画および調査票の作成は,ワールドインターネットプロジェクト日本チーム(三上,吉井,橋元,遠藤,石井,久保田の6名)が行った(通信総合研究所,2001).

(13) 本章は,三上(1999)をもとに全面的に加筆修正したものである.

参考文献

Anderson, B., 1983=1997, *Imagined Communities: Reflections on the Origin and Spread of Nationalism*. 白石さや・白石隆訳『増補・想像の共同体——ナショナリズムの起源と流行』NTT出版

青崎智行,2004,「東アジア・テレビ交通のなかの中国」岩淵功一編著『越える文化,交錯する境界』山川出版社,pp. 88-108

Appadurai, A., 1996=2004, *Modernity at Large: Cultural Dimensions of Globalization*. 門田健一訳『さまよえる近代——グローバル化の文化研究』平凡社

Castells, M., 1996, *The Rise of the Network Society*.

NHKインターナショナル国際シンポジウム実行委員会,1991,『世界は「おしん」をどうみたか』(財)NHKインターナショナル

Giddens, A., 1990=1993, *The Consequences of Modernity*, Polity Press. 松尾精文・小幡正敏訳『近代とはいかなる時代か?モダニティの帰結』而立書房

Giddens, A., 2001=2004 *Sociology*, 4th ed., Polity Press. 松尾精文他訳『社会学 第4版』而立書房

Golding, P. and Harris, P., 1997, *Beyond Cultural Imperialism: Globalization, Communication and the New International Order*, Sage Publication.

Goonasekera, A., 1997, "Cultural Markets in the Age of Globalization: Asian values and Western content," *InterMedia Special Report*, Dec. 1997, Vol.25, No.6.

Herman, S. and McChesney, R.W., 1997, *The Global Media: The New Missionaries of Corporate Capitalism*. London: Cassell.

石井健一編著,2001,『東アジアの日本大衆文化』蒼蒼社

伊藤陽一,1988,「近年における日本を中心とした情報交流の変化」『法学研究』61巻1号,pp. 263-293.

伊藤陽一,1999,「アジア・太平洋地域における情報流通のパターンと規定要因」『メディア・コミュニケーション』No.49,pp. 67-90.

岩渕功一,2001,『トランスナショナル・ジャパン——アジアをつなぐポピュラー文化』岩波書店

岩渕功一編,2003,『グローバル・プリズム』平凡社

岩渕功一編,2004,『越える文化,交錯する境界』山川出版社

岩渕功一,2004,「韓流が『在日韓国人』と出会ったとき」毛利嘉孝編『日式韓流』せりか書房,pp. 112-153.

梶田孝道編，1992，『国際社会学』（第2版）名古屋大学出版会
川竹和夫編，1983，『テレビの中の外国文化』日本放送出版協会
川竹和夫・杉山明子・原由美子，2004，「日本のテレビ番組の国際性—テレビ番組国際フロー調査結果から」『NHK放送文化研究所年報』，pp. 213-251.
ケリー・フー，2003，「再創造される日本のドラマ—中国語圏における海賊版VCD」，岩淵功一編『グローバル・プリズム』平凡社，pp. 99-126
Lerner, D., 1958, *The Passing of Traditional Society: Modernizing the Middle East*, Free Press.
Liebes, T. and Katz, E., 1990, *The Export of Meaning: Cross-Cultural Readings of Dallas*, New York: Oxford University Press.
Litman, B.R., 1998, *The Motion Picture Mega Industry*, Ally and Bacon.
MacBride, 1980, *Many Voices, One World: Report by the International Commision for the Study of Communication Problems*, UNESCO. 永井道雄監訳『多くの声，一つの世界：ユネスコ「マクブライド委員会」報告』日本放送出版協会
Mansfield Center for Pacific Affairs, 1997, *Creating Images: American and Japanese Television News Coverage of the Other.*
三上俊治，1999，「メディア・グローバリゼーションの進展と文化変容」，カルチュラル・エコロジー研究委員会編『コミュニケーション革命と文化』中間報告書
三矢惠子，2004，「世論調査からみた『冬ソナ』現象」『放送研究と調査』2004年12月号，pp. 12-25.
Mohammadi, Annabelle S., 1991=1995, "The Global and the Local in International Communications," in Curran, J. and Gurevitch, eds., *Mass Media and Society*. 古川良治訳「国際コミュニケーションにおけるグローバルとローカル」児島和人・相田敏彦監訳『マスメディアと社会』勁草書房
毛利嘉孝編，2004，『日式韓流—「冬のソナタ」と日韓大衆文化の現在』せりか書房
Mowlana, H. and Mohsenian Rad, M., 1990, *Japanese Programs on Iranian Television: A Study in International Flow of Information*, The American University.
Mowlana, H., 1997, *Global Information and World Communication*, Sage Publication.
小倉紀蔵，2004，『韓国ドラマ，愛の方程式』ポプラ社
パク・ソヨン，2004，「インターネットにおける日本ドラマ流通とファンの文化実践」毛利嘉孝編『日式韓流』せりか書房，pp. 203-229.
Pye, L.W. (ed.), 1963, *Communication and Political Development*. NHK放送学研究室訳『マス・メディアと国家の近代化』日本放送協会
リー・ドンフー，2004，「リメイクの文化的戦略」毛利嘉孝編『日式韓流』せりか書房，pp. 230-263.

Robertson, R., 1992=1997, *Globalization: Social Theory and Global Culture*, Sage Publication. 阿部美哉訳『グローバリゼーション―地球文化の社会理論』東京大学出版会
白水繁彦編著，1996，『エスニック・メディア：多文化社会日本をめざして』明石書店
白水繁彦，2004，『エスニック・メディア研究』明石書店
菅谷実・中村清編著，2002，『映像コンテンツ産業論』丸善
菅谷実，2004，「グローバルメディアＣＮＮの発展とその米国的特質」庄司興吉編『情報社会変動のなかのアメリカとアジア』彩流社
高野悦子・山登義明，2004，「冬のソナタから考える」『岩波ブックレット』No. 634.
滝山晋，2000，『ハリウッド巨大メディアの世界戦略』日本経済新聞社
Tomlinson, J., 1991=1997, *Cultural Imperialism: A Critical Introduction*. 片岡信訳『文化帝国主義』青土社
Tomlinson, J., 1999=2000, *Globalization and Culture*, Polity Press. 片岡信訳『グローバリゼーション』青土社
通信総合研究所，2001，『インターネットの利用動向に関する実態調査報告書2000』
Waters, M., 1995, *Globalization*, Routledge.
吉見俊哉，1999，「カルチュラル・スタディーズ」東京大学社会情報研究所編『社会情報学Ⅱメディア』東京大学出版会，pp. 65-84.

6章 インターネット・コミュニティの光と影

本章では，IT革命の引き起こす社会変動の事例として，インターネット・コミュニティの発展とその文化的影響について，カルチュラル・エコロジーの視点から検討を加える.[1]

1．サイバー社会情報システムとインターネット・コミュニティ

IT革命は，現代の地球社会に，生物の体内の脳神経系のような「自己組織的ネットワーク」を作りだしている．その結果，われわれの地球社会全体が，かつてマクルーハンが予言したように，「部族社会」や「村」にも似た一つの大きな「コミュニティ」を形成しつつある．このコミュニティは，主としてインターネットによって形成されていることから，「インターネット・コミュニティ」と呼ぶのがふさわしい．

4章で述べたように，アメリカの社会学者マッキーヴァーは，コミュニティという概念を「人々が共同生活を営んでいる包括性と自足性をもった集団，社会」と定義した (MacIver, 1949 = 1973)．この場合，コミュニティは，ある程度の社会的結合と社会的特徴をもった社会生活の一定の範囲の領域であり，コミュニティの基礎には地域性とコミュニティ意識の2つがなければならないと考えた．ここで，地域性とは，人々が居住する地域的な範囲であり，コミュニティ意識とは，われわれ意識，役割意識，依存意識の3つの構成要素からなり，人々が共同で生活をすれば自然に生じるものだとした．これらの要件を満たすような集団はすべて，コミュニティであり，マッキーヴァーの時代には，村落，都市，部族，国民社会などがコミュニティの範疇に属するものと考えられた．

しかし，1960年代以降，テレビ放送や情報通信の地球的規模での拡大，そして，インターネットの飛躍的な発展とともに，「地球社会」という，国家をはるかにこえた範囲の領域までがコミュニティとしての性格を備えるようになっ

た．アポロ宇宙船の月面着陸が全世界で同時に中継放送されたとき以来，世界中の人々が同じ「宇宙船地球号」の乗客としての「運命共同体」と同胞意識をもつようになったといわれるが，インターネットは，地球というコミュニティの社会的結合をさらに強める役割を果たしつつある．ハワード・ラインゴールドは著書『バーチャルコミュニティ』の中で，「バーチャルコミュニティは，インターネットから生成される社会的な総和で，ある程度の数の人々が，人間としての感情を十分にもって，時間をたっぷりかけてオープンな議論を尽くし，サイバースペースにおいてパーソナルな人間関係の網をつくろうとしたときに実現されるものだ」としている（Rheingold, 1995）．

このように，インターネットが普及しつつある現代の社会においては，コミュニティの範囲が地球規模にまで拡大しているわけであるが，単にコミュニティの範囲が拡大しただけではなく，インターネット上で自己組織的に生み出される各種のバーチャル・コミュニティが，現実世界のコミュニティとダイナミックに相互作用しながら，新たな文化生態系を形成しつつあるという点に最大限の注意を払う必要がある．

また，コミュニティは地球規模で拡大しただけではなく，「地域」という限定をはずした，「関心の共有」を軸にした「機能的コミュニティ」（林雄二郎），「コミュニティ・オブ・インタレスト」（Niftyネットワークコミュニティ研究会，1997；猪瀬博），「情報コミュニティ」（阿部潔，1999）へと拡大していった．とくに，インターネットなどのコンピュータネットワークで結ばれた人間関係は，そこに集う人々の共通の関心，利害，好み，話題などにもとづいて形成される点に最大の特徴がある（川上他，1993；池田，1997など）．人間同士のつながりを「縁」ということばで表現すれば，伝統的なコミュニティが主として地縁，血縁，社縁で結ばれていたのに対し，今日のインターネット・コミュニティは，「情報縁」「関心縁」「嗜好縁」による結び付きを軸に形成されている．それはメンバーの地理的な位置に束縛されることはない，という点で「地図にないコミュニティ」（ガンパート，1999）である．

それとともに，こうした創発的ネットワークは，生物レベルの生態系にはない，新たなエコロジーを生み出している．すなわち，電子ネットワークのノードとリンクを通じて，無数の行動主体が複雑に結ばれ，そこに新しい情報や財貨の流れが生じている．それが多様なメディアを媒介として多数の主体を結びつけ，ローカルであれ，ナショナルであれ，リージョナルであれ，グローバルであれ，物，人，金，情報，行為の間の関係性を大きく変化させ，それによって，自己組織的な社会生態系に新たな動態的な流れ（物，人，金，情報，行為のフロー）を生み出している．これは従来の生物同士が織りなす生態系とは根本的に異なるシステム特性である．

　こうした電子ネットワークを通じて形成される諸々のコミュニティにおいて，インターネットや携帯電話をはじめとするデジタル・メディア（情報ネットワーク）の果たす役割は，これまでになく重要なものになっている．それゆえ，IT革命は，社会の自己組織的な断続的大進化（グールドのいう断続平衡，シュンペーターのいう創造的破壊）を実現する最大の推進力としての役割を果

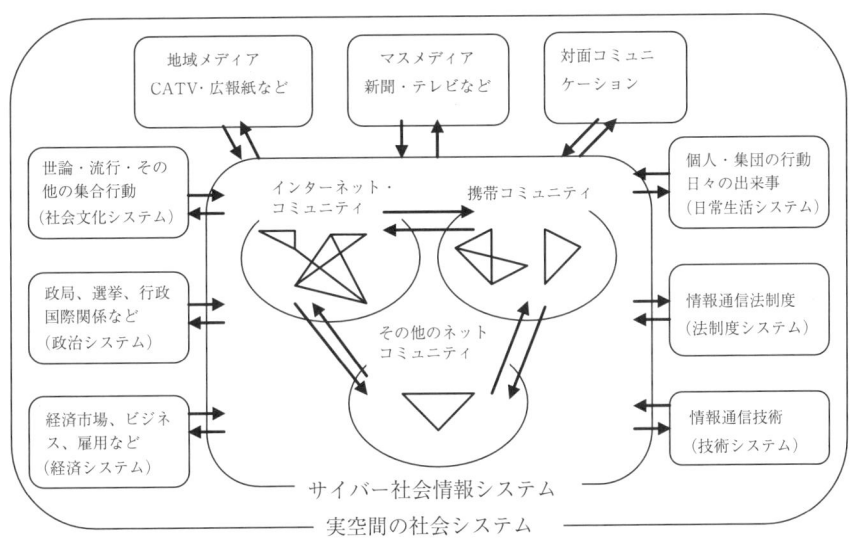

図6.1　サイバー社会情報システムと実空間の関連図

たしつつあるといえよう．

　つまり，IT 革命のもとでグローバル化と情報化が同時並行的に進展しつつある現代社会は，まったく新しい文化生態系を形成しつつあるのであり，そこでの「情報連鎖」は，社会の形成と変容のプロセスを従来とはまったく異なる質のものへと変換している．これを社会情報システムの観点から図式化してみると，およそ図 6.1 のようになろう．

　ここで注意すべき点は，サイバー社会情報システムが，実空間の社会システムの外側にあるわけでは決してなく，むしろ，実空間の社会システムの内部に組み込まれており，実空間の社会システムで起こっているさまざまな出来事と絶えず相互作用を行っているということである．ただし，実空間の社会システムの中で，サイバー社会情報システムの占める位置が次第に重要性を増し，その影響力が大きくなっていることも事実である．

　本章では，サイバー社会情報システムの主要な構成要素である「インターネット・コミュニティ」の形成とその文化的影響について，カルチュラル・エコロジーの視点から考察する．以下では，まずインターネット・コミュニティの利用実態を最新の調査データをもとに概観する．そして，これを特性別にタイプ分けし，それぞれのタイプごとに，生成，発展過程において，どのような「文化」が創発的に形成されるのか，またそれが現実世界の既存コミュニティとどのようなエコロジカルなダイナミクスを生み出すのか，という点を解明したいと考えている．

　ここで，エコロジカルなダイナミクスとは，「競争」「共生」「共進化」「代替・補完関係」「生態学的な均衡」「極相（クライマックス）」の形成などを意味している．

　なお，本章で「インターネット・コミュニティ」という場合には，「電子掲示板」「メーリングリスト」「チャットルーム」「電子会議室」「ニュースグループ」「MUD」「その他の RPG 型ゲーム」など，インターネット上で提供されている各種のコミュニティツールを使って形成されるオンラインコミュニティの

ことをさしている．

2．インターネット・コミュニティの利用実態

　今日，インターネット上のコミュニティは，多様な形態で存在している．その代表的なものとしては，「ネット掲示板」「チャット」「ブログ」「SNS（ソーシャル・ネットワーク・サービス）」がある．それぞれについて，簡単な解説を加え，その利用実態をみておこう．

ネット掲示板

　インターネット上の電子掲示板は，1972年にアメリカのカリフォルニア州でつくられたCommunity Memory Projectと呼ばれるBBS（Bulletin Board System）がルーツになっているといわれる．現在では，ウェブ上でユーザーが自由に書き込んで，それをサーバー上に記録し，それに対する反応（レス）を通して，グループ・コミュニケーションができるようなページのことをさしている．このうち，特定のテーマを掲げて，シスオペのような司会者ないし管理者のもとで情報交換や討論などを行うサイトは，「電子会議室」と呼ばれている．逆に「2ちゃんねる」のように，決まった司会などをおかずに，自由に書き込みができるような，無政府状態に近い掲示板システムもある．

　筆者が中心になって2000年から毎年実施している「ワールドインターネットプロジェクト」（WIP）全国調査によると，ネット掲示板の利用率は，年による変動はあるものの，2000年の10.7％から2003年の13.5％へとやや増加する傾向がみられる（図6．2）．2003年のデータで，性別，年齢，学歴別の利用頻度を比較してみると，性別では男性のほうがやや利用率は高いが，有意差はみられない．年齢別でみると，50歳以上の高年齢層の利用率が低いものの，40代以下では利用率に有意な差はみられない．学歴との関連性もとくにみられない．

　インターネット上で掲示板を設置しているウェブサイトはさまざまであるが，大きく分けると，「Yahoo!などポータルサイトの掲示板」「2ちゃんねるなど

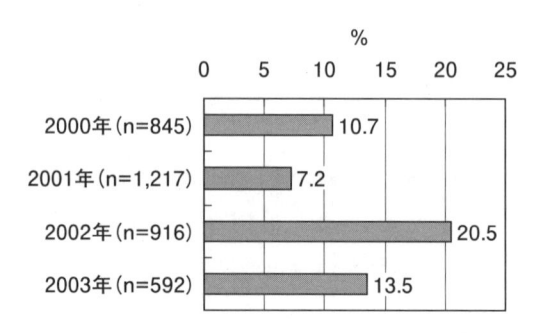

```
                    %
         0   5   10   15   20   25
2000年(n=845)      10.7
2001年(n=1,217)   7.2
2002年(n=916)           20.5
2003年(n=592)       13.5
```

図6.2 インターネット掲示板の利用率推移（2000～2003年）

資料：WIP 全国調査データ（母数はインターネット利用者全体）

の大規模掲示板」「企業サイトの掲示板」「タレント，スポーツ選手など有名人サイトの掲示板」「その他の個人サイトの掲示板」などがある．WIP調査（2002年，2003年）によると，このうちもっともよく利用されているのは，意外なことに，2ちゃんねるやポータルサイトではなく，「個人サイトの掲示板」であった（図6.3）．

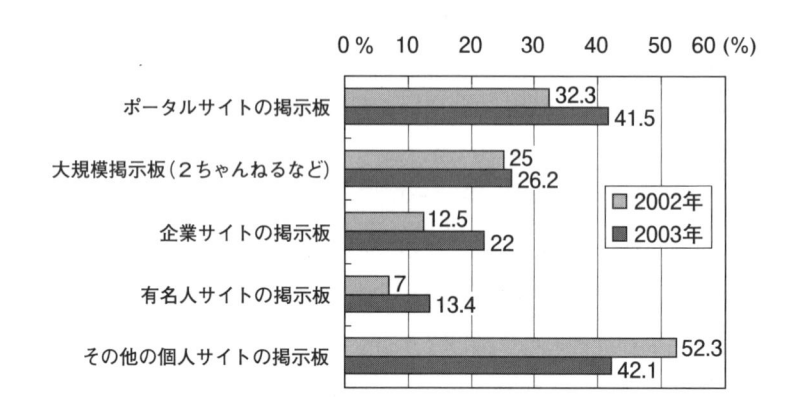

```
                         0%  10   20   30   40   50  60(%)
ポータルサイトの掲示板              32.3
                                        41.5
大規模掲示板（2ちゃんねるなど）    25
                                26.2       ■2002年
企業サイトの掲示板          12.5            ■2003年
                              22
有名人サイトの掲示板    7
                        13.4
その他の個人サイトの掲示板               52.3
                                      42.1
```

図6.3 種類別にみたネット掲示板の利用率（WIP2002年，2003年調査）

ふだん利用する掲示板の種類を性別，年齢別に比較してみると，非常に興味

深い傾向がみられる（データはいずれもWIP2003年調査）．性別でみると，ポータルサイト（Yahoo！など），大規模掲示板（2ちゃんねるなど），企業のサイトでは，女性よりも男性の方が利用率が高いのに対し，タレントなど有名人の個人サイトでは，男性よりも女性の方が圧倒的に利用率が高くなっているのである．また，その他の一般個人が開設するサイトの場合には，男女差がほとんどみられず，男女とも利用率が高くなっている．つまり，掲示板の種類によって，利用率には明確なジェンダー差がみられることがわかる．

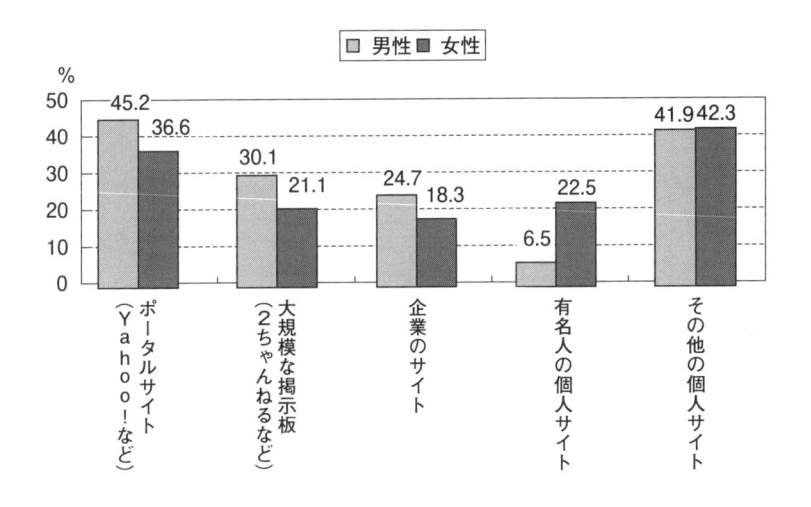

図6.4　ネット掲示板の種類による利用率の性差（WIP2003年調査より）

同様に，年齢別にみても掲示板の種類による興味深い差がみられる．Yahoo！などのポータルサイトの掲示板と企業サイトの掲示板についてみると，10代の利用率がもっとも低く，年齢とともに利用率も高くなるという傾向がみられる．2ちゃんねるなどの大規模掲示板では，20代での利用率がもっとも高く，30代がこれに続いている．2ちゃんねる掲示板の主な利用層が大学生やサラリーマン層であることを示唆している．有名人の個人サイトにある掲示板についてみると，10代での利用だけが突出している．これは，女子中高生を中心

とするティーンがアイドルなど有名人のファンサイトをよく利用していることを示すものといえる．その他の一般個人が提供する掲示板の利用状況をみると，10代の利用率が6割をこえてトップであり，20代，30代がそれに続いており，若い年齢層による利用率が高いという傾向をはっきりと示している（図6.5）．

このように，同じ掲示板といっても，その種類によって，性別，年齢別のグループによる棲み分けが行われていることは，メディアエコロジーの視点からみても興味深い．

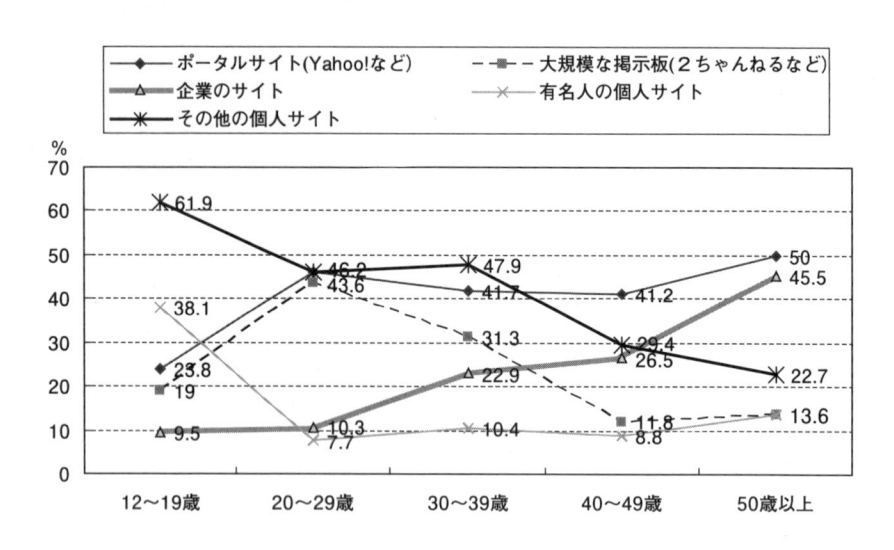

図6.5　ネット掲示板の種類による利用率の年齢差（WIP2003年調査より）

チャット

チャット（あるいはチャットルーム）とは，インターネットや携帯電話など各種の情報通信ネットワークを通じて，テキストや絵文字をベースとした「会話」や「おしゃべり」をリアルタイムで行うシステムのことをいう．1対1で行うものや，同時に多人数が参加して行うものがある．また，最近ではボイス機能あるいはビデオ機能を付加したチャットもある．

WIP調査によると，インターネット利用者の中でチャットを利用している人の割合は，8～9％程度で推移している．掲示板に比べると半分くらいの利用率になっている．チャット利用率に男女間の有意な差はみられないが，年齢別では10代の利用率がもっとも高く，20代がこれに続くというように，若い年

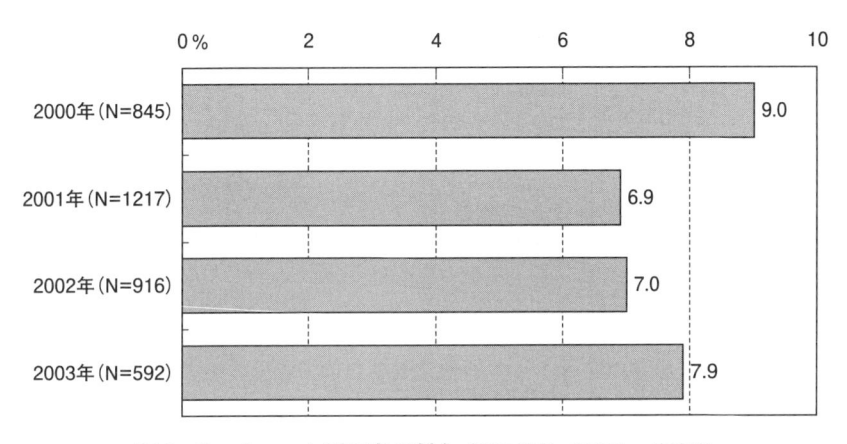

図6.6　チャット利用者の割合（WIP調査：2000年～2003年）

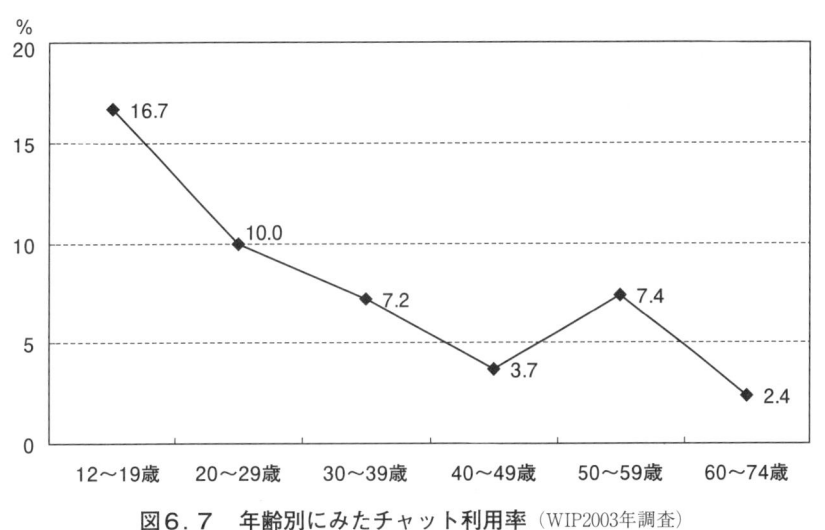

図6.7　年齢別にみたチャット利用率（WIP2003年調査）

齢層での利用率が高いという特徴がみられる（図6．7）．

ウェブログ，SNS

　ウェブログ（ブログ）とは，日々の日記，ニュース，エッセイなどを，最新のものから時系列的に掲載したホームページで，コメントやトラックバックなど，読んだ人からのフィードバックを可能にする仕組みを備えたものをいう．ブログの特徴は，単なる日記サイトとは違って，コメントやトラックバックを通じて，投稿者とネットユーザーが一定のつながりを形成できるという点にある[(2)]．このことから，ブログはインターネット・コミュニティのツールとしての特徴を備えているということができる．

　ウェブログが注目されるようになったのは，2001年9月11日の「同時多発テロ」事件である．このとき，多数のブログがいち速くニュースを伝え，新しいジャーナリズム形態の登場として脚光を浴びたのである．また，2004年11月の新潟県中越地震では，多くのボランティアが災害救援を目的とするウェブログを立ち上げ，支援活動を展開した．このときには，ウェブログのもつ機動性の高さが注目されたが，同時に，誤報がブログで流されるなど，情報内容の信憑性の点では論議を呼び起こすことにもなった．

　ウェブログは，2003年秋以降，大手ポータルサイトやプロバイダが無料あるいは低価格で提供するようになり，HTMLの文法やサーバー構築などの技術を知らない人でも手軽に作成できることから，一大ブームとなり，利用者は急増している．その利用状況を，gooリサーチとjapan.internet.comが共同で実施した「第8回Blogに関する調査」の結果をもとに見ておこう．この調査は，全国10代から50代以上のインターネットユーザー1,094人（うち男性が45.5％，女性が54.5％）を対象として，2004年10月12日から15日にかけて行われたものである．

　ウェブログの利用率をみると，インターネットユーザーの中で，「過去1ヵ月間にブログを見た」という人が49.5％とほぼ半数に達している．過去1ヵ月

間で訪れたブログで利用していたサービスは，1位が「livedoor Blog」(35.8%)，2位が「goo BLOG」(34.1%)，3位が「はてなダイアリー」(31.7%)となっており，無料のブログサービスが上位を占めている．有料ブログでは，@Niftyの運営する「ココログ」が23.3%と4位にランクされている．

自分でブログを作成した経験の有無をみると，「作成したことがある」というユーザーが11.8%，「いつか作ってみたい」という人は32.7%に達している．つまり，将来的にはインターネット利用者全体の半分近くがウェブログを作成する可能性をもっていることになる．ブログ作成経験者の割合を年齢別にみると，20代が16.7%，30代が12.5%，10代が9.3%となっており，10代から30代にかけての作成率が比較的高くなっている．ブログ作成の内容をみると，更新頻度は「ほぼ毎日」が21.7%，「週に2〜3回」が27.1%となっており，週に1回以上更新するユーザーは，全体の63.5%を占めている．ブログの作成理由をみると，「備忘録」が61.2%ともっとも高く，「情報を他人と共有したい」(32.6%)，「自分の意見を他人に理解して欲しい」(20.6%)がこれに続いている．このように，ウェブログは，単なる日記としてだけではなく，他のユーザーとのコミュニケーションの手段としても用いられていることがわかる．

SNS(ソーシャル・ネットワーキング・サービス)は，現実世界の友人，知人からの紹介で参加できるネット上のコミュニティサイトのことをいう．一般には，ブログ，掲示板，メルマガなどを組み合わせたものである．

2002年3月 アメリカで「Friendstar」が登場したのが最初である．わずか1年で700万人の参加者を擁するまでに急成長し，注目された．2004年1月，同じくアメリカで新しいSNSであるOrkutが開設された．そして，2004年2月には，わが国初のSNS「Gree」がスタートした．2004年10月現在，約10万人が参加している．また，2004年3月には，新しくmixiというSNSがスタートし，約20万人が参加するまでに成長している(2004年11月現在)．SNSは，公開形式のネット掲示板やブログとは違って，友人からの紹介を通してしか参加できないので，お互いに顔見知りの友人同士のつながりで形成される比較的

「閉じられた」「親密な」ネットワークという特徴をもっている．したがって，そこでのコミュニケーションも，匿名のコミュニティサイトとは違って，穏やかでアットホームな雰囲気をもっている．こうした新しいコミュニティの登場によって，インターネット・コミュニティはより多様化し，利用者の属性や利用目的に応じて，これらの間での棲み分けが今後進んでゆくものと予想される．

3．インターネット・コミュニティの光と影

　インターネットの歴史を辿ってみると，それは，バーチャルコミュニティの拡大と発展の歴史でもあったことがわかる．最初は，単にコンピューターの端末同士をネットワークで結び，データやプログラムを転送するだけの機能しか持たなかったものが，電子メールの登場，ニューズグループの開設，BBS（電子掲示板）の登場，MUDなどマルチユーザーによるロールプレイングゲームの開発，WWWによるグラフィカルなウェブサイト，3D技術を使ったバーチャルリアリティの開発，CGIなどを駆使したインタラクティブな掲示板，ウェブログやSNSの登場と，インターネット上でいわゆるコミュニティウェアと呼ばれるサービスが次々と提供されるようになった．とくに，最近では，個人が自分のホームページ上で手軽にこれらのコミュニティウェアを設置し，インターネット・コミュニティを実現することができるようになり，まさにインターネット・コミュニティ花盛りという状況を呈している．こうしたインターネット・コミュニティの拡大と普及は，現実世界のコミュニティを時間的，空間的に拡張するだけではなく，現実世界のコミュニティそれ自身にも大きな影響を与えるようになっている．

　インターネット・コミュニティを，そこにアクセスしたり活動に参加したりする際の目的ないし動機をもとに分類してみると，「交流型」「討論型」「支援型」「ゲーム型」「コラボレーション型」「マーケティング型」という6つの基本類型を抽出することができる．

　「交流型」のコミュニティとは，掲示板，チャット，メーリングリスト，電

子会議室などを通じて，参加者相互間でのコミュニケーションを通じて，共通の関心をもつ人々が出会いと交流をはかる目的で形成されるインターネット・コミュニティをさしている．「討論型」のコミュニティは，政治，思想，宗教，学問など論争的なテーマを抱える領域に関連するインターネット・コミュニティにしばしばみられる．特定のテーマをめぐって，掲示場や電子会議室などで討論，ディベートが行われる場合をさしている．「2ちゃんねる」，「Yahoo！掲示板」，「@Niftyフォーラム」などの巨大インターネット・コミュニティには，討論・ディベートのための掲示板が多数設置されており，あらゆる領域・テーマにわたって，活発な議論が日夜交わされている．「支援型」コミュニティというのは，医療・防災・環境保全・犯罪・選挙など生活・社会情報系の領域で被害者，被災者，社会的弱者，選挙候補者などを救援，支援，サポートするという目的で設置されるインターネット・コミュニティである．また，さまざまな悩みや問題を抱えた個人を支援するために，ネット掲示板でやりとりされるコミュニケーションも，支援型コミュニティの一種と考えることができる．「ゲーム型」コミュニティというのは，アドベンチャー型のMUDやその他のRPG（ロールプレイングゲーム），多数のユーザーが自由に参加できるチャットルームなどをさしている．「コラボレーション型」コミュニティというのは，企業がサテライトオフィスを結んで協同作業を行ったり，ソフトウェアの開発などでインターネット上でプログラムソースを公開し，ユーザーと開発者が協同でソフトウェアを開発したり，学会内部で電子メール，メーリングリストなどを使って共同研究を進めるときなどに作られるコミュニティをさしている．最後に，「マーケティング型」コミュニティというのは，ショッピングサイト，オークションサイト，トレーディングサイト，企業サイトの掲示板のように，各種の取引や製品開発，市場調査，マーケティングを主たる目的として設置されているインターネット・コミュニティをさしている．

インターネット上で展開されるコミュニティは，いずれも以上6つの類型の一つないし複数のタイプを含んでいる．一つだけという場合もあるが，実際の

インターネット・コミュニティは，2つ以上の要素を同時に含んでいることが多い．

交流型のインターネット・コミュニティ

　これは，掲示板，チャット，メーリングリスト，電子会議室などを通じて，参加者相互間でのコミュニケーションを通じて，共通の関心をもつ人々が出会いと交流をはかる目的で形成されるインターネット・コミュニティをさしている．現実世界でいえば，井戸端会議，サークルの談話室，喫茶店，広場，パーティールームのような役割を果たしている．交流型のインターネット・コミュニティには，大きく分けて，① 友人・知人や見知らぬ人同士のコミュニケーションをはかるタイプのコミュニティと，② タレント・作家・政治家・スポーツ選手など，いわゆる有名人との交流をはかったり，応援したりするタイプのコミュニティの2通りある．

(1) 一般の人々の交流・コミュニケーションをはかるインターネット・コミュニティ

　このタイプの特色は，見ず知らずの人々同士が，同じ関心という一点だけを拠り所に出会い，コミュニケーションを行うという点にある．これまでは，地縁，血縁，学校縁，職場縁を中心に友達との交流をはかっていたのが，インターネット・コミュニティに参加することにより，同じ関心をもつ世界中の人々と友達関係をもち，新しい出会いと交流をはかることができるという点で，従来になかった新しいコミュニティが出現したということができる．また，チャット，電子掲示板，メールの交換を通じて，リアルタイムでのコミュニケーションがはかれるという点でも画期的である．それは，個人の交流圏を大幅に拡大することを意味する．それは，コミュニケーションの多様性を増大させ，個人の人間関係に対する欲求の充足という点でも，プラスの機能を果たす場合が少なくない．

しかし，他方では，こうしたインターネット・コミュニティでのコミュニケーションが主として匿名（ハンドルネーム）を使って行われることから，さまざまな問題が生じていることも確かである．匿名でのコミュニケーションは，人格（ペルソナ）の断片化と多重性を生じやすいといわれている．すなわち，自我の一部だけを呈示したり，ふだんの自分とはまったく異なる人格として振る舞うことも可能である．ときには，男性が女性を装ったり，子供が大人を，大人が子供を演じることも容易にできる．こうした自我の断片化と多重化は，シェリー・タークルの指摘するように，人格のもつ本来的な多様性のあらわれとも考えられるが，現実世界におけるアイデンティティの統合性を脅かすものであり，病理的なコミュニケーションと人間関係におけるゆがみを引き起こす恐れもある（Turkle, 1995=1998）．また，匿名でのコミュニケーションは，相互信頼にもとづく継続的なコミュニティの発展に対する深刻な障害にもなりうることが，これまでの研究においても指摘されている．さらに，匿名による無責任で継続性のない，かつ断片的で多重的な自我同士のコミュニケーションは，現実世界のコミュニティにおける人間関係にもマイナスの影響を及ぼす可能性もある．

(2) ファンクラブ型のインターネット・コミュニティ

現在，インターネット・コミュニティの中でもっとも活況を呈しているのは，「ファンクラブ型」のコミュニティだといっても過言ではないだろう．有名プロサッカー選手，アイドル歌手，女性テレビアナウンサー，売れっ子作家など各界の有名人やタレントの公式ホームページや，応援するファンの作った非公式ホームページには，必ずといっていいほど，掲示板（BBS），チャットルームなどのコミュニティウェアがついており，タレントとファン，ファン同士の出会いと交流，情報交換をはかる場となっている．また，人気アニメ，ビデオゲームなどのファンがつくるインターネット・コミュニティは，子供たちの間で人気の的になっている．こうしたファンクラブ型のインターネット・コミュ

ニティは，現実世界にあるファンクラブとは違って，だれでも気軽にアクセスし，参加できるという意味で，よりオープンなコミュニティであり，かつ掲示板やチャットルームなどを通じて，匿名の個人同士でより自由なコミュニケーションをはかることができるというメリットを持っている．また，深夜であろうと，あるいは海外からであろうと，時間的，空間的な制約を感じることなく参加できるバーチャルコミュニティである．こうしたファンクラブ型のインターネット・コミュニティは，とくに若者や子供たちの人間関係にもさまざまな影響を与えている．

　たとえば，カルチュラル・エコロジー研究委員会のメディア倫理研究部会が行った調査の中には，「ワタチー」というハンドルネームを持つ中学2年生の少年が主催する「カービィくらぶ」（http://tai.honesta.net/kabi/）と呼ばれるインターネット上のテレビゲームファンサークルがあった．この「カービィくらぶ」はいっさい大人が関与しておらず，小学生や中学生たちが特定のゲームソフトの情報交換のために参加していた．とくに，掲示板やチャットコーナーでは20～30人程度の常連が毎日のようにコミュニケーションを行っており，その内容はゲームソフトの話題から学校や友人関係を含む多様なものであったという（箕浦・坂本，2000）．実際に，このホームページを覗いてみると，ゲームソフトに関する基本的な情報はもちろん，小説，イラスト，掲示板，チャットルーム，メーリングソフトなど，インタラクティブな機能をフルに活用した多彩なオンライン・コミュニティがつくられており，まさに情報とコミュニケーションの広場という雰囲気だ．これを子供だけでつくり，運営しているというのは，まさに驚嘆に値する．しかも，次の坂本の指摘にあるように，このネットワークコミュニティにおいて，掲示板あらし屋などが訪問するとこれを徹底的に説得して，秩序を回復，維持するなど，ネットワーク上で創発的な社会規範が形成され，実践されており，メディア・エコロジーの模範的事例を提供している．

　ファンクラブ型のインターネット・コミュニティは，他のケースと同様に，

光と影の両側面をもっている.光の面について,ファンの側からみると,地域的,対面的,時間的な制約を受けることなく,だれでもファンであるという共通関心のもとに自由に参加できるコミュニティであることから,個人の人間関係とコミュニケーションの範囲を拡大するという機能を果たしていることを第一にあげることができる.また,ライブコンサートのチケットを入手したいとか,イベントの開催日時を知りたいといった場合,リアルタイムでのコミュニケーションが可能なファンサイトは,きわめて有用な情報源となる.タレントの側からみると,外見にとらわれずに参加できることから,より幅広い層のファンを獲得するのに有効である.また,ネットワーク上でアクセスするファンの情報をマーケティングの手段として利用することも可能だろう.一方,影の側面についてみると,ファンサイトへのアクセスが過度になることにより,現実世界での人間関係やコミュニケーションが希薄になることが第一に懸念される.また,インターネットを通じてファンクラブに参加する行為そのものは,参加者の個人情報をコミュニティの作り手側に渡すことを意味し,その結果,タレント側のマーケティング戦略に踊らされたり,個人情報を悪用される危険性をはらんでいることも確かである.

討論型のインターネット・コミュニティ

　これは,なんらかの対立点を含む論争的テーマをめぐって,掲示場や電子会議室などで討論,ディベートが行われる場合をさしている.「2ちゃんねる」「Yahoo！掲示板」「@Niftyフォーラム」などの巨大インターネット・コミュニティには,討論・ディベートのための掲示板が多数設置されており,あらゆる領域・テーマにわたって,活発な議論が日夜交わされている.

　@Niftyの電子会議室（フォーラム）のように,会議室のシステム管理者（シスオペ）や司会進行役（モデレーター）がいて,討論の内容をチェックしたり,討論がスムーズに進むように司会役を務めたりする場合,Yahoo！掲示板のように,とくに討論の司会者を決めず,ただ基準に反する投稿があるかど

うかをチェックし，場合によっては削除することもあるという場合，「2ちゃんねる」のように，システム管理者は単に討論の場を提供するだけで，投稿の内容はいっさいチェックしないで参加者の自由に任せるという場合など，さまざまである．

　これらの討論型インターネット・コミュニティでは，関心テーマを共有する人々が時間と空間の壁を越えて，自由に意見や情報を交換し合えるという点で，思想・表現の自由を最大限に実現するものであり，その点では高く評価することができる．とくに，これまで新聞やテレビなどのマスメディアでは滅多に取り上げてもらえなかった一般市民の声を不特定多数の世界中の人々に向けて発信できるという点では画期的な意義を持っている．最近では，ある論争的な問題をめぐる討論がインターネット上で行われ，それが世論形成のプロセスで重要な役割を果たす事例が現れ始め，注目されている(3)．

　ハーバマスやタルドなどによれば，本来の民主主義市民社会においては，日常的な会話や討議を通じて，問題状況が集団的に検討され，そのコミュニケーションの中から，合意が形成され，いわゆる世論をつくりあげてゆく．しかし，新聞，ラジオ，テレビなどのマスメディアが発達し，人々に代わって社会の諸問題について情報を伝え，またそれについて論評を加え，一定の評価を下すようになると，社会的合意形成のエージェントは，もっぱらマスメディアが担うようになった．これは，本来のあるべき社会的合意形成からはかけ離れたものである(4)．

　ところが，インターネットの登場によって，本来の市民レベルでの討議を経た，自己組織的な合意形成のプロセスが作動する可能性が開けてきた．それを可能にしたのは，インターネット上の掲示板やフォーラム，メーリングリストなどの「ノード」である．これらのノードはいずれも単に情報が集まる結節点であるだけではなく，双方向的に情報や意見が自由に交換され，共有される場（コモンズ）でもある．ハーバマス流の理論を敷衍するならば，19世紀以降，マスメディアによって変質を受け，権力側に囲い込まれてしまった「公共圏」

を一般市民の側に取り戻すという「21世紀的構造転換」の可能性を切り開くものとして評価することもできる（三上，2000）．

　社会の中で，個人あるいは集団のレベルで対立的な問題が起こり，その問題解決をめぐって，当事者がインターネットを通じて広く自分の意見の正当性を訴えたとき，それがノードとリンクを通じて，自己組織的なネットワーキングの作用を通じて幅広いネット世論を形成することがある．1999年夏に起こった「東芝サポート問題」はそうした事例の一つである．インターネット普及の初期段階では，こうしたネット世論がそれだけで社会全体の合意形成にまで至ることはなかったが，既存のマスメディアにおける報道，論評と連動して，現実の世論にまで高まり，東芝による一消費者に対する謝罪という帰結を招いた．

　このプロセスをたどってみると，クレームを出した消費者がまず自分のホームページを開設して，そこでクレーム内容を公開，ついで，この消費者が「悪徳商法告発」の掲示板上で情報を発信，それがこの問題に関心をもつインターネット利用者からの大きな反響を呼び，掲示板上で熱い議論が交わされることになった．そして，さらにメジャーな「Yahoo! 掲示板」での同じ問題がテーマとして取り上げられ，延々と議論が展開されていった．同時に，関心をもつ個人がボランティアで掲示板をつくったり，支援のホームページを立ち上げるなどの動きもあった．

　これを自己組織型ネットワーキングのプロセスとしてみると，まず問題を抱えた主体がホームページという個人レベルのノードをつくってSOSの情報を発信し，次に，関心の近い人々の集まるノードである掲示板にアクセスしてそこで情報を発信し，かつリンク機能を使って，自分の無名のホームページへのアクセスを呼びかけた．これをみた同じ関心を持つ人々がこの個人のホームページにアクセスし，その数は急速に伸び，700万をこえる驚異的なアクセスを記録することになった．次に，さらに上位にあると考えられるメジャーな掲示板にも新たなノードがつくられ，ここにも多くの同じ関心をもつ人々が集まって，議論を展開していった．さらに，多くの個人が自ら支援ページや「リ

ンク集」などの新たなノードをつくり，リンクを広げていった．こうして創発的につくられたノードとリンクから形成されるネットワークの上を無数の情報，意見が流れるようになり，その流れの中でネット世論が形成されていったのである．もちろん，この流れの中で，消費者に対抗するサイトがつくられたり，対抗的情報も流れたが，それは少数にとどまった（詳しくは三上，2000を参照）．

この事例は，阪神・淡路大震災と同じく，インターネットの普及初期段階での出来事であるが，今後インターネットが広く普及するに伴って，社会的合意形成のダイナミクスが大きく変化してゆくものとみられ，自己組織型ネットワーク社会形成における重要な研究テーマとなるものと思われる．

しかし，このように健全な民主主義的討論がインターネット上で展開され，意見が一定の世論として収斂するというケースは現実には稀である．とくに，政治，思想，宗教，学問など論争的なテーマを抱える領域に関連するインターネット・コミュニティにおいては，討論の過程で激しい誹謗中傷発言（フレーミング）が飛び交い，議論が成り立たなくなる場合のほうが圧倒的に多い．これは，2ちゃんねるやYahoo!掲示板のように，シスオペやモデレーターを欠いた掲示板，会議室の場合にしばしばみられる現象である．こうしたフレーミングがインターネット・コミュニティにおいてとくに生じやすいのは，発言者が匿名なので無責任でストレートな発言が行われやすいこと，相手の顔や表情がみえないために相手の発言の真意が伝わりにくいこと，互いに面識のない人同士の議論であること，などが主な原因となっている[5]．

支援型のインターネット・コミュニティ

これは，医療・防災・環境保全・犯罪・選挙など生活・社会情報系の領域において，被害者，被災者，社会的弱者，選挙候補者などを救援，支援，サポートすることを目的として設置されるインターネット・コミュニティである．

社会的な支援，動員を目的とするインターネット・コミュニティは，基本的に現実の社会過程ともっとも強い結びつきをもったコミュニティである．とく

に，現実社会で支援，動員を必要としながら，現実のコミュニティだけでは目的を達成することが難しい状況では，とくに大きな威力を発揮する．緊急の支援を必要とする医療・保健問題，突発的な災害，深刻な環境破壊などがインターネットを通じた支援活動の対象としてあげられる．

　ラインゴールドは，バーチャル・コミュニティがいかに社会的な支援のネットワークとして有効に機能するかを自らの体験を交えて述べている．彼はWELLというインターネット・コミュニティの中で「子育て会議」というフォーラムに参加していたが，2歳になる娘がダニにとりつかれたとき，このフォーラムで質問を発したところ，何分もたたないうちに専門家とおぼしき人から適切な答えが返ってきたので，あっという間にダニを退治することができたという．このフォーラムには，子供をもつ親たちや医者，看護婦，助産婦などが参加しており，共通の関心事である育児についてディスカッションを交わし，困ったときには互いに助け合うというカルチャーができていた．娘が急病にかかり，病院で手術を受けることになったあるメンバーは，看病の間，WELLにアクセスし続け，子育て会議というバーチャル・コミュニティに精神的な支えと安らぎを見いだしたと報告している（ラインゴールド，1995）．このように，たとえ実際には会ったことがなく，遠く離れたところにいても共通の関心で結ばれたインターネット・コミュニティは，現実世界のコミュニティにも劣らぬ，強力なサポートグループとして機能することがあることをこの事例は示している．[6]

　同じような事例は，災害救援ネットワークにおいてもみることができる．突発災害の発生は，地域社会の生活全般にわたって大きな被害を及ぼし，自分自身や家族の生命に大きな脅威を受けるだけではなく，共同生活の維持にも大きな支障をきたす場合が少なくない．災害の規模が甚大な場合には，その地域社会だけの手では復旧，復興を実現することは不可能であり，政府をはじめとして，国内外からの支援，救援が必要になる．

　ある地域社会が甚大な災害や深刻な環境汚染などに直面したときには，そこ

6章　インターネット・コミュニティの光と影　253

から外部に向かって，救援をもとめるSOS情報が，各種の情報メディアを通じて発信される．以前ならば，口伝て，電話，新聞，テレビなどの在来型メディアがこうした情報伝達手段として用いられていたが，現代においては，インターネットが救援を求める情報メディアとして重要な役割を果たすようになっている．そのきっかけとなったのは，1995年の阪神・淡路大震災であった．

阪神・淡路大震災では，地震発生直後から，インターネットを使って，被災地の深刻な被害の実態を伝え，支援を求める情報が発信され，それにこたえて，全国あるいは全世界から救援の手がさしのべられた．もちろん，救援の訴えや支援の声は，インターネットだけではなく，電話，放送，その他のメディアを通じて広く流れたのだが，インターネットを通じた支援の連鎖は，その後の災害でもその自己組織的なネットワーキングの威力をまざまざと見せつけてくれた（日本海重油流出事故，トルコ大地震，有珠山噴火，三宅島噴火，新潟県中越地震など）．そこでの特徴的なことは，災害の被災者に深い関心を示す人々によるボランティア的な活動，ボランティア的な救援グループの結成，グローバルな広がりをもった支援の輪の形成，などであり，インターネット上に災害救援のためのコミュニティが形成されたことである(7)．

こうして，阪神・淡路大震災によって傷ついた地球コミュニティの一角から発信されたSOS情報が，インターネットという新しいデジタルネットワークを通じて，瞬時のうちに世界を駆けめぐり，修復に向けての自発的，創発的な活動を引き起こし，震災の傷をいやす上で一定の役割を果たすことができたのである．これは，インターネット普及のごく初期段階での出来事だったが，インターネットがより広く深く張り巡らされるようになり，かつ制度的な支持基盤が整えば，こうしたインターネットを通じての自己組織的な支援，修復の働きは，はるかに迅速，かつ円滑に行われるようになるだろう．

政治の世界でも，アメリカ大統領選挙などでは，候補者を支援するためのウェブサイトが多数開設され，候補者の支援と選挙活動への動員の手段として使われている．日本では，公職選挙法の制限があり，選挙期間中にインター

ネットで候補者支援活動を行うことは禁止されている．最近では，政治家が自らホームページ上に掲示板を設置し，支持者との意見交換を行ったり，支持者の声を載せたりする動きも出てきた．2000年秋に起きた，衆議院での内閣不信任決議案上程とその否決の過程で，自民党の加藤紘一代議士が，自らのホームページ上で，支持者に向かってオンラインで決意表明し，それをネット掲示板上で有権者が支援するという新しい動きがみられた．これは，タレントに対する一種のファンクラブ，ファン・コミュニティ形成の動きとみることもできるが，21世紀型の新しいインターネット・コミュニティの生成の萌芽とみることも可能だろう．つまり，従来の「どぶ板」選挙式の，「地盤」という伝統型のコミュニティに立脚する政治から，政治争点，政治政策という「共通の関心」「共通の利害」「共通の理念」をもとに，その共通関心をもとに集える場所をインターネット上で提供し，掲示板などを通じてバーチャル・コミュニティをつくり，それを支持基盤として政治活動を展開するという，新しい政治スタイルが，21世紀において発展することが予想されるのである．そうした新しい政治活動のスタイルを促進するような政治文化がいまだ未成熟であったために，加藤紘一氏の反乱は挫折せざるを得なかったのである．とはいえ，インターネット・コミュニティ上での支援を武器として政治行動を起こした最初の政治家として歴史に名を残すかもしれない．

　こうした社会性，公共性の強い支援型コミュニティとは別に，ふつうの市民が日々の生活の中で悩みごとや問題に直面し，それをネット掲示板に書き込むことがきっかけとなって，ネット上で応援の輪が広がるという現象も，一種の支援型コミュニティ形成の事例といえる．2004年に「２ちゃんねる」上で起きた「電車男」のエピソードもそうした事例の一つである[8]．

　支援型のインターネット・コミュニティの発展は，プラス，マイナス両面の影響を及ぼしつつある．プラス面の影響についてみると，時間的，空間的な壁をこえて，支援の輪が広がり，これまで不可能だったグローバルな規模の支援活動が可能になったという点をまずあげることができる．災害，救急医療など

緊急の支援を必要とする事態においては，インターネット・コミュニティは大きな力を発揮するだろう．とくに，過疎地域や離島，僻地など，医療や防災に必要な資源が十分でない地域の場合には，インターネット・コミュニティを通じての支援は有用性が高い．

　しかし，支援型インターネット・コミュニティが場合によってはマイナスの影響を及ぼす場合も考えられる．支援を求める人々のニーズは多様であり，まわりの状況によって適切な支援のあり方も異なるだろう．実際のニーズとマッチしない支援が提供される場合には，かえって問題解決の妨げになることもあり得る．また，インターネットを介した災害救援が，被災地域で長年にわたって育まれてきた防災文化と衝突したり，被災地域による自主的な復旧，復興の妨げになる可能性もある．さらに，災害の様相は地域によって大きく異なるため，他の地域で有効な災害救援活動も，当該地域ではあまり役に立たないかもしれない．こうした地域をこえた水平的なネットワーク支援のもつ負の側面にも留意することが必要だろう．

ゲーム型のインターネット・コミュニティ

　これは，アドベンチャー型のMUDやその他のRPG（ロールプレイングゲーム），多数のユーザーが自由に参加できるチャットルームなどをさしている．

　MUDというのは，Multi User DomainsまたはMulti User Dungeonの略で，1970年代末から80年代にかけて若者の間で流行したDangeons and Doragonsというロールプレイングゲームがルーツになっている．1970年代末にあらわれ，1980年代から90年代にかけて，全世界で流行したインターネット上の仮想ゲームである．90年代半ばには，全世界に500以上のMUDがあり，数十万人が参加していたという報告がある．MUDは主としてtelnetを使ったテキストベースのゲームであり，同時に多数のプレーヤーが匿名で参加でき，アドベンチャーゲームや仮想社会での相互作用を楽しむことができる．プレイヤーはゲームにログインするときに，どんなキャラクターにもなることができるので，

しばしば男性が女性を装ったり，子供が大人のふりをしてゲームに参加することも可能である．その結果，多くのプレイヤーは，さまざまなMUDで異なる人格（ペルソナ）を演じ分けているという（Turkle, 1995=1998）．

　MUDの世界で多重な人格を演じ分けることにより，プレイヤーは，現実世界では実現できなかったもう一つの自我を演じることができる．それは，プラス面に光りを当てるならば，自我の多様化を促すものである．しかし，影の面からみれば，統合的なアイデンティティの危機を引き起こす恐れもある．また，MUDの世界に耽溺することにより，一種の中毒症状を起こし，現実世界での不適応症状を示すケースも少なくない．さらに，匿名によるコミュニケーションの世界では，暴力，セクハラ，その他の反社会的行為がしばしば起こり，バーチャル・コミュニティが崩壊してしまうこともある．また，MUDの作り出す仮想世界は，決して平等な社会ではなく，システム管理者やウィザードを頂点とする階層的な支配，従属関係を構造的にもっており，それがさまざまなコンフリクトを引き起こす場合も少なくない．

コラボレーション型のインターネット・コミュニティ

　これは，企業がサテライトオフィスを結んで協働作業を行ったり，ソフトウェアの開発などでインターネット上でプログラムのソースコードを公開，ユーザーと開発者が協同でソフトウェアを開発したり，学会内部で電子メール，メーリングリストなどを使って共同研究を進めるときなどに作られるオンラインのコミュニティをさしている．

　インターネット上でのコラボレーションでもっとも有名な事例は，コンピュータの新しいOSであるLinuxの開発だろう．91年夏，ヘルシンキ大学の学生であるリーナス・トーバルズ（Linus B. Torvalds）が，UNIXのようなOSをパソコン上で動かせないか，と考えてつくったのが始まりで，開発の初期段階からプログラムのソースコードを全世界に公開する（オープンソース）という方針をとり，共同開発への参加を呼びかけたため，たくさんの人がこれに触

発されて参加し，今ではLinuxのユーザーは1,000万人をこえるに至った．結果的に，非常に安いコストで信頼性と安定性の高いすぐれたOSを作り出すことに成功し，またこれを利用する側でも，基本的にフリーソフトであるために低廉なコストで利用することが可能になったのである．Linuxの共同開発プロジェクトに参加したのは，全世界のプログラマやユーザーたちだった．彼らはあくまでも個人として自発的に参加し，一種の同好会にも似た巨大なコミュニティをインターネット上で形成していった．その数は1万人以上ともいわれる．

　Linux開発にみられるような，オープンソースをもとにインターネット・コミュニティのボランティアのプログラマを巻き込んだ自発的なコラボレーションは，WindowsやUNIXなど，既存のオペレーティングシステムの開発にみられるような，企業内部でのクローズドな開発方式とは対照的である．オープンソース運動の推進者の一人である，エリック・レイモンドは，「伽藍とバザール」と題する論文で，こうしたオープンソース・コミュニティによるコラボレーションを「バザール方式」と名付けた（レイモンド，1998＝1999）．そして，この方式が従来の中央集権式のクローズドな「伽藍方式」に比べて，開発のスピード，開発コストの低さ，信頼性と安定性の高さという点で格段にすぐれていることを，自らメーラーを開発するプロジェクトで試してみることを通じて示した．この論文がきっかけとなって，ネットスケープ社が，ウェブブラウザのソースコード公開に踏み切ることになったほどである．

　日本での事例をあげると，Beckyと呼ばれるシェアウェアのメールソフトは，カナダ在住のプログラマが個人的に開発している人気ソフトだが，新バージョンのソフトを開発するにあたって，事前にベータ版を公開すると同時に，本人や支援者がインターネット上でメーリングリストや掲示板を開設し，ユーザー，さらにそれをサポートするプログラマたちが開発者にアドバイスを提供しながら，製品版に仕上げてゆくという手法を使って，コラボレーションを行ったケースがある．ハードウェアの事例でいうと，パナソニックが＠Niftyの電子会議室において，パソコンの新製品を開発する過程で，ユーザーからの積極的

な要望やアドバイスを取り入れるという試みを行っているが，これはインターネット・コミュニティを活用した新しいマーケティングの手法として注目されている(9)．

　こうしたネットコラボレーションが行われるようになった背景には，開発創始者のオープンソース思想，これに共鳴するプログラマやユーザーの存在があるが，なによりも，インターネット上で技術情報を積極的に公開し共有するという文化や価値観が広がってきたことがあるだろう．それは，「オープンソース運動」あるいは「オープンソース革命」とも呼ばれ，マイクロソフトなどの巨大な独占資本勢力に対抗する草の根のプログラマたちのカルチャーを形づくっているのである（川崎，1999）．

　しかし，こうしたオープンソース思想にもとづくインターネット・コラボレーションには，思わぬ落とし穴があることも事実である．ハーディングの「共有地の悲劇」にみられるように，資源が無料でだれにでも公開されることは，いわゆるフリーライダーやクリームスキミングを招き寄せることになりかねないし，UNIXの開発過程にみられたように，巨大資本による囲い込みと利益独占を招く恐れもある．また，ソースコードを公開することにより，一部の悪徳プログラマによるプログラムの改竄，悪用，コンピューターウィルス混入を招くという可能性も否定できない．

マーケティング型のインターネット・コミュニティ

　最後にあげるインターネット・コミュニティは，現実世界では「市場」「バザール」などに相当するコミュニティである．最近はやりのインターネット・オークションや，Napsterなどの音楽ソフトの相互流通システムがその典型的な例としてあげられる．e-Bayのような代表的なオークションサイトは，掲示板，チャットなどのコミュニティウェアを設置して，「個人間売買コミュニティ」を標榜しているほどである．つまり，オークションサイトは，個人的な売買に関心をもつ人々が集う場であり，そこでは実際に売買取引が行われると

同時に，参加者同士の情報交換，コミュニケーション，出会い，交流の場にもなっているのである．現実世界の市場やバザールとほぼ同じ機能を果たしているといってもよいだろう．最近の若い利用者の間では，インターネット・オークションでの売買を一種のゲームとして楽しむ人たちも増えている．つまり，インターネット・オークションサイトは，単なる売買市場ではなく，娯楽と社交の場としての機能しつつあるのである．その意味では，いくつかのオークションサイトが「コミュニティ」づくりを志向しているのも，あながち的はずれの試みとはいえないだろう．

インターネット・オークションは，現実世界では難しかった個人間（C to C）の自由な商取引を手軽に実現する仕組みとして注目されている．昔は市場・広場や自宅のガレージなどで行われていた個人間の取引をネットワーク上で行うことにより，より多くの人が，自分の望む品物を安価に手に入れることができるようになった．それは，自宅に死蔵していた中古品の流通と再利用を促すという意味では，物質的な循環を円滑にするのに役立っている．つまり，資源の有効利用と環境保全にもつながるという点で肯定的な評価を与えることができる．同時に，匿名での取引のために，セキュリティ上の不安，ネット詐欺などの犯罪の可能性もはらんでいる．つまり，光と影の両面をもっているのである．

もう一つ，最近世界的な規模で急速に利用者を増やしているのは，MP3形式の音楽ソフトをインターネットを使って個人間で流通させるシステムである．Napsterがその代表的なサイトである．Napsterは，アメリカのマサチューセッツ州ボストンにあるNortheastern Universityに通う学生だったシャウン・ファニング（Shawn Fanning）が1999年1月に開発したソフトウェアで，インターネット上に公開されているMP3データを検索し，自分のパソコンにダウンロードすることにより，音楽ソフトの共有と自由な交換を可能にするものである．Napsterの提供する専用ソフトウェアをインストールすれば，自分が持っている音楽ファイルをインターネット上の第三者に公開することが可能

になり，逆に，ネット上の第三者が公開している音楽ファイルから目的の曲を検索し，それを無料で手に入れることができるようになる．2000年9月の時点で，Napsterに登録している会員は世界中で3,000万人以上いたといわれる．ある意味では，Napsterは，現存する世界最大の音楽愛好家のコミュニティだといってもいいかもしれない．

開発当初から，Napsterは情報の共有とコミュニケーションを促進することを目的とする「インターネット・コミュニティ」の構築をめざしていたようである．そのため，ソフトには初めから会員同士の交流をはかるためのチャットルーム，掲示板が設置されていた．また，会員はあくまでも自由意志で自分のパソコンに蓄えられている音楽ソフトを他の会員に公開し，ソフト交換を対等の関係で行うことが奨励されている．

Napsterの行っているMP3交換システムに対しては，全米レコード協会（RIAA）が著作権違反であるとして連邦裁に提訴を行っており，合法性をめぐって問題を抱えている．また，大量のソフトがダウンロードされることによるインターネットのトラフィックの混雑化，無料の音楽ソフトの大量流通による音楽産業への打撃なども懸念されている．また，Napsterでは，個人のパソコン上のファイルを公開状態にすることが前提となっているので，セキュリティ上の心配もある．

4．メディア・エコロジー的視点からの提言

共　生

(1) 相互補完と機能拡張

本論文で検討した6つのインターネット・コミュニティ類型は，いずれも，現実世界の既存コミュニティにその対応物をもっている．

たとえば，「交流型」のコミュニティとしては，各種のサークル，パーティ，談話室，ホームルームなどを思い浮かべることができる．しかし，電子掲示板，チャット，メーリングリスト，電子会議室，出会い系ウェブサイトなどのイン

ターネット・コミュニティでは，こうした既存コミュニティにはない機能をもち，既存コミュニティでは充足できなかった欲求を満たすことができる．既存コミュニティでは，自分と関心を同じくする仲間と出会うチャンスはきわめて限られているが，インターネット・コミュニティでは，世界中から多数の共通関心をもつ人々がアクセスしており，コミュニティツールを使って手軽に出会い，コミュニケーションを交わすことが可能になっている．つまり，インターネット・コミュニティは，現実世界のコミュニティを機能的に補完するものである．また，最近の流行として，学校のゼミやサークルで掲示板やメーリングリストを開設し，24時間いつでも緊密なコミュニケーションが交わせるようになっている．これは，既存コミュニティの機能的拡張ということができる．つまり，インターネット・コミュニティは，現実世界のコミュニティの欠陥（限られた時間と空間でしかコミュニケーションが行えなかったという限界）を克服し，既存コミュニティを時間的，空間的に拡大するのに貢献しているということができる．その意味で，インターネット上のコミュニティウェアは，現実世界のコミュニティと共生をはかることができるのである．同じような機能的相互補完を通じての共生は，「支援型」「討論型」など他のインターネット・コミュニティについても当てはまる．

　しかし，こうした相互補完，機能的拡張を通じてのコミュニティの健全な発展が可能になるためには，インターネット・コミュニティやリアル・コミュニティの文化をこれに合わせて変革していかねばならない．そうでなければ，両者は相互補完的ではなく，かえって，インターネット・コミュニティによるリアルコミュニティの搾取，あるいはインターネット・コミュニティの崩壊を招くことになるだろう．

　本論文では，「文化」（カルチャー）をコミュニティの成員によって共有される「価値観」「規範」「ライフスタイル」「シンボル体系」「アイデンティティ」から成るものとして捉えることにする．たとえば，交流型の出会い系ウェブサイトとかチャットルーム，あるいはファンクラブ型などの掲示板での会話，や

りとりはしばしば「匿名」「ハンドルネーム」で行われるが，もしこうした匿名性を悪用したり，匿名であるがゆえに規律を破ったり，無責任な誹謗中傷を浴びせるといったことが平然とまかり通るならば，そのようなインターネット・コミュニティは存続できずに崩壊してしまうだろう．逆に，インターネット・コミュニティに特有の平等性，フラットな人間関係が匿名性のゆえに実現するという特性を尊重し，インターネット・コミュニティだからこそ実現できる価値を認め合い，これを実現するための行動規範が自己組織的に育まれ，そうしたカルチャーのもとで，メンバー間の相互作用が行われるならば，インターネット・コミュニティは，まさしく現実世界のコミュニティを相互補完し，機能的に拡張しながら健全な発展を遂げることができるだろう．そのためには，それぞれのインターネット・コミュニティが，メンバーによって共有される価値観を明確にもち，その実現にふさわしい規範，シンボル体系，行動様式（ライフスタイル），そしてコミュニティ成員としてのアイデンティティを育むような文化を確立することが不可欠である．それには，先見性をもった強力なリーダー，制度的な仕組み，インフラ，メンバーの意識改革などが必要になる．

(2) 棲み分けによる共生

インターネット・コミュニティとリアルコミュニティの共生にとっては，機能的な相互補完に加えて，時間的，場所的な棲み分けをはかることも重要である．たとえば，学校のクラスで掲示板やメーリングリストを開設した場合，こうしたインターネット・コミュニティを利用すべき場所というのは，主として，ふだん生徒や学生同士，教師などが物理的に会えない時間や場所に限定すべきである．もし学校の授業中にも掲示板やメーリングリストに依存した交流，コミュニケーションが行われるような事態になれば，それは健全なコミュニティのあり方からは逸脱した，病理的な性格を帯びたものになるだろう．また，その結果，現実世界のコミュニティが崩壊の危機に瀕するということにもなりかねない．

最近，授業中に携帯電話でメールをしたり，電車の中でわき目もふらずに携帯メールに夢中になっている若者をよく見かけるが，これは，現実世界のコミュニティで振る舞うべき場所と時間に，バーチャルコミュニティの世界に耽溺しているという，きわめて異常で病理的な状況といってもよい．それは，インターネット・コミュニティとリアルコミュニティの間の空間的，時間的な棲み分けができていないことから生じるものである．

　こうした時間的，空間的な棲み分けを健全な形で行うためには，コミュニティの参加メンバー自身が，適切な規範，行動様式，使用するシンボルなどをつくり，これを守るという文化の育成が前提条件として必要になる．

(3) 情報連鎖，循環，再利用による共生

　コミュニティが持続可能な形で健全に発展するためには，文化生態系を形成する各主体の間の情報の流れが，循環的でかつ互恵的に行われることが必要である．それが，経済的な市場原理に基づいて流れる場合もあれば，ボランティアな自発的行為の交換（一種の贈与文化）として行われる場合もある．

　コラボレーション型のインターネット・コミュニティの場合を例にとって考えてみよう．オープンソースソフトであるLinux開発過程の場合，開発に参加した世界中のプログラマやユーザーは，開発に参加すること自体に大きな喜びと自己満足を感じていた．開発への貢献によってコミュニティ内部での評判が高まること自体が参加へのインセンティブとモラールを高める作用を果たした．また，協働のおかげですぐれたソフトを生み出し，それがコミュニティにフィードバックされて，よりよいソフトへと絶えず改善されたので，コミュニティの成員に取っては，互恵的なフィードバックが生まれたのである．さらに，こうしたリナックス・コミュニティで流れる情報は，メーリングリストやRFCの形ですべての成員に共有されたので，文化の水平的な伝達と共有をはかることができた．これは，インターネット社会そのものの発展においても観察されるところである．

共進化

　一般に，生物同士が競争や自然淘汰のプロセスの中で，互いに影響を及ぼしながら進化を遂げ，新たな均衡的な生態系をつくりだすことを「共進化」というが，情報，メディア，文化の発展においても，同様の現象が観察される．インターネット・コミュニティの発展を例にとって，この点を考察してみよう．

(1) 文化の水平的伝承と進化

　阪神・淡路大震災以降，大きな災害が発生するたびに，震災をきっかけにして生成した各地の支援型インターネット・コミュニティは，情報，人的ネットワーク，各種資源を蓄積し，共有化をはかり，防災文化の水平的な伝承と地域社会との相互作用を通じて，共進化を遂げつつある．その結果，被災地域の既存コミュニティそれ自体が，こうした支援型インターネット・コミュニティの影響を受けて，進化を遂げるようになっている．有珠山噴火，三宅島噴火災害などでは，明らかにこうした共進化が観察される．

(2) 競争と淘汰による共進化

　ある種のインターネット・コミュニティは，別のインターネット・コミュニティあるいは現実世界のコミュニティにとっては，その生存，存続を脅かすほど魅力をもったものであり，それゆえ対抗上，新しい形のサービスないし機能を備えたコミュニティが作り出されることがある．

　Linuxのオープンソース運動は，既存の大手ソフトウェア企業にも大きな影響を与えており，最近では，ネットスケープコミュニケーション社がウェブブラウザのソースコードを無償公開したり，マイクロソフト社が一部ソフトの無償公開に踏み切るなど，既存コミュニティにも影響を与えるようになっている．

　政治の世界でも，アメリカを中心にインターネット・コミュニティと現実世界の間での共進化現象が起こりつつある．2000年のアメリカ大統領選挙では，支援型のインターネット・コミュニティが政党，その支持者の間で多数つくら

れ，それがキャンペーンのあり方を大きく変えた．わが国では，公職選挙法の壁が厚いためにこうした共進化の発展が妨げられている．法律改正を含めて，インターネット・コミュニティの文化を根本的に IT 社会にふさわしいものに変えていかなければ，健全な共進化プロセスの実現をはかることはできないだろう．

(3) インターネット・コミュニティの共進化

　IT 革命は，インターネット・コミュニティにおける共進化を可能にする技術的基盤である．他のインターネット・コミュニティとの差別化をはかるために，多くのインターネット・コミュニティでは，最新の IT を駆使した仕掛けを組み込んで，サービスの高度化をはかり，コミュニティに多くの参加者を集めようとする．ファンクラブ型のインターネット・コミュニティはその典型的な例だろう．最近流行しているポータルサイトの多くも，インターネット・コミュニティとしての性格をますます強めるようになっており，互いに激しい競争の中で，より魅力的なコミュニティウェアを導入している．ここには，ポータルコミュニティ同士の共進化プロセスの典型的な例をみることができる．

遷移とクライマックス形成

(1) インターネット・コミュニティの多様化

　現在，インターネット上には，無数に近い掲示板システムが稼働している．それが，インターネット・コミュニティにおける一つの大きな文化生態系の一部を形成しているのは興味深い．また，インターネット利用者の群集まる場所として注目されている各種「ポータルサイト」は，最近では掲示板，ML，チャット，メルマガ，ウェブログなどコミュニティウェアを競って導入しており，IT 革命の進展とともに，互いに差別化をはかる中で多様化が進んでいる．

(2) 掲示板システムの遷移とクライマックス形成

　掲示板システムにおける情報の流れ方は，システムをどのように設計するかによって，大きく変化する．掲示板の書き込みを匿名にするか，それとも実名を義務づけるか，掲示板の利用にあたって，事前に登録してもらうか，掲示板の利用を無料にするか，それとも有料にするか，掲示板へのアクセスをフリーにするか，それとも会員限定のクローズドなものにするか，掲示板への書き込みに対して，システム管理者がチェックをして，不適切なコンテンツは削除するか，それとも自由放任にして，いっさい変更を加えないか，掲示板システムの中で，電子会議室方式で司会進行役をおくか，それともいっさい自由な発言に任せるか，などなどの違いによって，同じ掲示板システムでも情報の量，質は大きく異なったものになる．

　一方の極には，「２ちゃんねる」掲示板システムのように，まったく何の規制も行わない，自由放任型，無法地帯型の掲示板システムがある．他方の極には，＠Niftyのフォーラム（電子会議室）のように，システム管理者やサポートグループのもとに管理し，会員登録制をとるインターネット・コミュニティもある．その中間型の掲示板システムも無数に存在する．その規制，管理のありようが，掲示板システムというインターネット・コミュニティの多様性を促進しており，互いの競争的な相互作用の中で，インターネット・コミュニティ自体の遷移とクライマックス形成を促しているのである．

　こうしたインターネット・コミュニティの遷移とクライマックス形成の行方を見極めるのは現時点では難しいが，本質的に重要なことは，言論表現の自由，福祉社会の推進，環境保護の実現など，21世紀社会の直面する課題と実現すべき価値を正しく見極めた上で，どのようなクライマックスをもったインターネット・コミュニティとリアルコミュニケーションを形づくることが望ましいかを議論し，それにふさわしい新しい文化および制度を構築することである．

(3) 「インターネットコモンズ」の形成

　ネットワーク社会が健全な形で発展するためには，そこで形成されるコミュニティが，一握りの権力エリートや巨大資本によって支配されたり，一部の犯罪者や無法者によって占拠されるのではなく，自発的に参加する多くの市民に利益と福祉をもたらすような社会的・文化的コモンズ（共有地，公共空間）として機能することが必要である．

　ギャレット・ハーディンは，かつて入会地として共有されていた牧草地が一部の不心得者の利己的行動によって搾取され，荒れ果ててしまうという「共有地の悲劇」を例としてあげ，コモンズを維持することの難しさを論じた（Hardin, 1968）．一方，ロバート・パットナムは，イタリアにおける綿密な地域調査のデータをもとに，社会的ネットワーク密度や，相互協力の社会規範や，住民相互の信頼など，市民間の協力と協調を促進する社会的関係資本（Social Capital）が豊かな地域ほど，「共有地の悲劇」が起こりにくく，社会的・文化的コモンズが維持・発展し，社会制度や地方自治もうまく機能するという重要な知見を得た（Putnam, 1993）[10]．

　インターネット・コミュニティの健全な発展を促進し，コモンズを育成するために必要な社会的・文化的共通資本とは，本章で取り上げたいずれのタイプのコミュニティにおいても，成員相互のインタラクションを通じて，21世紀情報社会にふさわしい価値，規範，ライフスタイル，シンボル体系，アイデンティティからなる情報文化（インフォカルチャー）を土台として築き上げられるものだと筆者は考えている．そのための学問的基礎を構築することが，社会情報学に与えられた重要な課題の一つといえよう．

（注）

（1）　本稿は，三上（2001b）をもとに，最新の調査データなどを加え，加筆修正を加えたものである．

（2）　トラックバックとは，自分のウェブログの中で他の人のウェブログの内容に言及したときに，相手のウェブログ上に自分のウェブログ記事へのリンク

をつけることをいう．トラックバック機能の利用によって「記事内容の相互参照性を極度に高めることで，ホームページの特性を生かしつつ，コミュニケーション動機をも満たすことに成功している」（川上，2005）のである．
（3） 遠藤（2004）は，イラク人質事件，塩爺ブーム，湘南ゴミ拾いオフ問題などの事例をもとに，ネット内言説では多様な主張が相互に対立し合う抗争状態を呈しているにもかかわらず，マスメディアがこうしたネット言説の一部をジャーナリスティックな視点から「ネット世論」として取り上げることによって問題が広く知れわたり，それが再びネットにも口コミにもフィードバックされ，さらにマスメディアで増幅されるといった複合メディア環境における相互参照と相乗効果を通じて＜世論＞が形成されるメカニズムを，「間メディア性」の概念で解き明かしている．
（4） ハバーマスは，市民的公共圏の歴史をたどり，もともと市民的知識層の小家族の「親密圏」にあったものが，やがてサロンやコーヒーハウスなどを討議の場とする「文芸的公共圏」として制度化され，さらに国家的な利害関係をめぐる論争を通じて世論を形成する場としての「政治的公共圏」へと発展を遂げるに至った過程を具体的に例証した．このような政治的公共圏は，19世紀から20世紀にかけての後期資本主義への移行と新聞，広告などマスメディアの発展を背景として政治的機能を失い，「公衆による批判的な言説の空間から体制化した諸組織による大衆に対する操作的なＰＲの空間」「消費文化的公共圏」へと転化してしまった，とハバーマスは悲観的に捉えた（ハバーマス，1962=1973）．
（5） フレーミング（Flaming）とは，コンピュータネットワーク上のコミュニケーション（CMC）においてしばしば起こる「誹謗中傷」「悪罵」の応酬のことをいう．1994年，東京在住の女性がパソコン通信 Nifty-Serve の電子会議室（フォーラム）で誹謗中傷，脅迫を受けたとして名誉毀損の訴訟を起こした事件で注目されるようになった．CMC においてフレーミングが起こりやすい原因について，キースラーら（Kiesler *et al.*, 1991）は，電子的コミュニケーションでは，相手の表情などがわからず，文字メッセージだけのやりとりになるために，コミュニケーションが不完全になり，相手の誤解を引き起こしやすいことをあげている．また，CMC では匿名で相手の属性がわからないままコミュニケーションが行われるため，無責任な発言がされやすいこともフレーミングを生む原因だと指摘する．また，CMC では一つ一つの発言がログとして残り，メッセージのやりとりが非同期的に行われるために，対面コミュニケーションのように，相手の反応や表情をみながら，すぐに訂正を加えるということが難しいことも，フレーミングを起こしやすい原因の一つと考えられる（遠藤，2000を参照）
（6） 小笠原（2005）は，ある育児用品メーカーが運営する，育児中の母親のた

めのインターネット・コミュニティを研究した結果，コミュニティサイトの会員が掲示板への書き込みに求めているのは，子育てについて抱えている問題解決のための情報だけではなく，他の母親と悩みや喜びを分かちあうことや，自分の状況に対する周囲の反応を確かめ意思決定の判断材料とすることも含まれていることを発見した．つまり，インターネット上の子育てコミュニティは，単なる情報交換による支援の場であるだけではなく，情緒的なサポートや自己確認など多様な機能を果たしているのである．

（7）　干川（2003）は，阪神・淡路大震災，日本海重油災害，1998年豪雨災害，台湾・トルコ地震，有珠山・三宅島噴火における災害救援ボランティアの活動の展開過程についての事例研究を行い，デジタル・ネットワーキングによる公共圏構築の可能性と社会変革への課題を詳しく論じている．

（8）　「電車男」の物語は，2004年3月から数ヶ月間にわたって，「2ちゃんねる」の「独身男性」用掲示板のとあるスレッドに書き込まれたログの集成で，その後出版されてベストセラーにもなった．おたくを自認する自称「電車男」は，ある日，電車の中で暴れる酔っぱらいに絡まれた女性を救ったことがきっかけで，この女性と知り合いになり，好意を覚えるようになるが，どうやったら彼女をデートに誘えるかわからず，掲示板スレッドに助けを求める．それを読んだユーザーたちが次々にアドバイスを与え，そのアドバイスに従った「電車男」はデートに成功し，最後は彼女を恋人にすることに成功するというストーリーだ．掲示板への書き込みとストーリーの展開はリアルタイムで進行したが，果たして「電車男」の書き込みが事実なのか，それともフィクションなのかは定かではない．その真偽の程はともかく，ネット掲示板上で知らない若者同士が恋愛成就をめざして暖かい支援を送り続けるというほのぼのとしたストーリーは一時期大きな話題になった．

（9）　パナソニックでは，1995年以来，@Nifty の FPANAPC というフォーラム上でパナソニック製のパソコンを議論する場を開設した．このフォーラムでは，主に Let's Note パソコンの本体や周辺機器についての情報を交換し，議論が交わされている．パナソニックの FPANAPC 担当者はフォーラムの書き込みを常時ウォッチしており，トラブル情報や製品の評価情報，ユーザーの要望などを，必要に応じて工場などに伝え，トラブル対策や新製品開発などに反映させている（小笠原，2005）．

（10）　コモンズとネットワークコミュニティの関係については，金子・松岡・下河辺（1998）を，コモンズと社会的共通資本の関係については宇沢（1995）を，社会的関係資本とバーチャルコミュニティの関係については Blanchard and Horan（2000）を参照されたい．

参考文献

阿部潔, 1999, 「情報コミュニティの可能性」船津衛編『地域情報と社会心理』北樹出版

Anderson, Benedict, 1991=1997, *Imagined Communities*: Verso Books. 白石さや・白石隆訳『想像の共同体』NTT出版

Blanchard, Anita and Horan, Tom., 2000, "Virtual Communities and Social Capital," in G.David Garson（ed.）, *Social Dimensions of Information Technology: Issues for the New Millennium*, Idea Group Publising.

遠藤薫, 2000, 『電子社会論』実教出版

遠藤薫編著, 2004, 『インターネットと＜世論＞形成』東京電機大学出版局

Harding, G., 1968=1993, "The Tragedy of Commons," Science, 162, pp. 1243-1248. 桜井徹（訳）,「共有地の悲劇」シュレーダー・フレチェット編『環境の倫理』（下）晃洋書房, pp. 445-470

池田謙一, 1997, 『ネットワーキング・コミュニティ』東京大学出版会

金子郁容・松岡正剛・下河辺淳, 1998, 『ボランタリー経済の誕生－自覚する経済とコミュニティ』実業之日本社

川上善郎他, 1993, 『電子ネットワーキングの社会心理』誠信書房

川上善郎, 2005, 「インターネット時代のコミュニケーション」山下清美・川浦康至・川上善郎・三浦麻子『ウェブログの心理学』NTT出版, pp. 1-26.

川崎和哉, 1999, 『オープンソースワールド』翔泳社

警察庁, 2000, 『警察白書』平成12年版, 大蔵省印刷局

Kiesler S., 1997, *Culture of the Internet.* Mahwah, NJ: Lawrence Erlbaum Associates,

Gumper, G., 1987=1990, *Talking Tombstones and Other Tales fo the Media Age*. Oxford University Press. 石丸正訳『メディアの時代』新潮社

Gooリサーチ, 2004, 「第8回：Blogに関する調査（自主共同調査結果）」http://research.goo.ne.jp/Result/0410cl12/01.html

Habermas. J., 1962=1973, *Strukturwandel der Öffentlichkeit*, Suhrkamp Verlag. 細谷貞雄・山田正行訳『公共性の構造転換』未来社.

干川剛史, 2003, 『公共圏とデジタル・ネットワーキング』法律文化社

Lea, M., Tim O'Shea, Pat Fung, Russell Sperars, "Flaming' in computer-mediated communication," in Martin Lea（ed.）, *Contexts of Computer-Mediated Communication*, New York: Harvester.

MacIver, R.M. and Page, C., 1949=1973, *Society: An Introductory Analysis*, New York: Farrar & Rinehart. 若林敬子・武内清訳「コミュニティと地域社会感情」松原治郎編『コミュニティ』現代のエスプリ68, 至文堂

三上俊治, 2000, 「インターネット時代の世論と政治」川上善郎編, 『情報行動の社

会心理学』北大路出版, pp. 128-140
三上俊治, 2001a,「インターネット時代の世論と政治」川上善郎編『情報行動の社会心理』pp. 128-139, 北大路書房
三上俊治, 2001b,「バーチャル文化圏の拡大とその影響——インターネットコミュニティの発展と文化的影響」カルチュラルエコロジー研究委員会編『情報革命の光と影』NTT 出版, pp. 129-162.
箕浦康子・坂本旬, 2000,「子どものメディアライフ:事例研究」, カルチュラルエコロジー研究委員会編『情報革命の光と影』, pp. 61-68.
宮田加久子, 1997,「ネットワークと現実世界」池田編『ネットワーキングコミュニティ』東京大学出版会, pp. 117-136.
Nifty ネットワークコミュニティ研究会, 1997,『電縁交響主義』NTT 出版
小笠原盛浩, 2005,『インターネット・コミュニティと組織集団との現実感覚の共有に関する研究－インターネット・コミュニティを通じて消費者・住民・自治体がコミュニケーションすることによる社会的影響の考察』東京大学大学院・人文社会系研究科博士課程入学試験用提出論文
岡田努, 1998,「はまる——インターネット中毒」川浦康至『インターネット社会』, 至文堂, pp. 167-176
Putnam, R.D., 1993=2001, *Making Democracy Work*, Princeton University Press. k 河田潤一訳『哲学する民主主義』NTT 出版
Raymond, E.S., 1999=1999, *The Cathedral and Bazaar* O'Reilly. 山形浩生訳『伽藍とバザール』光芒社
Rheingold, H., 1993=1995, *The Virtual Community*, Mass:Addison-Wesley. 会津泉訳『バーチャルコミュニティ』三田出版会
柴内康文, 1998,「言い争う——フレーミング論争の検証」川浦康至編『インターネット社会』至文堂, pp. 138-146.
Turkle, S., 1995=1998, *Life on the Screen–Identity in the Age of the Internet*, Simon and Schuster. 日暮雅通訳『接続された心——インターネット時代のアイデンティティ』早川書房
U.S.Department of Commerce, 1999, Falling Through the Net:Defining Digital Divide, National Telecommunications and Information Administration http://www.ntia.doc.gov/ntiahome/fttn99/contents.html
宇沢弘文, 1995,『地球温暖化を考える』岩波新書
山下清美・川浦康至・川上善郎・三浦麻子, 2005,『ウェブログの心理学』NTT 出版
C. ヤング著, 1998=1998, 小田嶋由美子訳『インターネット中毒』毎日新聞社

索　引

ア　行

ITS　61
RFID タグ　27
安心・安全　40
安否情報　42
イエロージャーナリズム　99
e-Japan　180
インターネット　181
インターネット・コミュニティ　48
VOD　38
ウィンドウ戦略　36
映画作品　35
AGIL 図式　153
エスクローサービス　72
エスニックメディア　47
NTT 専用回線事故　44
LGWAN　181
オートポイエーシス・システム　7
オンライン回線不通　126

カ　行

システム　5
カルチュラル・エコロジー　51
カルチュラル・スタディーズ　205
河本英夫　5
共進化　33
緊急社会情報システム　103
クライマックス　34
グローバリゼーション　191
携帯インターネット　26
携帯ワン切り　71
ケーブルテレビ　45
公共圏　250

個衆　25
個人情報　57
個人情報保護法　41
ゴフマン，E.　52
コミュニケーションと発展モデル　204
コミュニティ　148,233
コミュニティチャンネル　171
コモンズ　20
　——の悲劇　34
コンピュータウィルス　75

サ　行

災害因情報　42
災害用掲示板サービス　43
災害用伝言ダイヤル　24,116
佐賀銀行取り付け騒ぎ　85
自己情報コントロール権　41
自己組織システム　6
システム　3
シナジー（協同現象）　6
清水博　51
社会システム　3
社会情報環境　12
社会情報システム　10
社会的情報資本　30
情報資本　29
情報マーケット化　21
情報文化　20
人格（ペルソナ）の断片化　247
スカイパーフェク TV　13
スパム　77
棲み分け　32
生活情報　42

273

セキュリティ　40
世田谷電話ケーブル火災　44
遷移　34
総合行政ネットワーク　181

タ 行

「第4世代」システム　8
多機能化　18
多チャンネル化　13
WIP　56
地域社会システム　150
地域社会情報システム　148
チェーンメール　81
地上デジタル放送　45
中越地震関連のチェーンメール　84
出会い系サイト　73
TCN　15
デジタルデバイド　27
電子会議室開設　184
電子自治体　180
電子政府　180
電子投票法案　183
東京ケーブルネットワーク　15
ドーキンス　51
豊川信用金庫取り付け騒ぎ　85

ナ 行

ナップスター　70
2ちゃんねる　249
ニッチ　32
ネット上を飛び交う流言　79
ネットワーク犯罪　41
熱力学の第2法則　50
日本海重油流出事故チェーンメール　89
ノーマル・アクシデント　140

ハ 行

バーチャルコミュニティ　234
ハイリスク社会　104
バックアップ　135
パブリックアクセス・チャンネル　171
パレートの法則　53
阪神・淡路大震災　106
被害情報　42
ビデオオンデマンド　38
誹謗中傷発言　252
100人の村チェーンメール　88
フィードバック　5
フィードバック・システム　6
不正アクセス　100
プライバシー　59
プライバシー侵害　41
プライバシー保護　59
フリーペーパー　167
フレーミング　252
ブロードバンド　26
文化　28
文化多元主義　205
文化帝国主義モデル　204
文化的遺伝子　9
閉鎖システム　4
ベルタランフィ，L.　5
ボランティア　120

マ 行

マッキーヴァー，R. M.　148, 233
マルチメディア　13
ミニコミ紙　120
ミーム　9
メイロヴィッツ，J.　52
迷惑メール　77

メガメディア　22
メディア・エコロジー　11, 31
メディア・グローバリゼーション　46
メディア・コングロマリット　39, 46
メーリングリスト　81

ヤ 行

有害情報　74
ユビキタス・ネットワーク　26

ラ 行

ラインゴールド, H.　234

利己的遺伝子　9
リスク社会　24
流言　79
ルーマン, N.　50

ワ 行

ワイザー, M.　16
ワールドインターネットプロジェクト　56